Sandra Dünschede
SOLOMORD

Sandra Dünschede

Kriminalroman

Wir machen's spannend

*Bibliografische Information
der Deutschen Bibliothek*
Die Deutsche Bibliothek verzeichnet diese
Publikation in der Deutschen Nationalbibliografie;
detaillierte bibliografische Daten sind im Internet
über http://dnb.ddb.de abrufbar.

Personen und Handlung sind frei erfunden.
Ähnlichkeiten mit lebenden oder toten Personen
sind rein zufällig und nicht beabsichtigt.

Besuchen Sie uns im Internet:
www.gmeiner-verlag.de

© 2008 – Gmeiner-Verlag GmbH
Im Ehnried 5, 88605 Meßkirch
Telefon 0 75 75/20 95-0
info@gmeiner-verlag.de
Alle Rechte vorbehalten
1. Auflage 2008

Lektorat: Claudia Senghaas, Kirchardt
Umschlaggestaltung: U.O.R.G. Lutz Eberle, Stuttgart
Unter Verwendung eines Fotos von pixlio.de
Gesetzt aus der 9,6/13,3 Punkt GV Garamond
Druck: Fuldaer Verlagsanstalt, Fulda
Printed in Germany
ISBN 978-3-89977-758-1

Für Rainer. Weil er verstand, den Düsseldorfer Charme zu genießen.

1

Er hatte sich sein Opfer sorgfältig ausgesucht. Das etwa elfjährige Mädchen mit dem rosa Schulranzen kam beinahe täglich mit demselben Bus, der nur wenige Meter entfernt hielt. Bei Regen trug sie meist eine signalgelbe Jacke mit Kapuze, unter der ihre blonden Zöpfe frech hervorlugten. Bei gutem Wetter hatte sie meist nur ein T-Shirt oder einen dünnen Pullover an, denn die Sonne schien für diese Jahreszeit oftmals schon ungewöhnlich stark und ließ die Luft zwischen den angrenzenden Wohnhäusern bereits um die Mittagszeit schwirren.

Seit Wochen parkte er jeden Morgen pünktlich zum Unterrichtsbeginn in einer der kleinen Seitenstraßen, von wo aus er einen guten Blick auf den Eingang zum Schulhof hatte. Um diese Zeit war es leicht, einen Parkplatz zu finden. Viele Anwohner befanden sich auf ihrem Weg zur Arbeit und machten jede Menge Parkraum frei, wenn sie in ihre Autos stiegen und sich in die rollenden Blechlawinen einreihten, die sich pünktlich zum Beginn der allmorgendlichen Rushhour durch die Hauptverkehrsadern der Stadt schlängelten.

Auch an diesem Morgen schien die Sonne von einem strahlend blauen Himmel und versprach einen herrlichen Tag. Über den Häusern des Stadtteils lag eine friedliche Stimmung, Vögel zwitscherten fröhlich von den Dächern, Menschen begegneten einander lächelnd und freundlich.

Wie gewohnt, parkte er in einer der kleinen Seitenstraßen, stellte den Motor seines Wagens ab und blickte erwartungsvoll hinüber zur Bushaltestelle. Erst vorgestern hatte er seine Vorbereitungen endgültig abgeschlossen. Das Versteck war fertig eingerichtet: eine Matratze, ein kleiner Tisch, die Wände mit Dämmplatten sorgfältig isoliert. Einen Tag hatte er sich als Verschnaufpause gegönnt, um heute ausgeruht und wie geplant endlich zuzuschlagen. Schon erschien der 7.45-Uhr-Bus, hielt an dem gläsernen Bushäuschen und entließ eine beachtliche Schar Kinder wenige Meter entfernt vom Eingang des Schulgebäudes. Das Mädchen mit dem rosa Schulranzen war auch dabei. Es trug einen dunkelblauen Jeansrock und ein weißes T-Shirt. Auf dem kurzen Weg zum Schulhof unterhielt es sich angeregt mit einer Freundin. Er beobachtete, wie die beiden Mädchen hinter den Gitterstäben des Eingangstores verschwanden. Seinen Aufzeichnungen zufolge würde der Unterricht heute bis 13.15 Uhr dauern. Er lehnte sich zurück und griff nach der ›Rheinischen Post‹, die auf dem Beifahrersitz lag.

Gegen elf Uhr verließ er kurz seinen Beobachtungsposten, um in einem nahe gelegenen Gebüsch seine Notdurft zu verrichten. Je näher der Unterrichtsschluss rückte, umso unruhiger wurde er. Nervös trommelte er mit den Fingern auf das Lenkrad, blickte immer wieder in den Rückspiegel und kontrollierte die Uniform, die er für den heutigen Tag extra angezogen hatte. Sie hatte einst seinem Vater gehört, der darin seinen Dienst am Volke geleistet hatte. Seit er jedoch vor etlichen Jahren gestorben war, hatte sie lediglich in dem alten Kleiderschrank seiner Mutter gehangen und den Motten als Brut- und Nahrungsstätte gedient.

Er strich mit den Fingern über den leicht löchrigen Stoff und ging in Gedanken nochmals die Sätze durch, die er vor dem Badezimmerspiegel eingeübt hatte, indem er sie immer wieder laut aufgesagt hatte. Wie würde das Mädchen reagieren? Würde die Uniform genügend Vertrauen erwecken? Hatte er wirklich alle Möglichkeiten berücksichtigt? Was, wenn sie nicht freiwillig zu ihm ins Auto stieg?

Endlich sah er die ersten Schüler vom Schulhof laufen. Er startete den Motor und fuhr langsam Richtung Schultor. Sein Puls raste, mit schwitzigen Händen umklammerte er das Lenkrad. Ungeduldig hielt er nach ihr Ausschau und ließ vorsichtshalber schon einmal das Fenster der Beifahrerseite herunter. Bereits wenige Minuten später sah er sie den Schulhof überqueren und atmete auf: Sie war allein. Als sie das Eingangstor passierte, räusperte er sich.

»Hallo, du!« Das blonde Mädchen schaute auf. »Kannst du mir sagen, wie ich zum Großmarkt komme?«

Sie nickte. Ihre blonden Zöpfe bewegten sich dabei im Takt ihres Kopfes. Eilig kam sie näher. Ihr Blick war freundlich, sie lächelte. Stolz sagte sie: »Das kann ich. Da wohne ich nämlich!«

»So ein Zufall!«, er versuchte, überrascht zu klingen. »Wenn das so ist, kann ich dich doch mitnehmen. Dann kannst du mir den Weg direkt zeigen.«

Sie trat einen Schritt zurück und blickte ihn zögernd an. Er lächelte.

»Vielleicht springt noch ein wenig Eisgeld dabei raus!«

Mit dem rechten Auge zwinkerte er ihr zu und das stundenlange Üben vor dem Badezimmerspiegel zeigte Wirkung.

»Na gut«, entgegnete sie und öffnete die Beifahrertür, »aber Sie dürfen davon nichts meiner Mutter erzählen. Ich darf nämlich eigentlich nicht mit Fremden sprechen.«

»Großes Indianerehrenwort«, versprach er ihr und hob zum Schwur die Finger seiner rechten Hand.

2

»Loooore!«

Kriminalhauptkommissar Hagen Brandt klopfte energisch gegen die seit einer halben Stunde verschlossene Badezimmertür.

»Mann, immer diese Hektik«, hörte er die genervte Stimme seiner 13-jährigen Tochter aus dem Badezimmer. Wenig später wurde endlich aufgeschlossen und Lore erschien in der Tür. Sie hatte sich kräftig geschminkt.

»So gehst du mir nicht aus dem Haus!«

Hagen Brandt starrte seine Tochter fassungslos an. Aus der Tasche seiner Cordhose holte er ein Stofftaschentuch hervor.

»Abwischen«, befahl er.

Lore verdrehte die Augen.

»Mensch, Papa, du bist total spießig!«, nörgelte sie, nahm jedoch das Taschentuch und wischte sich flüchtig damit über den Mund. Der Lippenstift hinterließ grelle rote Spuren auf dem weißen Stoff. Grinsend reichte sie es zurück.

»Besser?«

Ein Blick auf seine Armbanduhr machte ihm deutlich, dass ihm keine Zeit für weitere Diskussionen blieb, und so überging er Lores provokative Äußerung, steckte das

Taschentuch wieder ein und drängte zum Aufbruch. In diesem Schuljahr hatte sie es immerhin schon geschafft, 14-mal zu spät zum Unterricht zu erscheinen, und er hatte keine Lust, wieder einen Anruf von der Klassenlehrerin Frau Mußmann zu erhalten. Eilig trieb er sie deshalb aus der Wohnung und scheuchte sie erbarmungslos die drei Stockwerke des Altbaus hinunter. Vor der Haustür verabschiedete er sich.

»Und denk dran«, rief er ihr noch hinterher, als sie bereits die Straße überquerte, »Oma erwartet dich heute Mittag nach der Schule. Ich habe ihr gesagt, dass du nach den Hausaufgaben im Garten hilfst.«

Seine Tochter reagierte gar nicht auf seine Äußerung und er blickte ihr ratlos nach. Natürlich wusste er, dass er zu einem großen Teil mitverantwortlich für Lores Benehmen war. Er war viel zu nachlässig, wenn es um ihre Erziehung ging. Ließ ihr zu viel durchgehen. Aber es war nun mal nicht so einfach als alleinerziehender Vater mit einem Teenager, und Lore verstand es bestens, ihn um den Finger zu wickeln. Er holte tief Luft und ging in die entgegengesetzte Richtung zur Straßenbahnhaltestelle.

Im Präsidium erwartete ihn ein Schreibtisch, der unter den Aktenbergen kaum noch als solcher zu identifizieren war. Ein Außenstehender würde Tage brauchen, um sich in dem Chaos aus Papieren, Fotos, Post-its und grauen Aktenordnern zurechtzufinden, aber Hagen Brandt arrangierte sich seit Jahren bestens mit diesem Durcheinander auf seinem Schreibtisch. Selten ging ihm eine Information verloren und seine Kollegen bewunderten ihn insgeheim dafür. Nur sein Vorgesetzter verdrehte regelmäßig die Augen, wenn er das Büro betrat, und hatte schon oftmals gemutmaßt, dass sein Mitarbeiter wahrscheinlich doppelt so effizient arbeiten könnte, wenn ihn diese Unordnung auf seinem Arbeitsplatz nicht daran hindern würde. In der letzten Zeit hatte er jedoch großzügig darüber hinweggesehen. Die aktuellsten Fälle waren außerordentlich schnell von Hagen Brandt und seinem Kollegen gelöst worden und es gab keinen Grund zur Klage. Vielleicht verbarg dieses Chaos ja doch eine Systematik. Nur, weil sich ihm diese nicht erschloss, bedeutete es noch lange nicht, dass es sie nicht gab, dachte er so manches Mal, wenn er Brandts überquellenden Schreibtisch betrachtete, und beließ es deshalb auch an diesem Morgen nur beim üblichen Augenverdrehen, als er das Büro seines Mitarbeiters betrat und diesen hinter monströsen Aktenbergen in irgendwelchen Papieren blättern sah.

»Guten Morgen, Hagen!«

Brandt blickte auf und nickte flüchtig zum Gruß. Er wusste nur zu gut, was es bedeutete, wenn sein Vorgesetzter das Büro betrat.

»Was gibt's?«, fragte er deshalb wie selbstverständlich.

»Ein kleines Mädchen ist spurlos verschwunden.«
»Und?«

Sein Chef ließ sich seufzend auf einem der unbequemen Holzstühle vor dem Schreibtisch nieder.

»Sah zunächst danach aus, als sei die Kleine einfach ausgerissen. Aber dann ist plötzlich eine Zeugin aufgetaucht, die gesehen haben will, wie Michelle Roeder zu einem Uniformierten ins Auto gestiegen ist, vermutlich einem Polizisten.«

Sabine Roeder saß wie gelähmt auf der Bettkante des in Rosa gehaltenen Jugendbetts und starrte auf ein Poster an der gegenüberliegenden Wand, das über dem hellen Holzschreibtisch mit Tesastreifen an der Wand befestigt war. Es zeigte fünf junge Mädchen, die gemeinsam die Hauptrolle in einem Film spielten, den sie letzte Woche gemeinsam mit Michelle im Kino angeschaut hatte. Der Film hatte ihrer Tochter sehr gut gefallen und sie hatten jede Menge Spaß zusammen gehabt. Anschließend waren sie noch in der Stadt ein Eis essen gewesen und Michelle hatte ihr gestanden, dass sie sich in einen Jungen aus der siebten Klasse verknallt hatte. Sie hatten ein gutes Mutter-Tochter-Verhältnis, sprachen beinahe über alles. So jedenfalls sah Sabine Roeder die Beziehung zu ihrer Tochter und deshalb stand für sie auch fest: Ihre Tochter konnte nur entführt worden sein. Niemals wäre Michelle davongelaufen. Sie hatte doch überhaupt keinen Grund zum Weglaufen. Nein, ihre kleine Prinzessin befand sich nun wahrscheinlich in den Klauen irgendeines Perversen und ... Sie konnte die Vorstellung nicht ertragen. Schluchzend warf sie sich auf das Bett, weinte hemmungslos und überhörte dadurch das Läuten an der Wohnungstür ebenso wie das Öffnen der Zimmertür nach einem kurzen Anklopfen.

»Sabine?« Martin Schulz, Frau Roeders Sohn aus erster Ehe, stand neben dem Bett und berührte seine Mutter an der Schulter. Erschrocken fuhr sie zusammen, blickte ihrem Sohn verstört ins Gesicht.

»Da sind zwei Herren von der Polizei.«

Während Hagen Brandt und sein Kollege Nils Teichert im Wohnzimmer auf Sabine Roeder warteten, blickten sie sich neugierig um. Der Raum wurde von einem riesigen Plasmafernseher dominiert, der in einem krassen Gegensatz zu der dunkelbraunen Schrankwand aus Eiche stand und seinem Kollegen sogleich einen fragenden Blick entlockte. Auch die anderen Möbelstücke waren eher älteren Datums und passten optisch nicht wirklich zueinander.

Nils Teichert wandte sich einigen Fotos auf einem Regal über dem beigen Cordsofa zu. Hagen Brandt beobachtete ihn dabei. Er und Nils arbeiteten noch nicht lange zusammen, erst seit ungefähr drei Monaten, doch sie hatten sich auf Anhieb gut verstanden. Der junge Kollege hatte eine gute Ausbildung genossen und handelte meist sehr umsichtig und überlegt, das gefiel ihm. Außerdem konnte er sich auf ihn hundertprozentig verlassen, und das war gerade in einem Beruf wie dem ihren besonders wichtig. Nichts konnte so gefährlich sein wie ein unzuverlässiger Partner. Brandt hatte da schon so einige Erfahrungen gemacht und schätzte diese Eigenschaft an seinem jungen Kollegen deshalb umso mehr.

»Schau mal hier, Hagen. Ob das der Vater der Kleinen ist?«

Nils Teichert hatte eines der gerahmten Bilder von dem Regal genommen und hielt es seinem Kollegen entgegen. Das Foto zeigte ein etwa zehnjähriges Mädchen auf dem Schoß eines schlanken, blonden Mannes. Die Ähnlichkeit der beiden war verblüffend. Dieselben strahlend blauen Augen, die hohe Stirn und die leicht abstehenden Ohren.

»Sieht fast so aus«, antwortete er und stellte das Bild zurück auf das Regal. Kurz darauf erschien Sabine Roeder. Sie war circa 1,80 Meter groß, schlank und attraktiv. Ihr braunes, mittellanges Haar hatte sie zu einem Pferdeschwanz zusammengebunden. Hagen Brandt schätzte sie auf Anfang 40. Er stellte sich und seinen Kollegen Teichert kurz vor und richtete zunächst ein paar Routinefragen an Frau Roeder.

»Wann genau hat Ihre Tochter gestern das Haus verlassen? Nimmt sie immer denselben Bus? Welche Kleidung trug sie? Gab es Streit? Ist etwas Ungewöhnliches vorgefallen?«

Sabine Roeders Blick wurde mit jeder weiteren Frage hilfloser. Schließlich schlug sie die Hände vors Gesicht und schluchzte: »Ich weiß nicht, ich weiß es doch nicht!«

Der Sohn eilte ihr zur Hilfe. Umständlich fasste er ihren Arm, führte sie zum Sofa. Die verzweifelte Mutter ließ sich langsam auf den abgewetzten Polstern nieder.

»Möchtest du ein Glas Wasser?«

Sabine Roeder nickte.

Martin Schulz verließ das Wohnzimmer und forderte die beiden Männer auf, ihm zu folgen. In der Küche nahm er drei Gläser aus einem Hängeschrank über der Spüle.

»Sehen Sie denn nicht, wie sehr Sie meine Mutter quälen? Was sollen die ganzen Fragen? Ihre Kollegen haben doch bereits gestern alles aufgenommen.«

»Das ist reine Routine«, erklärte Nils Teichert.

»Jeder noch so kleine Hinweis könnte uns helfen, Ihre Schwester zu finden.«

Brandt beobachtete, wie Martin Schulz Wasser in die Gläser schenkte. Seine Hand zitterte leicht.

»Ist Ihnen denn etwas Ungewöhnliches aufgefallen? Gab es Streit oder ist sonst etwas vorgefallen?«, hakte er nach.

Sein Gegenüber zuckte mit den Schultern.

»Ich weiß nicht. Meine Mutter meinte, es sei alles wie immer gewesen. Das Übliche halt. Nur eine kleine Diskussion wegen Michelles allmorgendlicher Trödelei. Nichts Dramatisches.«

»Kennen Sie jemanden in Ihrem Bekannten- oder Verwandtenkreis, der Polizist oder vielleicht Feuerwehrmann ist?«

Martin Schulz schüttelte den Kopf.

»Niemand, der eine Uniform trägt?«, Brandt ließ nicht locker.

»Nein.«

»Kennt Ihre Schwester vielleicht einen Polizisten oder jemanden von einem Sicherheitsunternehmen, der eine Uniform trägt?«

Ein Schulterzucken war die Antwort.

»Und Ihr Vater?«, schaltete sich der Kollege Teichert ein. »Hat der vielleicht etwas bemerkt?«

»Wohl kaum«, lautete die Antwort des jungen Mannes. »Michelles Vater hat sich bereits vor Jahren auf und davon gemacht. Sitzen lassen hat er meine Mutter mit der Kleinen. Ohne ein Wort. Und Geld hat er auch keins gezahlt. Ich weiß nicht, wo der steckt. Und um ehrlich zu sein, ich will es auch gar nicht wissen.«

Martin Schulz hatte die Arme vor der Brust verschränkt.

Brandt griff nach einem der Gläser und trank einen Schluck. Irgendwie erschien ihm die ganze Sache merkwürdig. Gut, Martin Schulz war lediglich der Halbbruder des kleinen Mädchens. Aber er wirkte so unbeteiligt, überhaupt nicht betroffen. Machte er sich keine Sorgen um Michelle?

»Wo waren Sie gestern Mittag?«

»An der Uni. Vorlesung bei Professor Dublin. Danach habe ich mich mit einigen Kommilitonen im ›Café Uno‹ getroffen.«

Brandt nickte. Er hatte vorläufig keine Fragen mehr, musste die Eindrücke erst einmal sortieren, um sich sein eigenes Bild machen zu können. Martin Schulz begleitete die beiden zur Tür. Sie hatten sich bereits verabschiedet, als ihm noch eine letzte Frage durch den Kopf schoss.

»Sagen Sie, Herr Schulz, der Mann auf dem Foto mit Ihrer Halbschwester, ist das der Vater von Michelle?«

Frau Roeders Sohn blickte ihn fragend an.

»Ich meine das Bild auf dem Regal im Wohnzimmer«, fügte er erklärend hinzu.

»Ach so«, antwortete der junge Mann und Brandt glaubte, so etwas wie Erleichterung in seiner Stimme wahrzunehmen.

»Nein, das ist mein Bruder Georg. Er lebt seit einiger Zeit im Ausland. Ich habe bereits versucht, ihn zu erreichen. Bisher allerdings ohne Erfolg.«

Ohne ein Wort zu wechseln, gingen die beiden zu ihrem Wagen. Erst als sie eingestiegen waren und Teichert den Motor startete, brach Brandt das Schweigen.

»Wie ist dein Eindruck?«

Sein Kollege zuckte mit den Schultern.

»Irgendwie werde ich das Gefühl nicht los, dass dieser Schulz uns etwas verheimlicht. Er wirkt so unbeteiligt, oder?«

Teichert hielt an einer roten Ampel und blickte ihn an. »Ist mir auch aufgefallen. Ich meine, selbst wenn Michelle Roeder nur seine Halbschwester ist. Immerhin ist sie spurlos verschwunden. Und er macht uns Vorwürfe, wir würden seine Mutter mit unseren Fragen quälen. Wirkte auf mich nicht wirklich besorgt. Ich meine, keiner weiß, ob Michelle überhaupt noch lebt.«

Brandt nickte. Das entsprach leider der Realität. Auch wenn er es in dem Gespräch nicht ausgesprochen hatte, aber die Wahrscheinlichkeit, das Mädchen lebend zu finden, sank erfahrungsgemäß mit jeder Minute. Wenn die Kleine nicht weggelaufen war, blieb alternativ meist nur eine Entführung als mögliche Erklärung für das Verschwinden. Und in diesem Fall arbeitete die Zeit leider gegen sie. Hatte man doch Michelle Roeder zu einem Mann ins Auto steigen sehen.

Auf der Grafenberger Allee fuhren sie Richtung Innenstadt, bogen allerdings kurz hinter der Straßenbahnhaltestelle Lindemannstraße ab, um zu der Schule von Michelle Roeder zu gelangen.

»Hier am besten geradeaus«, wies Brandt seinem Kollegen den Weg. Er kannte sich in der Gegend bestens aus, wohnte selbst in dem Viertel.

Die Klassenlehrerin Frau Meurer erwartete sie bereits. Die ältere Dame mit der dicken Hornbrille schüttelte fassungslos ihren Kopf.

»Das ist alles so furchtbar«, flüsterte sie.

Brandt stellte zunächst ein paar Fragen zum gestrigen Schultag. Ob Frau Meurer etwas an Michelle aufgefallen sei.

»War sie vielleicht traurig oder wirkte sie besonders aufgeregt?«

Doch Frau Meurer hatte nichts Auffälliges an Michelles Verhalten festgestellt.

»Nein«, die Lehrerin schüttelte wieder ihren Kopf, »Michelle war eigentlich wie immer. Wissen Sie, das Mädchen ist sehr still. Eher eine Einzelgängerin. Mir wäre sicherlich aufgefallen, wenn sie irgendwie aufgedreht oder zappelig im Unterricht gewesen wäre.«

Im Gegensatz zu Martin Schulz schenkte er der Klassenlehrerin des verschwundenen Mädchens wesentlich mehr Glauben.

»Können Sie uns etwas zu der häuslichen Situation des Mädchens erzählen?«

Die ältere Dame holte tief Luft, bevor sie seufzend antwortete: »Das ist nicht so einfach. Momentan bin ich Klassenlehrerin von drei unterschiedlichen Klassen. Normal betreut man als Lehrer eine, höchstens zwei Klassen. Aber was erzähle ich Ihnen? Sie wissen sicherlich selbst am besten, wie das mit der Stellenbesetzung im öffentlichen Dienst aussieht.«

Sie zuckte entschuldigend mit ihren Schultern.

»Na ja, und deswegen habe ich kaum Zeit, mich intensiver mit den jeweiligen Familienverhältnissen der Kinder auseinanderzusetzen, geschweige denn, mich mit Einzelproblemen zu befassen. Das ist auch nicht gerade leicht. Die Probleme sind heute eben doch anders als vor 20 Jahren.«

»Führen Sie denn keine Elterngespräche?« Brandt dachte an die unangenehmen Termine, die er schon des Öfteren bei Lores Klassenlehrerin wahrnehmen musste.

»Selbstverständlich«, Frau Meurer rückte ihre Brille zurecht. »Da es aber bei Michelle kaum Auffälligkeiten gab, liegt das letzte Gespräch mit ihrer Mutter schon eine Weile zurück.«

»Worüber haben Sie mit Frau Roeder gesprochen?«

Die Lehrerin schloss für einen kurzen Moment die Augen, die hinter den dicken Brillengläsern wie kleine Knöpfe wirkten.

»Ich weiß nicht mehr genau«, entgegnete sie dann.

»Haben Sie Aufzeichnungen von den Gesprächen?«

Die Knopfaugen schauten ihn verständnislos an.

»Haben Sie eine Ahnung, wie viele Gespräche ich zu führen habe? Wenn ich zu allen Notizen schreiben würde«, Frau Meurer stöhnte leise, »dann hätte ich vermutlich dreimal so viele Überstunden, wie ich sie heute schon ohne diesen bürokratischen Humbug habe!« Ihr Gesicht hatte eine leicht rötliche Färbung angenommen. Teichert versuchte, Verständnis zu zeigen.

»Das kann ich gut nachvollziehen. Was meinen Sie, was wir manchmal für Aktenberge zu bearbeiten haben. Da kommt der eigentliche Job manchmal fast zu kurz.« Er nickte der älteren Dame zu. »Aber erinnern Sie sich vielleicht, worum es in dem Gespräch ungefähr ging?«

Erneut schloss die ältere Dame ihre Augen. Unvermittelt begann sie zu reden.

»Mir war aufgefallen, dass Michelle immer stiller im Unterricht wurde. Ich meine, sie ist eh schon ein sehr ruhiges Kind, aber irgendwie hatte ich den Eindruck, dass sie irgendetwas bedrückte. Ich habe das Mädchen direkt darauf angesprochen. Wissen Sie«, versuchte sie, diese scheinbar unpädagogische Vorgehensweise zu erklären, »manchmal ist es besser, die Kinder ganz ohne Umschweife auf eventuelle Probleme anzusprechen.«

»Und was hat das Mädchen geantwortet?« Brandt war neugierig, was bei dem vertraulichen Gespräch herausgekommen war.

»Nichts.«

Die beiden Kommissare blickten sich fragend an.

»Nichts?«

Frau Meurer schüttelte ihren Kopf. »Nein, Michelle hat

gesagt, es sei alles wie immer. Angeblich hatte sie nur ab und zu Kopfschmerzen und war deshalb so ruhig.«

»Aber mit der Mutter haben Sie dann trotzdem gesprochen?«

»Ja, Frau Roeder war kurze Zeit später bei mir. Wir haben zunächst über Michelles Schulleistungen gesprochen, aber an denen gab es eigentlich nichts auszusetzen. Als ich sie auf das Verhalten und die von ihrer Tochter erwähnten Kopfschmerzen angesprochen habe, wirkte sie sehr erstaunt.«

»Sie hatte also keine Veränderung an Michelle festgestellt?«

»Offenbar nicht. Wobei ich natürlich nicht beurteilen kann, wie das Mädchen sich daheim verhält.«

Die beiden Kommissare nickten.

»Halten Sie es für möglich, dass Michelle weggelaufen ist? Vielleicht gab es doch häusliche Probleme.«

Die Lehrerin rückte ihre Brille gerade und blickte Brandt unverwandt an.

»Für ganz ausgeschlossen halte ich das nicht. Die Mutter erklärte Michelles Verschlossenheit damit, dass ihre Tochter wohl noch immer nicht das Verschwinden des Vaters verarbeitet hat.«

»Wissen Sie etwas darüber? Kennen Sie den Vater?«

Zum wiederholten Male schüttelte die ältere Dame ihren Kopf. Brandt seufzte innerlich. Er hatte eigentlich nichts anderes erwartet, aber so kamen sie nicht weiter.

»Erst einmal vielen Dank, Frau Meurer. Könnten wir jetzt vielleicht noch mit dem Mädchen sprechen, das beobachtet hat, wie Michelle Roeder zu dem Uniformierten ins Auto gestiegen ist?«

»Natürlich. Aber ich möchte Sie bitten, möglichst behutsam vorzugehen. Ann-Katrin hat furchtbare Angst.«

Sie nickten und folgten der Lehrerin aus dem Zimmer. Mit forschem Gang ging die ältere Dame voran. Sie hatten Mühe, mit ihr Schritt zu halten, als sie durch den langen Flur liefen, an dessen einer Seite sich in regelmäßigen Abständen die Klassenzimmer befanden. Endlich blieb sie vor einer der Türen stehen und drehte sich kurz um.

»Einen kleinen Moment bitte.«

Sie verschwand im Inneren des Raumes. Brandt und sein Kollege traten an das Fenster, das sich gegenüber des Klassenzimmers befand, und blickten hinunter auf den Schulhof. Ein paar Kinder spielten Fußball, anscheinend hatten sie bereits Unterrichtsschluss. Wild jagten sie über den asphaltierten Hof. Ihre Schulranzen dienten als Tormarkierungen. Brandt fühlte sich für einen kurzen Augenblick in seine Kindheit zurückversetzt. Jede freie Minute hatte er als Junge dem Fußball gewidmet. Richtig gut war er gewesen, hatte im Verein gespielt. Von seinen Freunden wurde er nur ›Klein-Janes‹ genannt – wer weiß, wenn seine Eltern ihn nicht gezwungen hätten, einen ›anständigen‹ Beruf zu erlernen, wäre er vielleicht sogar Profi geworden. Geträumt hatte er jedenfalls immer davon. Ein Lächeln huschte über sein Gesicht, als er sich vorstellte, dass er vielleicht ein entscheidendes Tor bei der Weltmeisterschaft 1982 geschossen hätte.

Die Tür des Klassenzimmers wurde geöffnet und Frau Meurer erschien auf dem Flur. Ein kleines Mädchen folgte ihr zögernd.

»So, Ann-Katrin«, erklärte die Lehrerin mit fester, ruhiger Stimme, »das sind Herr Brandt und Herr Teichert.

Sie suchen nach Michelle und hoffen, du kannst ihnen ein wenig helfen.«

Das Mädchen, dessen dunkle Haare die blasse Gesichtsfarbe besonders hervorhoben, schaute sie mit weit geöffneten Augen an. Brandt beugte sich ein wenig nach vorn, sodass er sich in Augenhöhe mit der Schülerin befand.

»Du bist also Ann-Katrin?«

Das Mädchen nickte.

»Und du bist Michelles Freundin?«

Wieder bewegte die Kleine nur ihren Kopf auf und ab. Brandt stöhnte innerlich auf. Er konnte verstehen, dass das Mädchen Angst hatte, aber irgendwie musste er sie zum Sprechen bringen. Das letzte psychologische Seminar, das er besucht hatte, lag schon einige Zeit zurück, und darin war es hauptsächlich um Fragetaktiken im Verhör mit mutmaßlichen Tätern gegangen. Er räusperte sich.

»Hast du gesehen, zu wem Michelle ins Auto gestiegen ist?«

Diesmal schüttelte Ann-Katrin den Kopf. Das kann ewig dauern, bis wir der Kleinen alles aus der Nase gezogen haben, dachte er, doch unvermittelt schaltete sich Frau Meurer mit ihrer direkt-pädagogischen Art in das Gespräch ein.

»Nun erzähl mal den beiden Herren bitte, was du gestern gesehen hast!«

»Ja, also, das war so: Michelle und ich wollten eigentlich zusammen zum Bus gehen«, begann Ann-Katrin zu erzählen und Brandt erschrak beinahe, als er plötzlich die klare, helle Kinderstimme hörte.

»Aber dann ist mir eingefallen, dass ich meine Sporttasche in der Klasse vergessen hatte. Ich habe zu Michelle gesagt, dass sie auf mich warten soll. Das wollte sie aber nicht. Da haben wir uns ganz doll gestritten. ›Blöde Kuh‹ habe ich sie genannt und sie hat mich ...«, das Mädchen zögerte und blickte verlegen zu Boden, »immer ›dumme Fotze‹ genannt.«

Brandt war erstaunt über Michelles vulgären Umgangston. Solche Kraftausdrücke kannte er von seiner Tochter nicht.

»Meinen Sie, Michelle ist wegen des Streits mit dem Mann mitgegangen und weggelaufen?«

»Ganz bestimmt nicht«, versuchte Teichert, das schlechte Gewissen des Mädchens zu beruhigen. »Und was ist dann passiert?«

»Ich habe meine Sporttasche aus der Klasse geholt. Hier oben vom Fenster aus habe ich aber gesehen, dass Michelle noch auf dem Schulhof war. Doch als sie mich aus der Tür hat kommen sehen, hat sie sich einfach weggedreht und ist gegangen.«

Brandt kannte dieses zickige Gehabe der Mädchen. Darin stand Lore den anderen in nichts nach.

»Und da warst du natürlich sauer, oder?«, versuchte er, Ann-Katrins Reaktion zu rekonstruieren. Die Kleine nickte. »Hm, und ich bin ihr hinterhergerannt, weil ich ihr sagen wollte, wie bescheuert sie ist. Aber als ich aus dem Tor kam, ist sie gerade in den Wagen gestiegen.«

»Was war das für ein Auto?« Sie zuckte mit den Schultern. »So ein großes, schwarzes.«

»Und der Mann?«

Ann-Katrin erzählte, dass der Mann eine Uniform getragen hatte. Auf die Frage, wie die ausgesehen habe, konnte sie jedoch keine genaue Antwort geben. Allerdings bemerkte sie zum Erstaunen aller, dass sie den Mann schon einmal gesehen hatte, allerdings ohne Uniform.

»Wo?«

»Vor ein paar Tagen auf dem Spielplatz.«

Sie erzählte, wie sie auf den Bus gewartet und sich die Wartezeit mit Schaukeln auf dem Spielgelände vertrieben hatte. Dabei war ihr der Mann aufgefallen. Er hatte nämlich ins Gebüsch gepinkelt und eine Mutter hatte sich fürchterlich aufgeregt.

»Und hast du sein Gesicht gesehen? Kannst du ihn beschreiben?«

Brandt witterte eine Chance, dem Mann auf die Spur zu kommen, doch zu seiner Enttäuschung schüttelte Ann-Katrin den Kopf.

»Und woher weißt du, dass es der Mann mit der Uniform war?«

»Weil er in genau dasselbe Auto gestiegen ist, wie das, in dem der Uniformierte Michelle mitgenommen hat.«

Die Erklärung schien einleuchtend. Nur schade, dass das Mädchen sich so wenig mit Automarken auskannte. Einen großen, schwarzen Wagen fuhren wahrscheinlich Tausende von Leuten in der Stadt, zumal Ann-Katrin noch nicht einmal das Nummernschild oder zumindest das Ortskennzeichen desselben nennen konnte. Vermutlich kam der Mann gar nicht aus Düsseldorf. Brandt seufzte leicht, während sein Kollege noch einmal versuchte, dem Mädchen weitere Einzelheiten zu entlocken. Doch Ann-Katrin schüttelte immer wieder den Kopf.

»Ich habe nur noch gesehen, wie der Wagen um die Ecke gebogen ist.«

Teichert bedankte sich bei der Kleinen. Für ihn war klar: Mehr würden sie momentan von dem Mädchen nicht erfahren. Sie nickten Frau Meurer zu und verabschiedeten sich. Brandt blickte sich jedoch noch einmal um, als sie bereits ein paar Schritte den Flur entlanggelaufen waren.

»Sag mal, Ann-Katrin, hast du Michelle schon einmal besucht?« Sie nickte.

»Und kennst du den Vater?«

»Nein, der war nie da.«

3

Sie fuhren zurück zum Präsidium.

»Wir sollten versuchen, etwas über den Vater herauszufinden. Vielleicht hat er etwas mit Michelles Verschwinden zu tun«, sagte Brandt.

Sein Kollege nickte zustimmend, während er den Wagen durch den dichten Stadtverkehr zum Jürgensplatz steuerte.

Im Flur zu ihrem Büro kam ihnen ihr Vorgesetzter Hans Schirmer entgegen.

»Für 13 Uhr ist eine Pressekonferenz im Fall Michelle Roeder anberaumt. Könnt ihr dabei sein?« Die beiden bejahten und berichteten, was der Besuch bei der Familie des vermissten Mädchens und die Befragung der Lehrerin und von Michelles Freundin ergeben hatten.

»Und die Befragung der Anwohner?«, erkundigte sich ihr Chef. Brandt und Teichert blickten ihn fragend an.

»Sind die denn nicht bereits gestern befragt worden?«

»Soviel ich weiß, nicht. Ich dachte, das würdet ihr gleich mit erledigen.«

Brandt spürte eine heiße Welle in sich aufsteigen. Erst holte man ihn zu diesem schwierigen Fall aufgrund seiner letzten Ermittlungserfolge hinzu, und dann erwartete man, dass er alles selbst übernahm.

»Schick ein paar Leute von Marcus raus. Die sollen das übernehmen«, äußerte er in barschem Ton. »Wir haben dafür keine Zeit.« Ohne die Reaktion seines Gegenübers abzuwarten, setzte er unvermittelt seinen Weg ins Büro fort. Teichert folgte ihm.

»War das nicht ein wenig forsch?«, fragte der, als sie die Tür hinter sich geschlossen hatten.

Brandt ließ sich auf seinen Schreibtischstuhl fallen, der sich zu der leicht übergewichtigen Last mit einem lauten Knarren äußerte.

»Ist mir egal«, antwortete er nur knapp.

Er hatte weder Zeit noch Lust, sich an solchen, aus seiner Sicht Banalitäten, aufzuhalten. Da draußen lief ein Mann frei herum, der ein kleines Mädchen angesprochen und sie überredet hatte, zu ihm ins Auto zu steigen. Was danach geschah? Er wusste es nicht, aber aufgrund seiner Erfahrungen vermutete er, dass es nichts Gutes war, was der Mann im Schilde führte. Und wer konnte erahnen, ob und wann er vielleicht noch einmal zuschlagen würde, wenn sie ihn nicht fanden? Er wurde plötzlich unruhig, blickte zur Uhr. Lore hatte bereits Unterrichtsschluss. Er griff zum Telefonhörer und wählte die Nummer seiner Mutter. Nach dem vierten Klingeln wurde abgehoben.

»Brandt?«

»Ich bin's. Ist Lore schon da?«

»Ja, wir essen gerade. Soll ich sie holen?« Seine Mutter wunderte sich über seinen Anruf. Normalerweise war ihr Sohn immer so stark in seine Arbeit eingebunden, dass er sich eigentlich nie während des Tages meldete. Schon gar nicht, um sich nach Lore zu erkundigen. Sie hatte sowieso den Eindruck, dass Hagen mit der Erziehung der Kleinen immer noch total überfordert war. Es war auch nicht leicht für ihn nach dem Unfall von Margit. Seine Trauer hatte er mit Arbeit erstickt. Tag und Nacht war er im Präsidium gewesen, hatte sich weder um Lore noch um irgendetwas anderes gekümmert. Die Wohnung war völlig verwahrlost gewesen, die Kleine total verstört. Eine Weile hatte sie ihm das durchgehen lassen, hatte geholfen und sich um Lore gekümmert. Als sie jedoch festgestellt hatte, dass er immer tiefer in diese Lethargie verfiel, hatte sie ihm eines Abends gehörig die Leviten gelesen. Dabei war es natürlich zu einem heftigen Streit zwischen ihnen gekommen. Störrisch, wie er nun einmal war, hatte er alles abgestritten und ihr vorgeworfen, sie hätte kein Verständnis für seine Situation. Außerdem hätte sie Margit sowieso nie gemocht, wahrscheinlich sei sie sogar froh, dass sie tot sei, hatte er sie angeschrien. Es hatte sie sehr verletzt und viel Kraft gekostet, über die Äußerungen ihres Sohnes hinwegzusehen. Wenn es nicht auch um Lore gegangen wäre, hätte sie damals vermutlich einfach die Tür hinter sich zugezogen und wäre gegangen. Aber die Kleine brauchte sie. Und mehr als ihre Großmutter brauchte sie jetzt vor allem ihren Vater. Das hatte sie versucht, ihm zu erklären. Er war nicht allein. Lore hatte ihre Mutter verloren und sie hatte Angst, auch noch ihren Vater zu verlieren. Diese Äußerung hatte ihm offenbar die Augen geöffnet. Sie hatten danach zwar nie wieder darüber gesprochen, aber Hagen war kurz darauf mit Lore in eine andere Wohnung gezogen, hatte Margits Sachen endlich weggeräumt und sich mehr um seine Tochter gekümmert.

Er war sogar mit ihr gemeinsam auf den Friedhof gegangen, das erste Mal nach der Beerdigung.

»Dann holst du Lore, wie vereinbart, heute Abend ab?«

»Ja«, antwortete er knapp und legte auf.

Er vermutete bereits anhand des Geräuschpegels, den er vor dem Raum vernahm, in dem die Pressekonferenz stattfinden sollte, dass jeder Platz belegt sein würde. Journalisten, Fotografen – sogar mehrere Fernsehteams hatten sich angekündigt. Der Fall erregte verständlicherweise viel Aufsehen. Wieder einmal war ein kleines Mädchen verschwunden. Die Polizei tappte im Dunkeln, und zum Schluss würde man wahrscheinlich nur noch die Leiche des vermissten Kindes finden.

Er holte tief Luft, bevor er den Raum betrat und zielstrebig auf den Tisch zusteuerte, an dem bereits der Polizeipräsident und sein Vorgesetzter Schirmer saßen. Sein Kollege Teichert folgte ihm.

Zunächst begrüßte der Präsident die Anwesenden und gab eine kurze Zusammenfassung über den Fall Michelle Roeder. Anschließend übergab er das Wort an Hans Schirmer, der Auskunft über den Stand der Ermittlungen erteilte und um Mithilfe der Bevölkerung bei der Suche nach dem Mädchen bat. Brandt beobachtete derweil die Journalisten. Wie eine Meute Geier saßen sie vor ihnen, machten sich fleißig Notizen, warteten gierig auf den Teil der Konferenz, in welchem sie sich mit ihren Fragen wie die Aasfresser auf die Polizei stürzen und die Ermittlungen auseinanderpflücken konnten. Er sah bereits die morgige Schlagzeile der Zeitungen vor seinem inneren Auge: ›Wieder ein Kind spurlos verschwunden – Polizei unfähig, das Mädchen und dessen Entführer aufzuspüren‹. So oder zumindest so ähnlich würden diese sensationslüsternen Journalisten das Verschwinden von Michelle Roeder publizieren. Dass die Bevölkerung anscheinend wieder einmal weggeschaut hatte, würde selbstverständlich mit keinem Wort erwähnt werden. Es fiel doch schließlich auf, wenn ein Mädchen von einem erwachsenen Mann angesprochen wurde, da konnte man sich doch einschalten, mal nachfragen. Aber kaum jemand zeigte heutzutage noch Zivilcourage, geschweige denn, dass man überhaupt Interesse an seinen Mitmenschen hatte. Durch seine Grübeleien hatte er den Ausführungen seines Vorgesetzten nicht mehr folgen können und erschrak ein wenig, als plötzlich die Hände der Journalisten in die Höhe schnellten.

»Johann Burger, RP: Gibt es nähere Hinweise auf den Täter, stammt er vielleicht sogar aus dem näheren Umfeld des Kindes?«

»Darüber haben wir bisher keinerlei Erkenntnisse.«

»Marion Settler, WAZ: Wird die Mutter sich an die Öffentlichkeit wenden, um eventuell den Entführer anzusprechen?«

»Wir haben diese Möglichkeit in Erwägung gezogen.«

Brandt war immer wieder fasziniert, wie ruhig und sachlich sein Vorgesetzter diese endlose Fragerei über sich ergehen ließ. Diplomatisch beantwortete er meist jede noch so provokativ gestellte Frage. Dabei verlor er niemals die Geduld. Dazu wäre er selbst nie in der Lage. Brandt wohnte den meisten Pressekonferenzen zum Glück lediglich als eine Art Alibi-Kommissar bei, damit nicht der Eindruck bei der Presse entstand, dass zu wenig Mitarbeiter mit dem Fall beschäftigt waren.

Hin und wieder beantwortete er ein paar Fachfragen. Gerade bei Kapitaldelikten war er als Spezialist bei den Journalisten bereits bekannt. Heute jedoch war keine der Fragen direkt an ihn gerichtet, und so wartete er ungeduldig auf den Abschluss der Konferenz, um sich endlich wieder dem Fall zuwenden zu können. Es erschien ihm wie eine halbe Ewigkeit, bis alle Fragen ausführlich beantwortet waren und die Reporter endlich den Raum verließen.

Auf dem Weg zurück in sein Büro fragte er Schirmer nach den Suchmannschaften, von denen in der Konferenz die Rede gewesen war.

»Ja, wäre gut, wenn du mal rausfahren könntest.«
»Wo genau habt ihr die Truppen eingesetzt?«
»An den Rheinwiesen.«
»An den Rheinwiesen? Wieso dort? Gibt es eine Spur?«

Sein Chef schüttelte den Kopf, verwies aber auf einen Fall, bei dem vor etlicher Zeit schon einmal eine Kinderleiche auf den Rheinwiesen entdeckt worden war.

»Aber es gibt im Fall Michelle Roeder keinerlei Anzeichen, dass der Täter mit dem Kind Richtung Rhein gefahren ist. Was ist mit dem näheren Umfeld der Schule? Wer durchsucht diese Gegend?«

»Da habe ich jetzt Marcus' Leute hingeschickt. Die übernehmen auch gleichzeitig die Befragung der Anwohner.«

»Gut«, er nickte Schirmer zu. »Und sonst?«

Sein Gegenüber zuckte nur mit den Schultern. »Es gibt bis jetzt keine Hinweise und außerdem habe ich keine weiteren Leute.«

Brandt versuchte, sich für einen kurzen Augenblick in die Lage des Mannes zu versetzen, der Michelle entführt hatte. Wohin würde er das Mädchen bringen? Wo war man am ehesten ungestört, fiel keinem auf? Der Ort durfte nicht zu weit entfernt sein. Der Mann war sicherlich nervös und das Kind würde nach einer Weile anfangen, Fragen zu stellen, zu weinen oder vielleicht sogar zu schreien. Die Gefahr, womöglich durch die Nervosität einen Unfall zu bauen, war groß. Das wollte der Entführer sicherlich nicht riskieren.

»Was ist mit dem Grafenberger Wald?«

Schirmer wiederholte: »Ich habe keine weiteren Leute.«

»Dann fordere welche an. Wir können es uns kaum leisten, wieder von der Presse zerrissen zu werden. Wir müssen alle Möglichkeiten ausschöpfen!«

Er drehte sich um. Für ihn war klar, dass Schirmer seinem Rat folgen würde. Denn eins stand fest: Sie konnten sich keine schlechten Schlagzeilen erlauben. Schon gar nicht, wenn es um das Verschwinden eines Kindes ging.

Schwungvoll öffnete er die Tür zum Büro und scheuchte damit Teichert und Sonja Munkert auseinander, die sehr dicht am Schreibtisch zusammengesessen hatten. Sonja war die neue Assistentin, und ihm war bereits aufgefallen, dass sein Kollege ein außerordentliches Interesse an ihr entwickelt hatte. Dass dieses Interesse inzwischen zu einem Techtelmechtel angewachsen war, war ihm allerdings entgangen. Er lächelte, bevor er fragte: »Und, Frau Munkert, haben Sie etwas über den Vater herausgefunden?«

»Ja, ich habe es gerade schon Herrn Teichert gezeigt.«

Wie ein Alibi hielt sie eine Akte hoch, deren roter Farbe sich ihr Gesicht leicht anpasste.

»Und?«

»Herr Roeder sitzt zurzeit ein.«

Martin Schulz schloss sein Fahrrad vor der Universitätsbibliothek an einen der Metallständer an. Er vergewisserte sich, dass das Schloss auch wirklich zugeschnappt war, und suchte anschließend in seiner Hosentasche nach einem 2-Euro-Stück, das er als Pfandmarke für den Garderobenschrank benötigte. Als er die Bibliothek betrat, traf er einen Kommilitonen.

»Mensch, Martin, du hier?«, begrüßte der Freund ihn überschwänglich. »Ich denke, du machst schon Ferien. Hast doch alle Scheine zusammen, oder?«

Martin Schulz nickte und blickte nervös auf seine Armbanduhr.

»Sorry, aber hab gleich eine Verabredung!« Er versuchte, sich in dem engen Eingangsbereich an dem anderen vorbeizuschlängeln.

»Ein echtes Date? Wer ist die Kleine?«

»Kennst du nicht«, antwortete er kurz. Er hatte sich endlich an dem Freund vorbeigezwängt und betrat ohne ein weiteres Wort das Foyer.

Die Bibliothek war gut besucht. Eine Menge Studenten streifte durch die weitläufige Halle, in der in mehreren Schaukästen Kunstgegenstände ausgestellt waren. Vor der Ausleihe bildete sich wie gewöhnlich eine lange Schlange und die ersten Reihen der Garderobenschränke waren wie immer alle belegt. Erst in der vierten Reihe fand er endlich ein freies Fach, in das er seinen Rucksack verstaute, aus dem er zuvor einen großen braunen Umschlag holte.

Als er den Schlüssel herumdrehte, war das Klimpern der Pfandmarke zu hören.

Mit dem Aufzug fuhr er in das dritte Geschoss und betrat den philosophischen Fachbereich. An einem freien Tisch an der Fensterfront nahm er Platz und wartete.

Teichert lenkte den Wagen über die Rheinkniebrücke auf die andere Rheinseite. Brandt erblickte bereits beim Überqueren des Flusses die Beamten von der Bereitschaftspolizei. Mit Spürhunden durchkämmten sie Stück für Stück die grünen Wiesen am Rheinufer.

»Ich versteh immer noch nicht, wieso Schirmer den Rheinwiesen oberste Priorität beigemessen hat. Bei dem Wetter sind doch genügend Leute unterwegs. Da hätten wir längst eine Meldung, wenn die Kleine hier zu finden wäre.«

»Nur wenn sie tot ist«, war Teicherts Kommentar. »Die Bilder der Kleinen sind noch nicht veröffentlicht. Wenn sie noch lebt und sich hier aufhält, wird sie keiner erkennen. Außerdem haben wir keinen wirklichen Hinweis auf den Verbleib des Kindes. Irgendwo müssen wir schließlich anfangen.«

Brandt murmelte etwas Unverständliches. Dass hier bereits vor Jahren schon einmal ein vermisstes Kind gefunden worden war, reichte ihm nicht als Begründung für diese Aktion. Schließlich hatte es sich damals um eine im Rhein treibende Kinderleiche gehandelt, und das Kind war durch einen Badeunfall ums Leben gekommen. Für ihn bestanden da keinerlei ersichtliche Parallelen zu dem aktuellen Fall, deshalb sah er die Maßnahme seines Chefs als reine Zeitverschwendung an.

Sie parkten am Kaiser-Wilhelm-Ring und gingen die Böschung hinunter zu den Wiesen. Mit großen Schritten versuchten sie, zu der Gruppe der Bereitschaftspolizei aufzuschließen. Nach wenigen Minuten erreichten sie die letzten Beamten der Hundertschaft und fragten nach dem Einsatzleiter. Durch ein Kopfnicken gab man ihnen zu verstehen, dass sich dieser an der Spitze des Trupps befand.

Hauptkommissar Decker wies gerade einige seiner Leute an, besonders den Uferbereich abzusuchen, als die beiden sich endlich an den circa 120 Beamten vorbei zum Einsatzleiter vorgekämpft hatten.

»Und, habt ihr schon was?«

»Nee, aber wir sind auch noch nicht weit gekommen. Die Schaulustigen behindern unsere Arbeit. Musste erst einmal ein paar Leute abstellen, die den Bereich hier absperren, sonst latschen die hier doch tatsächlich mitten durch.«

Erst jetzt bemerkte er die Ansammlung einiger Passanten auf der nahe gelegenen Anhöhe hinter einer Polizeiabsperrung.

»Was die immer meinen, was es hier zu gucken gibt«, bemerkte Teichert mit einem verständnislosen Blick auf die Menschenansammlung.

Brandt zuckte mit den Schultern.

»Und wann seid ihr hier fertig? Könnt ihr danach noch die Truppen im Grafenberger Wald unterstützen?«

»Wie stellst du dir das vor?«, schnaubte Decker verächtlich. »Durch die Gaffer werden wir wohl erst im Dunkeln fertig. Da brauchen wir dann gar nicht mehr zum Wald rüber. Das ist sinnlos. Außerdem brauchen meine Leute auch mal Feierabend.«

Brandt nickte. Wenn es nach ihm ginge, hätte er die Aktion hier am Rhein am liebsten sofort abgeblasen, aber dazu war er nicht befugt.

Als sie zurück zu ihrem Wagen gingen, äußerte er noch einmal seinen Unmut über das Unternehmen Rheinwiesen.

»Reine Zeitverschwendung, wenn du mich fragst. Wenn Michelle noch lebt, wird der Typ mit ihr an irgendeinen abgelegenen Ort gefahren sein. Bei dem, was er vermutlich mit ihr vorhat, kann er keine Zuschauer brauchen. Guck dir die Gaffer an«, er blieb einen kurzen Moment stehen und blickte zurück zur Polizeiabsperrung, »meinst du, der fährt hierhin mit dem Mädchen? Und dann am helllichten Tag?«

Diesmal fiel seinem Kollegen kein Gegenkommentar ein und er stimmte ihm schweigend zu. »Aber wie sollen wir die Sache sonst angehen?«

»Wir brauchen einfach weitere Hinweise.«

Er griff nach seinem Handy und wählte die Nummer des Kollegen Marcus Scholz.

»Brandt hier. Haben deine Leute schon was?«

Als die große, schlanke Gestalt plötzlich an seinen Tisch trat, fuhr er erschrocken zusammen. Martin Schulz war völlig in seinen Gedanken versunken gewesen, sodass er nicht bemerkt hatte, wie der Mann sich näherte.

»Haben Sie die Unterlagen dabei?«, fragte er und ließ sich unaufgefordert auf dem freien Platz am Tisch nieder. Michelles Stiefbruder nickte und betrachtete sein Gegenüber. Irgendwie hatte er sich den Anrufer anders vorgestellt, nicht so anständig und normal. Der etwa Anfang 50-jährige Mann wirkte auf ihn sehr seriös. Der dunkle

Anzug saß perfekt, vermutlich maßgeschneidert. Die Krawatte passte farblich zum Hemd, an dessen Manschetten goldene Knöpfe für Halt sorgten und die einen dumpfen Ton verursachten, als der Mann seine Hände auf der Tischplatte abstützte.

»Ist es darin?« Der Mann deutete mit seinem Zeigefinger leicht auf den Umschlag. Martin Schulz nickte. »Haben Sie das Geld?«

Aus der Innentasche des Anzugs holte sein Gesprächspartner einen weißen Umschlag und schob ihn langsam über den Tisch. Martin blickte sich reflexartig um, doch niemand schien sich für sie zu interessieren. Er nahm das Kuvert und warf einen prüfenden Blick hinein. Der Inhalt stellte ihn zufrieden und er reichte dem anderen den braunen DIN-A4-Umschlag. Bevor er losließ, fragte er: »Woher wussten Sie davon?«

»Ich kenne Ihren Vater sehr gut.« Der Mann stand auf, ohne den Inhalt überprüft zu haben. »Grüßen Sie ihn von mir«, lächelte er und drehte sich um.

Die Befragung der Anwohner hatte kaum neue Erkenntnisse gebracht. Viele Bewohner der angrenzenden Häuser hatten zu der fraglichen Zeit gearbeitet oder waren anderweitig unterwegs gewesen. Die Mütter und Kinder auf dem Spielplatz hatten überwiegend die Köpfe geschüttelt, als die Beamten ein Foto von Michelle vorgezeigt hatten. Nur ein paar wenige hatten das Mädchen erkannt, konnten jedoch nichts über ihr Verschwinden sagen.

Eine ältere Dame wollte gesehen haben, wie Michelle in einen roten Kleinbus eingestiegen war, und eine junge Mutter behauptete, dass Michelle mit einem Mann zu Fuß Richtung Birkenstraße gegangen sei. Die Beamten gingen einigen Hinweisen bereits nach, doch viel versprach man sich nicht davon.

Brandt blickte auf seine Uhr und erschrak. »Ich muss Lore gleich abholen. Meine Mutter geht doch heute Abend in die Oper.«

»Ich fahr dich eben.«

»Ich komm dann später noch mal ins Präsidium. Muss nur Lore abliefern und was zu essen machen.«

Teichert winkte ab. »Mach ruhig Feierabend. Viel können wir jetzt eh nicht tun. Ich übernehme später noch den Termin in der JVA. Wenn's was gibt, melde ich mich.«

»Aber ...«

»Nichts aber«, entgegnete sein Kollege in der gleichen resoluten Art, in der Brandt häufig ihrem Vorgesetzten begegnete.

Der Junge lernt schnell, dachte er und ließ sich ohne weitere Gegenwehr zur Wohnung seiner Mutter fahren.

Nachdem Teichert seinen Kollegen abgesetzt hatte, fuhr er zur Justizvollzugsanstalt in der Ulmenstraße.

4

»Schon wieder Spiegelei«, nörgelte Lore, während sie lustlos auf ihrem Teller herumstocherte. »Wann gibt's denn mal wieder Nudeln oder so?«

»Du hattest doch erst heute Mittag bei Oma Lasagne.«

»Na und?«

Brandt betrachtete seine Tochter. Immer wieder fragte er sich, wo sie das ganze Essen ließ, das sie den ganzen Tag über in sich hineinstopfte. Sie war spindeldürr, kam ganz nach ihrer Mutter. Die hatte auch essen können, was sie wollte, ohne ein Gramm zuzunehmen. Er hingegen nahm schon zu, wenn er eine deftige Mahlzeit nur aus der Ferne eines Blickes würdigte.

»Und wie war's heute in der Schule?«, versuchte er, das Thema zu wechseln.

»Wie immer.« Lore war, was das betraf, immer sehr wortkarg. Er fragte sich, ob sie wohl eine ebenso stille Schülerin war wie Michelle Roeder.

»Habt ihr nicht heute einen Mathetest geschrieben?«

»Mhm.« Sie schob sich ein Stück Brot in den Mund.

»Und?«

Lore ging auf seine Frage gar nicht ein. Wie sie so dasaß, still vor sich hinkauend, wirkte sie klein und zerbrechlich.

»Sag mal, bietet eure Sportlehrerin Frau Lutz eigentlich noch diesen Selbstverteidigungskurs an?«

Sie blickte ihn argwöhnisch an. »Meinst du wegen des verschwundenen Mädchens?«

Es hatte sich also schon herumgesprochen, dass Michelle Roeder vermisst wurde. Er nickte.

»War das so 'n Perverser?«

Er erschrak über die Ausdrucksweise seiner Tochter und blickte sie fragend an.

»Hab gehört, wie Frau Lutz das heute auf dem Flur zum Rektor gesagt hat. Morgen in der ersten Stunde reden wir darüber.«

Brandt atmete auf. Die Schule seiner Tochter reagierte schnell. Das war gut. Er hatte selbst schon daran gedacht, einige Kollegen rauszuschicken, um die Lehrer und Schüler zu sensibilisieren. Man konnte nicht genug Aufklärung betreiben. Er nahm sich vor, Lore am nächsten Morgen zur Schule zu begleiten und mit der Lehrerin zu reden.

»Kann ich aufstehen?« Ohne seine Antwort abzuwarten, erhob sie sich und verließ die Küche. Er aß die restlichen Spiegeleier direkt aus der Pfanne und ließ dabei den Tag Revue passieren. Die Pressekonferenz, die Befragung der Lehrerin und Ann-Katrins, der Besuch bei Michelles Mutter. Vor all die Bilder dieses Tages schob sich jedoch immer wieder das Gesicht einer Zehnjährigen, die ihn flehend anschaute. ›Hilf mir‹, schien es zu schreien. Schnell stand er auf und räumte das Geschirr in die Spülmaschine.

Der Raum war karg und lieblos eingerichtet. Teichert saß an einem der Besuchertische und trommelte nervös mit den Fingern auf die Holzplatte. Er hatte keine Ahnung, was ihn erwartete. Nur kurz hatte er die Akte von Michelle Roeders Vater überflogen.

Die Tür wurde geöffnet und ein kleiner, untersetzter Mann betrat den Raum. Er war in Begleitung eines Vollzugsbeamten. Erschrocken fuhr Teichert auf, dabei kippte sein Stuhl durch die Wucht seines plötzlichen Aufsprungs mit einem lauten Knall auf den Boden. Herr Roeder grinste hämisch, während er auf den Tisch zukam.

»Herr Teichert, was verschafft mir die Ehre?«

Er bezweifelte, dass der Häftling noch nichts von dem Verschwinden seiner Tochter gehört hatte, und wunderte sich über dessen lockere, ja geradezu provokative Art.

»Herr Roeder, Sie wissen, dass Michelle seit gestern Mittag verschwunden ist?«

Sein Gegenüber nickte.

»Und Sie machen sich keine Sorgen, dass ihr etwas zugestoßen sein könnte?«

Harald Roeder wirkte teilnahmslos, zuckte nur mit den Schultern. »Seit die Alte mich rausgeworfen hat, geht mich das nichts mehr an.«

»Aber Michelle ist doch Ihre Tochter!« Teichert war beinahe fassungslos, wie wenig den Vater anscheinend das Verschwinden seiner Tochter berührte. Wie konnte ein Mensch nur so gefühlskalt sein?

Die Reaktion des Kommissars amüsierte den Inhaftierten sichtlich. Forsch beugte er sich über den Tisch und grinste dabei erneut.

»Sie haben doch bestimmt meine Akte gelesen, oder? Was haben Sie denn gedacht, was ich für ein Mensch bin, hm? Ich hab Kinderpornos hergestellt, Mädchen aus'm Ostblock zur Prostitution angeboten. Meinen Sie, da kratzt es mich, wenn mein Mädchen zufällig auch mal abgegriffen wird?«

Teichert versuchte, Fassung zu bewahren. In seiner bisherigen Laufbahn bei der Polizei hatte er zwar schon etliche Fälle bearbeitet. Mord, Drogenhandel und auch Kinderprostitution waren dabei gewesen, aber so jemandem wie Herrn Roeder war er noch nie begegnet. Er bereute, ohne seinen Kollegen hierher gekommen zu sein.

»Wann hatten Sie denn das letzte Mal Kontakt zu Michelle?«

Harald Roeder kratzte sich am Kopf, tat, als wenn es schon Jahrzehnte her war. »Ich glaub, so ein, zwei Jahre ist das her.«

»Und seitdem kein Besuch, kein Telefonat oder Brief?«

»Nein.«

»Und Kontakte in Ihre alten Kreise haben Sie auch keine mehr?«

»Was soll das?« Der Befragte sprang auf und schrie, er sitze schließlich ein. Zu wem sollte er da außerhalb dieser Mauern Kontakt haben? Ob er sich überhaupt vorstellen könnte, wie es hier im Knast abginge?

»Nein, das können Sie doch nicht. Sie sitzen doch mit Ihrem feinen Beamtenarsch schön auf Ihrem Ledersessel und verdächtigten lieber Knastis, als den wahren Täter zu suchen.«

Für einen kurzen Augenblick erschien es Teichert, als blitzte da doch so etwas wie Angst und Sorge um die Tochter in den Augen seines Gegenübers auf, doch noch ehe er reagieren konnte, hatte Harald Roeder sich umgedreht und steuerte auf die Tür zu. »Ohne meinen Anwalt sage ich gar nichts mehr, kapiert?«

Als Brandt die Tür zum Zimmer seiner Tochter öffnete, lag Lore schon im Bett und las.

»Lernst du noch?«

»Hm.«

»Soll ich dich abfragen?« Sie nickte. Er setzte sich zu ihr auf die Bettkante und sie reichte ihm das Vokabelheft.

»Teppich?«

Lore überlegte einen kurzen Augenblick, ehe sie die richtige englische Übersetzung nannte.

»Sessel?«

»Hm, du, Papa?«

Er blickte auf. Sie lag da und starrte zur Zimmerdecke. Irgendetwas schien sie zu beschäftigen.

»Ja?«

»Werdet ihr das Mädchen finden?«

Sie löste ihren Blick von dem Punkt, den sie mit den Augen fixiert hatte, und schaute ihn ängstlich an. Er strich ihr behutsam über den Kopf.

»Natürlich«, antwortete er mit fester Stimme, obwohl er sich da gar nicht sicher war. Vielleicht würden sie Michelle Roeder in den nächsten Stunden oder Tagen finden, aber ob sie dann noch lebte? Er wusste es nicht.

»Schlaf jetzt schön«, flüsterte er und beugte sich über sie. »Du brauchst dir keine Sorgen zu machen.« Er küsste sie leicht auf die Wange und stand auf. Als er das Licht löschte, hörte er, wie sie sich in ihrem Bett umdrehte und tief einatmete. Er zog die Tür leise hinter sich zu.

Im Wohnzimmer legte er eine CD ein. Schumann, Klavierkonzert a-Moll. Die sanften Klänge erfüllten den Raum. Er goss sich einen Whisky ein und setzte sich aufs Sofa. Der Alkohol rann wohlig warm seine Kehle hinunter, er entspannte sich ein wenig. Die Eindrücke des Tages wichen einer angenehmen Leere in seinem Kopf. Sein Blick wanderte ziellos durch den Raum, bis er an einem gerahmten Foto über der antiken Anrichte haften blieb. Das Bild zeigte eine glückliche Familie. Margit, Lore und er lächelten in die Kamera. Im Hintergrund konnte man Loch Ness erkennen. Vor circa vier Jahren hatten sie die Sommerferien in Schottland verbracht. Seitdem war er Liebhaber des schottischen Malt Whiskys und ließ sich jährlich eine Kiste davon direkt aus Dufftown liefern. Sie hatten dort eine der zahlreichen Destillerien besucht. Vor diesem Urlaub hatte ihm Whisky eigentlich nicht geschmeckt, was sicherlich zum Teil an der minderwertigen Qualität der in Deutschland gängigen Marken lag. Aber seitdem er in Dufftown ein Glas eines 18 Jahre alten Malt Whiskys, der direkt aus einem Holzfass serviert worden war, gekostet hatte, schätzte er die karamellfarbene Flüssigkeit, deren feines Aroma für ihn ein wunderbares Geheimnis war, da er bei jedem neuen Glas weitere Nuancen entdeckte.

Er stand auf, schenkte sich ein zweites Glas ein und betrachtete das Foto. Vier Jahre – es kam ihm vor wie eine Ewigkeit. Vieles war seitdem geschehen, alles hatte sich verändert.

Der Unfall hatte sein Leben zerstört, hatte ihm die Frau, die er über alles geliebt hatte, für immer genommen. Einfach so, ohne Vorwarnung, ohne eine Chance, Lebewohl zu sagen. Dabei hatte alles so wunderbar begonnen an jenem Tag im Mai vor drei Jahren.

Margit und er waren auf dem Weg in ein verlängertes Wochenende in Holland an der See gewesen. Endlich einmal hatte er sich von der Arbeit im Präsidium loseisen können. Sie hatten ihre Koffer gepackt, die schmollende Lore bei seiner Mutter abgeliefert und waren bester Laune Richtung Grenze gefahren. In Gedanken war er bereits mit Margit am Strand entlanggewandert, hatte die würzige Seeluft riechen können, das Salz auf ihrer Haut geschmeckt. Er hatte reichlich Gas gegeben, wollte möglichst schnell seine Gedanken real werden lassen. Nur die Zeit auf der Autobahn hatte ihn noch getrennt, getrennt von einem traumhaften Wochenende mit einer umwerfenden Frau.

Margit hatte ihn gebeten, nicht so schnell zu fahren, aber er hatte nur schelmisch gelächelt und seinen Blick in ihr Dekolleté hinabwandern lassen. Den ausscherenden Lkw hatte er deshalb viel zu spät wahrgenommen. Er war auf die Bremse getreten, doch die Rücklichter waren in einer rasanten Geschwindigkeit immer näher gekommen.

Er hatte nur noch einen dumpfen Knall gehört, dann war es dunkel geworden.

Das Gericht hatte den Lkw-Fahrer für schuldig erklärt, aber das hatte nichts geändert. Das brachte ihm Margit auch nicht zurück. Noch heute gab er sich die Schuld an dem, was geschehen war. Wenn er nicht so schnell gefahren wäre, wenn er aufmerksamer gewesen wäre, wenn …

Er ließ sich seufzend aufs Sofa fallen und starrte gedankenverloren in sein Glas.

In der ersten Zeit hatte er ihren Tod einfach ignoriert. Er hatte weitergemacht wie immer, der Realität keinen Einhalt geboten. Die Beerdigung hatte er in einer Art Trance erlebt, sich eingeredet, dass alles nur ein Traum sei. Ihre Sachen ließ er da, wo sie immer gewesen waren, nichts durfte verändert werden, alles blieb an seinem Platz. Abends vor dem Zubettgehen hatte er immer einen Spritzer ihres Parfums auf sein Kissen gegeben und war mit ihrem Duft in der Nase beruhigt eingeschlafen. Er hatte sich eingeredet, er müsse nur lange genug warten, dann würde eines Tages einfach die Tür aufgehen und sie würde lächelnd vor ihm stehen.

Die Einzige, die jedoch irgendwann vor ihm gestanden hatte, war seine Mutter gewesen. Lautstark hatte sie ihm Vorwürfe gemacht, ihn daran erinnert, dass er nicht allein auf dieser Welt war.

Nur widerwillig war er aus seiner Scheinwelt aufgetaucht, hatte angefangen, sich der Realität zu stellen. Margit würde nicht wiederkommen. Damit musste er fertig werden – Lore zuliebe. Das erste Mal nach der Beerdigung waren sie zusammen auf den Friedhof gegangen. Schweigend hatte er vor dem Grab gestanden, während Lore viele Fragen gestellt hatte, Fragen, auf die er keine Antwort hatte geben können.

Der Umzug war für ihn die Hölle gewesen. Zunächst hatte er sich für keine der angebotenen Wohnungen entscheiden können. Er hatte sich nicht vorstellen können, irgendwo anders zu leben als in der Wohnung, die er gemeinsam mit Margit ausgesucht und die sie so liebevoll eingerichtet hatte. Es hatte Wochen gedauert, bis er endlich in der Lage gewesen war, eine Entscheidung zu treffen, und es waren mindestens ebenso viele Wochen vergangen, bis er die Kraft gefunden hatte, Margits Sachen in Kisten zu räumen. An jedem Rock, jeder Bluse, jedem Bild, einfach jedem Stück, das ihr gehört hatte, schienen unendlich viele Erinnerungen zu hängen, und er hatte furchtbare Angst verspürt, dass diese in den braunen Pappkartons einfach in Vergessenheit geraten könnten. Dass diese Erinnerungen in seinem Kopf und Herzen lebten, hatte er erst viel später verstanden.

»Ich vermisse dich«, flüsterte er und goss sich noch einmal sein Glas bis zum Rand voll.

5

Als er am Morgen die ›Rheinische Post‹ aufschlug, sprang ihm das Bild von Michelle Roeder förmlich entgegen. Der Artikel war in Bezug auf die polizeilichen Ermittlungen zwar in einem freundlichen Ton gehalten, brachte aber deutlich zum Ausdruck, dass die Polizei keinerlei Kenntnisse über den Verbleib des Mädchens hatte. Er stand auf und goss sich eine Tasse Kaffee ein.

»Guten Morgen!« Lore betrat die Küche. Ihr Blick fiel auf die aufgeschlagene Zeitung.

»Ist das das verschwundene Mädchen?«

Er nickte.

»Was meinst du, was passiert ist?«

Brandt zuckte mit den Schultern. »Bisher wissen wir nur von einer Freundin, dass sie zu einem Mann ins Auto gestiegen ist.«

»Aber dann muss sie den Mann doch gekannt haben!«

Er blickte sie fragend an und sie erklärte, dass wohl kein Mädchen heutzutage einfach zu einem Fremden ins Auto steigen würde. »Das ist doch gefährlich.«

Er war froh, dass Lore über diese Einsicht verfügte, bezweifelte aber, dass alle Kinder so ausreichend aufgeklärt waren, und die Statistik zeigte, dass es irgendwelchen Erwachsenen immer wieder gelang, Mädchen und Jungen durch verschiedenartigste Versprechungen zum Mitgehen zu bewegen.

»Bist du fertig?« Lore nickte.

Im Treppenhaus trafen sie Herrn Wagner.

»Guten Morgen!«, grüßten sie freundlich. Der etwa Ende 30-jährige Mann nickte ihnen flüchtig zu. Er schien es eilig zu haben.

Aus dem Keller holte Brandt sein Fahrrad. Lore wartete am Treppenabsatz. Mühsam schleppte er sein Mountainbike die schmale und steile Kellerstiege hinauf und fluchte dabei lautstark über das Gewicht des Rades und die enge Bauweise des Kellers.

Es war nicht weit bis zur Schule seiner Tochter. Schweigend schob er sein Fahrrad neben Lore auf dem Gehweg.

»Ist es okay, wenn ich heute Nachmittag zu Katja gehe?«
Er wunderte sich, dass sie fragte. Normalerweise teilte sie ihm lediglich mit, was sie am Nachmittag vorhatte. Das Verschwinden von Michelle Roeder hatte sie wohl verändert. Sie schien erwachsener. Er nickte. »Aber ruf an, wenn du wieder zu Hause bist. Sagen wir, gegen 18 Uhr?«

Er traf Frau Lutz vor dem Lehrerzimmer.
»Herr Brandt, guten Morgen!«
Er erwiderte ihren Händedruck und lächelte. »Lore hat mir erzählt, dass sie heute in der ersten Stunde über das verschwundene Mädchen sprechen. Ich wollte Ihnen meine Unterstützung anbieten.«
Die blonde Frau mit den kurzen Haaren lächelte zurück. Es sei furchtbar nett, dass er seine Hilfe anböte, zumal sie diese Aufgabe äußerst ungern für die kranke Klassenlehrerin übernommen hatte, aber ihr wäre es lieber, erst einmal ohne polizeilichen Beistand mit den Kindern zu sprechen. »Wir wollen sie nicht zu sehr verängstigen!«
Er nickte. Wahrscheinlich war es besser, wenn er und seine Kollegen die ersten Gespräche den Lehrern überließen. Panik an den Schulen und unter Eltern und Schülern konnten sie tatsächlich momentan am allerwenigsten gebrauchen. Außerdem gab es noch genügend anderes zu tun. Er reichte ihr seine Visitenkarte mit der Nummer aus dem Präsidium.
»Nur für alle Fälle!«

»Wo hast du das Geld her?« Sabine Roeder starrte auf den Umschlag, den ihr Sohn vor sie auf den Tisch gelegt hatte. Er zuckte mit den Schultern. »Ist doch egal. Nimm es einfach!«

Sie schüttelte den Kopf. »Ich will wissen, wo du es herhast!«, schrie sie ihn an. Ihre Nerven lagen blank. Sie hatte die ganze Nacht kein Auge zugetan.

»Sieh es einfach als eine Nachzahlung vom Alten an!« Martin Schulz drehte sich um und nahm eine Milchflasche aus dem Kühlschrank. Er schraubte den Verschluss auf und trank direkt aus der Flasche.

»Bist du nun auch schon in so krumme Dinger wie Harald verwickelt? Ich will das nicht!« Sie schluchzte und schob den Umschlag von sich.

»Aber ...« Das Klingeln der Wohnungsglocke unterbrach seinen Widerspruch.

»Das sind bestimmt die Leute vom Sender.« Sie sprang auf und verließ mit eiligen Schritten die Küche.

Wie selbstverständlich breitete sich das Fernsehteam im Wohnzimmer der Familie aus. Möbel wurden gerückt, Scheinwerfer positioniert, eine Dame schminkte Frau Roeder.

»Haben Sie vielleicht eine Lieblingspuppe oder ein anderes Spielzeug von Michelle?« Die Mutter blickte den Mann vom Sender irritiert an, der knapp mit »Das kommt besser« seine Frage begründete.

Sabine Roeder lief ins Zimmer ihrer Tochter und erschien kurz darauf mit einem braunen Teddy in der Hand wieder im Wohnzimmer.

»Den hat Michelle zu ihrem ersten Geburtstag bekommen. Ohne den ...« Tränen erstickten den Rest ihres Satzes. Die Dame mit der Schminke eilte herbei und erneuerte das Make-up.

Der Mann vom Fernsehen reichte ihr ein Blatt, auf dem der Text für ihre Ansprache stand. »Sprechen Sie langsam und deutlich.«

Die Buchstaben tanzten vor ihren Augen, sie konnte sich nicht konzentrieren. »Ich weiß nicht, ob ich das kann«, flüsterte sie.

»Denken Sie an Ihre Tochter. Tun Sie es für Michelle!«

Die Scheinwerfer flammten grell auf, sie sah das rote Lämpchen an der Kamera aufblinken, der Text war vergessen.

»Wenn Sie meine Tochter Michelle haben, bitte lassen Sie sie frei! Ich brauche mein Mädchen und sie braucht mich, bitte! Bitte tun Sie ihr nichts. Sie ist doch noch so klein. Bitte!« Ihre Lippen zitterten. Der Kameramann nickte. Sie holte tief Luft.

»Michelle ist so ein liebes Mädchen. Sie hat niemandem etwas getan. Bitte, wenn Sie wissen, wo meine kleine Prinzessin ist, helfen Sie mir. Helfen Sie mir bitte! Bringen Sie mir meine Michelle zurück!«

Sabine Roeder brach in Tränen aus, das Licht der Kamera erlosch.

»Das war viel besser als unser Text. Jetzt noch das Interview mit Ihrem Sohn.« Der Mann ließ sich von ihren Tränen nicht beeinflussen. Martin Schulz stand im Türrahmen und hatte das Geschehen sprachlos verfolgt. Nun setzte er sich zu seiner Mutter, legte seinen Arm um sie.

»Sehr schön. Brigitte, kannst du noch mal nachpudern?«

Die Dame vom Sender rückte wieder mit ihrem Schminkköfferchen näher. Sabine Roeder saß wie versteinert auf dem Sofa und ließ sich mit der Puderquaste übers Gesicht fahren. Dann blinkte wieder das rote Lämpchen und der Fernsehreporter stellte einige Fragen, die hauptsächlich von Martin Schulz beantwortet wurden.

Nach einer halben Stunde war das skurrile Geschehen im Wohnzimmer der Roeders beendet, die Leute vom Fernsehen packten ihre Gerätschaften zusammen.

»Vielen Dank und alles Gute!«, verabschiedete sich der Leiter des Fernsehteams. Für ihn war es nur ein Job.

Martin Schulz rückte die Möbel wieder an Ort und Stelle und brachte seiner Mutter ein Glas Wasser. Immer noch saß sie wie versteinert auf dem Cordsofa. In der Hand hielt sie Michelles Teddy.

»Mama?«

Sabine Roeder blickte ihren Sohn an. In ihren Augen konnte er Angst erkennen. »Sie finden sie sicher«, versuchte er, tröstend auf seine Mutter einzuwirken, doch seine Stimme klang nicht besonders überzeugend.

Brandt wich gerade einem Pkw aus, der abrupt in der zweiten Reihe angehalten hatte, als hinter ihm ein lautes Hupen ertönte.

»Mensch«, schimpfte er, »siehst doch, dass ich hier fahre!«

Die Situation für Fahrradfahrer war auf den Straßen der Landeshauptstadt nicht gerade die beste. Wild gestikulierend, überholte ihn der Fahrer des silbernen Mercedes, und Brandt war für einen kurzen Augenblick versucht, seine Hand vom Lenker zu lösen und den Mittelfinger auszustrecken. Doch schon stieß er auf das nächste Verkehrshindernis, eine Mutter mit Kinderwagen hatte sich geradezu todesmutig auf die Fahrbahn gestürzt.

»Nutzen Sie doch den Fußgängerübergang!«, rief er ihr zu und wich geschickt aus. Wieder ertönte ein lautes Hupen. Genervt erreichte er schließlich das Präsidium.

»Morgen, Hagen«, begrüßte sein Kollege ihn und erzählte anschließend gleich von seinem gestrigen Besuch in der JVA.

»Ich weiß nicht, aber irgendetwas stimmt da nicht«, schloss er seinen Bericht, »wir sollten noch mal mit Frau Roeder sprechen.«

»Das können wir auf dem Weg zum Grafenberger Wald erledigen. Gibt's sonst was Neues?« Teichert schüttelte den Kopf. »Nicht wirklich. Ein paar Anrufe aus der Bevölkerung. Die Kollegen gehen den Hinweisen bereits nach.«

Die Tür zu ihrem Büro wurde geöffnet. »Gut, dass ich euch noch treffe. Es gibt einen konkreten Hinweis. Ein Anwohner hat einen verdächtigen schwarzen Wagen gemeldet. Wir haben bereits den Besitzer überprüft. Haltet euch fest, der Typ ist wegen sexueller Belästigung bereits vorbestraft. Scheint 'ne heiße Spur zu sein. Fahrt doch gleich mal raus!«

Teichert lenkte den Wagen durch die zum Teil engen Gassen in der Karlstadt. Der über 200 Jahre alte Stadtteil mit seinen rechtwinkligen Straßen beherbergte mehrere Sehenswürdigkeiten der Stadt. Bei dem guten Wetter wanderten viele Leute auf den zum Teil kopfsteingepflasterten Straßen und erschwerten ein zügiges Vorankommen. Brandt betrachtete einige der klassizistischen Gebäude, die in den letzten Jahren weitgehend saniert worden waren. Er fragte sich, wie der vorbestrafte Dieter Heinze wohl die Miete für eine Wohnung in diesem Viertel aufbrachte. Seinem Wissen nach waren die Preise hier nicht gerade niedrig. Außerdem war Dieter Heinze laut ihren Informationen arbeitslos.

Sie parkten direkt auf dem Gehweg vor der ihnen bekannten Hausnummer. Der schwarze Landrover stand nur wenige Meter entfernt.

Brandt drückte den messingfarbenen Klingelknopf neben dem Namensschild.

»Ja bitte?« Eine raue Männerstimme drang aus der Sprechanlage.

Nachdem er seinen Namen genannt hatte, summte der Öffner. Teichert drückte die schwere Holztür auf.

Auf dem Treppenansatz im zweiten Stock stand ein drahtiger Mann mit Brille und Schnauzbart. Brandt schätzte ihn auf Mitte 50. Er trug einen dunklen Anzug, seine dunkelbraunen Haare waren sorgfältig nach hinten gekämmt.

»Herr Heinze?« Der Mann nickte.

Sie nahmen auf einem gestreiften Samtsofa im Wohnzimmer Platz. Die Wohnung war geschmackvoll eingerichtet, überall standen antike Möbel, gegenüber der Fensterfront befand sich ein Kamin, vor dem ein Tierfell ausgebreitet lag.

Dieter Heinze präsentierte sich als fürsorglicher Gastgeber, bot den beiden Eistee und Kekse an.

»Wie kann ich Ihnen helfen?«, fragte er, während die beiden an ihren Gläsern nippten.

»Es geht um Ihren Wagen«, begann Teichert, »Sie sind doch der Halter des Landrovers, der unten auf der Straße parkt?«

»Ja?«

»Wo waren Sie vorgestern in der Zeit zwischen 12 und 13 Uhr?«

Dieter Heinzes Blick wurde misstrauisch. »Geht es etwa um das verschwundene Mädchen?«

»Herr Heinze, bitte beantworten Sie unsere Frage.«

»Damit habe ich nichts zu tun. Ich bin ein anständiger Bürger. Seit der Sache von damals habe ich mir nichts zuschulden kommen lassen.«

Brandts Blick wanderte durch den Raum. »Und dies alles können Sie sich von Ihrem Arbeitslosengeld leisten?«

Das Gesicht ihres Gegenübers verfärbte sich dunkelrot. Er habe geerbt, erklärte er mit knappen Sätzen die exklusive Einrichtung.

»Und wo waren Sie am Mittwoch?«

Dieter Heinze bat noch einmal um die genaue Zeitangabe, lehnte sich in seinem Sessel ein wenig zurück und tat, als dachte er angestrengt nach. Kurz darauf antwortete er: »Ach, Mittwochmittag, da war ich zu einem Empfang im ›Malkasten‹. Sie können das gern überprüfen, es gibt jede Menge Zeugen.« Er grinste.

Auf dem Weg zu Sabine Roeder rief Brandt einen Kollegen im Präsidium an. »Ja, genau«, bestätigte er. »Mittwochmittag, Empfang im ›Malkasten‹! Okay, bis später.« Er legte auf.

Teichert blickte ihn fragend an. »Meinst du, der Typ hat etwas mit dem Verschwinden zu tun?«

Brandt zuckte mit den Schultern. »Keine Ahnung, aber ganz koscher ist der nicht. Geerbt? Nie im Leben. Der macht bestimmt irgendwelche krummen Geschäfte.«

Diesmal öffnete ihnen Sabine Roeder persönlich. Sie sah blass aus, ihre Augen gerötet. Ihr Sohn sei kurz zur Apotheke gegangen.

Sie nahmen im Wohnzimmer Platz. Frau Roeder bot ihnen etwas zu trinken an, doch sie lehnten dankend ab.

»War das Fernsehteam schon bei Ihnen?« Sie nickte

und blickte dabei auf ihre Hände, in denen sie wieder den Teddy hielt.

»Wann wird der Aufruf gesendet?«

»Heute Mittag und dann noch einmal in den Abendnachrichten.«

»Frau Roeder, mein Kollege hat gestern Abend Ihren Exmann aufgesucht. Sie wissen, wo er sich momentan aufhält?« Sie nickte wieder, ohne ihren Blick von dem Teddy zu lösen.

»Und Kontakt haben Sie keinen mehr zu ihm?« Kopfschütteln.

»Frau Roeder, wir verstehen, dass Sie momentan nur an Michelle denken können, aber wir sind auf Ihre Mithilfe angewiesen.« Die Frau hob langsam ihren Blick, doch statt Trauer sprühte ihnen purer Hass entgegen.

»Ich will mit dem Dreckskerl nichts mehr zu tun haben!«, schrie sie plötzlich. »Ich war es schließlich, die ihn angezeigt hat. Viel zu lange habe ich damit gewartet und mir seine miesen Geschäfte mit angeschaut. Aber wenn ich damals nicht eingeschritten wäre, hätte er auch noch unsere Tochter ...« Sie schluckte, dann flüsterte sie: »Bilder hatte er jedenfalls schon von ihr gemacht.«

Brandt wurde hellhörig. »Wo sind die Bilder jetzt?«

»Ich habe sie verbrannt!«

»Und die Abzüge?«

Sie zuckte mit den Schultern, aber Brandt witterte eine Spur.

»Können Sie sich vorstellen, dass Ihr Exmann etwas mit dem Verschwinden von Michelle zu tun hat? Hat er noch Kontakte? Gab es vielleicht Anzeichen, die darauf hinwiesen, dass er irgendetwas im Schilde führte? Hat er Andeutungen ...«

»Hören Sie auf«, schrie Sabine Roeder unvermittelt und hielt sich energisch die Ohren zu. Sie konnte die Vorstellung nicht ertragen, dass sich ihre Tochter in den Fängen irgendeines Kumpanen ihres Exmannes befand.

»Frau Roeder, bitte. Wenn Sie etwas wissen, müssen Sie es sagen.« Brandt berührte die Frau leicht am Arm. Sie zuckte zusammen.

»Ich kann nicht, ich kann nicht«, schluchzte sie und sprang auf.

»Bitte finden Sie meine Tochter!«

Ihr verzweifelter Blick traf ihn im Innersten. Er konnte gut nachvollziehen, was in ihr vorging, und fragte sich, wie er reagieren würde, wenn es Lore gewesen wäre, die plötzlich spurlos verschwunden war. Wäre er in der Lage, über Anzeichen oder Hinweise nachzudenken? Oder würde die Angst ihn lähmen, unfähig machen, an etwas anderes als den Verbleib des geliebten Kindes zu denken?

Er stand auf und verabschiedete sich.

»Wir werden alles tun, um Ihre Tochter so schnell wie möglich zu finden.«

Von der Wohnung der Roeders fuhren sie direkt zum Grafenberger Wald. Vom Staufenplatz aus wanderten sie zur ›Schönen Aussicht‹ hinauf. Brandt schnaufte dabei wie ein Walross, während sein um einige Jahre jüngerer Kollege mühelos die steile Anhöhe erklomm.

»Du solltest mehr Sport treiben!«

Früher war er trotz seiner Leibesfülle regelmäßig im Wald laufen gegangen, doch seit er mit dem Fahrrad fuhr, hatte er damit aufgehört. Er hatte gedacht, Rad fahren würde ausreichen, um seine Kondition zu erhalten. Ein Irrtum, wie sich jetzt herausstellte.

Trotz des leicht diesigen Wetters hatte man von hier oben einen wunderbaren Blick auf die Stadt, doch sie hatten kaum Zeit, die Aussicht zu genießen. Schon trat einer der Einsatzleiter auf sie zu und erstattete Bericht. Eine knappe Handvoll Hundertschaften aus Düsseldorf und Umgebung durchkämmte das Waldgebiet. Bisher jedoch ohne jeden Erfolg.

»Sind Deckers Leute auch hier?« Der Beamte schüttelte seinen Kopf.

»Die sind gestern an den Rheinwiesen nicht mehr fertig geworden. Ist auch ein riesiges Gebiet. Der Hubschrauber fliegt heute zusätzlich am Rhein. Hier hat das wenig Sinn.« Er blickte in den grünen Blätterhimmel über ihnen, der einen Hubschraubereinsatz sinnlos machte.

»Morgen fliegt er dann mit uns.« Teichert und Brandt blickten den Polizisten fragend an. »Wenn wir hier fertig sind, gehen wir rüber zur Wohnung der Kleinen, zum Nordfriedhof und die angrenzenden Wohngebiete. Es sei denn, wir finden sie vorher. Habt ihr denn etwas Neues?« Die beiden verneinten. Die wenigen Hinweise, die bisher aus der Bevölkerung gekommen waren, hatten sie bisher noch nicht weitergebracht.

»Und die Familie?«

»Also, dass die Kleine weggelaufen ist, schließen wir aus, falls du darauf anspielst.«

»Nee, aber manchmal gibt es andere familiäre Umstände, die einen Verdacht begründen.«

Brandt dachte an Harald Roeder. Hatte der Vater etwas mit dem Verschwinden der Tochter zu tun? Zog er eventuell aus dem Knast doch irgendwelche Fäden? Gab es Handlanger oder gar Komplizen, die seine Drecksarbeit weiter erledigten?

Als sie zurück zum Wagen gingen, fragte er Teichert, ob er die Besucherliste von Harald Roeder eingesehen hatte.

»Nein, wieso? Meinst du, seine Exfrau hat doch noch Kontakt zu ihm?«

»Sie vielleicht nicht, aber eventuell jemand anders.«

Aus dem Präsidium rief er sofort in der JVA an und veranlasste, dass die Besucherliste umgehend gefaxt wurde. Danach wählte er die Nummer des Kollegen, der Dieter Heinzes Alibi überprüft hatte.

Die Angestellten und ein paar geladene Gäste waren von ihm befragt worden und alle, die Dieter Heinze kannten, hatten bestätigt, dass er auf dem Empfang gewesen war.

»Hätte er die Gelegenheit gehabt, für einen gewissen Zeitraum unbemerkt zu verschwinden?« Der Kollege verneinte. Herr Heinze habe laut Aussagen der Befragten den Raum nur einmal kurz verlassen und selbst in der Zeit hatte ihn jemand auf der Toilette gesehen.

»Gute Arbeit. Schönes Wochenende.« Der Kollege bedankte sich und legte auf.

»Also Dieter Heinze ist aus'm Schneider«, teilte er Teichert das Ergebnis der Überprüfung mit, »wasserdichtes Alibi.«

Er stöhnte leicht auf und ließ sich rückwärts in seinen Stuhl fallen. Jede noch so kleine Spur schien sich momentan bereits nach wenigen Stunden in Luft aufzulösen. Nun war Michelle Roeder bereits über zwei Tage spurlos verschwunden und sie hatten nicht mal den Hauch einer Ahnung, wo sich das Kind befand oder was mit ihm geschehen war. Er wollte gerade wieder zum Telefonhörer greifen, als die Tür zu ihrem Büro geöffnet wurde und Sonja Munkert den Raum betrat.

»Hier ist die Antwort von der JVA.«

Teichert sprang sofort auf. Er nahm ihr das Fax ab und sah ihr dabei tief in die Augen. Sie erwiderte seinen Blick. Für einen kurzen Augenblick sah es so aus, als würden die beiden gleich übereinander herfallen. Brandt räusperte sich laut.

»Und was steht drin in dem Fax?«

»Oh«, Sonja Munkert blickte ihn verlegen an. Ihre Wangen glühten förmlich. »Ja, also viel Besuch hat der Roeder in der letzten Zeit nicht gehabt. Nur zwei, drei unterschiedliche Namen. Die Kollegen überprüfen das bereits. Aber ein Name taucht in regelmäßigen Abständen immer wieder auf.« Sie hatte eine gerade Haltung eingenommen, ihre Brust ein wenig vorgestreckt. »Sein Stiefsohn hat ihn mindestens einmal im Monat besucht.«

Martin Schulz saß am Schreibtisch und lud gerade einige Daten auf seinen Computer, als seine Mutter unvermittelt das Zimmer betrat. Schnell klappte er den Laptop zu und drehte sich zu ihr um.

»Stör ich?«

Er schüttelte seinen Kopf.

»Ich wollte mit dir noch einmal über das Geld reden.«

Er verschränkte die Arme vor seiner Brust. »Mama, da gibt es nichts mehr zu reden. Das Geld ist für dich und damit basta!«

Er drehte sich wieder um und griff nach einem Buch, das neben dem Computer lag. Sie trat hinter ihn, legte ihre Hand auf seine Schulter.

»Bitte, Martin, woher hast du es?«

Er holte tief Luft, doch in dem Moment, als er seinen Mund öffnete, um etwas auf ihre drängende Frage zu erwidern, läutete es an der Wohnungstür. Martin Schulz sprang auf und ließ seine Mutter ohne eine Erklärung im Zimmer zurück.

Sein Erstaunen war groß, als er die Tür öffnete und seinen Bruder Georg erblickte.

»Mensch, was machst du denn hier? Ich denke, du bist noch in Prag«, begrüßte er ihn.

»Wo ist Mama?«

»Komm erst einmal rein!« Martin Schulz nahm ihm die kleine Reisetasche ab und ging voraus ins Wohnzimmer. Kurz darauf erschien Sabine Roeder.

»Georg!« Sie schlang ihre Arme um seinen Hals und brach augenblicklich in Tränen aus. Ihr Sohn drückte sie fest an sich. Eine Weile standen sie einfach so da, bis Georg sich aus der Umklammerung befreite und seine Mutter zum Sofa führte.

»Es ist alles so schrecklich«, flüsterte sie, nachdem sie sich gesetzt hatten.

»Was genau ist passiert?«

Sie erzählte von dem Tag, an dem Michelle nicht von der Schule nach Hause gekommen war. Wie sie sich Sorgen gemacht, sämtliche Freunde und Bekannte angerufen hatte. Doch niemand hatte ihr weiterhelfen können. Als es immer später geworden war und schließlich noch Ann-Katrins Mutter angerufen und erzählt hatte, dass ihre Tochter beobachtet hatte, wie Michelle zu einem Mann ins Auto gestiegen war, hatte sie die Polizei angerufen.

»Sie suchen nach ihr«, schluchzte sie, »doch es gibt noch keine Spur.«

Georg legte seinen Arm um ihre Schultern und versuchte, beruhigend auf sie einzureden, dabei blickte er seinen Bruder an, der auf dem Sessel saß und nur mit den Schultern zuckte.

»Vielleicht solltest du dich etwas hinlegen. Martin und ich sind ja da, falls irgendetwas sein sollte.«

Sie stimmte schließlich zu.

Nachdem ihre Mutter das Wohnzimmer verlassen hatte, stand Georg auf und trat ans Fenster. Der Ausblick war trostlos. Graue Häuserfassaden, dicht an dicht, und auf der Straße reihten sich die Autos zu einer wahren Blechlawine aneinander, bliesen ihre dreckigen Abgase in den strahlend blauen Himmel.

»Was genau ist passiert?«, wiederholte er seine Frage.

Martin sah ihn irritiert an.

»Hast du doch gehört! Michelle ist verschwunden.«

»Verschwunden?« Er drehte sich um, blickte seinem Bruder direkt ins Gesicht.

»Ja.«

»Und du hast keine Ahnung, wo sie stecken könnte?«

»Spinnst du?«

Georg wusste, dass sein Bruder der Einzige aus der Familie war, der noch Kontakt zu Harald Roeder hatte. Natürlich war seine erste Vermutung, dass der Ex seiner Mutter etwas mit dem Verschwinden seiner Stiefschwester zu tun hatte. Auch wenn er im Knast saß, für ganz ausgeschlossen hielt er es nicht, dass Michelles Vater da irgendwie seine Finger mit im Spiel hatte.

»Du besuchst ihn doch hin und wieder, oder? Hat er nicht zufällig mal etwas angedeutet?«

Martin ging auf die ungeheuerlichen Unterstellungen seines Bruders gar nicht ein.

»Und wie läuft es im Osten? Gute Geschäfte?«

Georg blickte wieder zum Fenster hinaus. Wieso wollte sein Bruder mit ihm nicht über seine Besuche in der JVA sprechen, fragte er sich. Weshalb machte er ein Geheimnis daraus?

»Weiß Mama, dass ihr Kontakt habt?«

»Nein, und bitte, Georg, erzähl ihr nichts davon. Harald hat mit dem Verschwinden von Michelle nichts zu tun!«

Bevor Brandt das Präsidium verließ, fragte er noch einmal bei den Kollegen nach, ob es neue Hinweise aus der Bevölkerung gab. Die Ausstrahlung des Aufrufs von Frau Roeder war zwar schon ein paar Stunden her, aber noch immer klingelte das Telefon ununterbrochen.

»Bisher war noch nichts Brauchbares dabei. Ein paar Leute sind noch im Einsatz, aber wir versprechen uns nicht allzu viel davon.«

Er nickte kurz und bat, dass man ihn anrufen möge, wenn es Neuigkeiten gab.

Brandt fuhr nicht direkt nach Hause, sondern machte einen kleinen Abstecher in die Friedrichstraße. Dort befand sich gleich in der Nähe des Graf-Adolf-Platzes ein kleiner Modellbahnladen. Gegen Mittag hatte er einen Anruf erhalten. Seine bestellte Ware sei geliefert worden und er könne sie abholen.

Er betrat den Laden durch den Seiteneingang an der Ecke zur Aderstraße, vor dessen Tür wie gewöhnlich der große Plüschteddy in seinem roten Kostüm und mit schwarzer Mütze stand.

»Hallo Hagen, bin gleich bei dir«, begrüßte ihn einer der Verkäufer hinter dem Verkaufstresen.

»Nur keine Eile. Ich schau mich noch ein bisschen um!«

Er drängte sich an einigen anderen Kunden vorbei in den hinteren Teil des Ladens. In mehreren Glasschauvitrinen waren verschiedene Loks und Wagen ausgestellt. Fasziniert betrachtete er die filigrane Feinarbeit. Seit seinem fünften Lebensjahr war er begeisterter Modelleisenbahner. Sein Vater hatte ihm zum Geburtstag eine Startpackung geschenkt. Seitdem war die Welt dieser kleinen detailgetreuen Züge seine große Leidenschaft. Fast sein komplettes Taschengeld hatte er als Kind für dieses Hobby ausgegeben. Bis zu seiner Heirat mit Margit hatte seine Anlage bereits beachtliche Ausmaße angenommen. Leider hatte er nach der Hochzeit nicht mehr so viel Zeit in sein Hobby investieren können, und als Lore dann geboren worden war, hatte er die Anlage schweren Herzens erst einmal im Keller seines Elternhauses untergestellt. Dort hatte sie viele Jahre vor sich hin gestaubt, bis er sie nach dem Unfall und dem Umzug wieder hervorgeholt hatte. Zu der neuen Wohnung gehörte im Dachgeschoss ein kleines Mansardenzimmer, wo er die Anlage neu aufgebaut hatte.

»So, nun hab ich endlich Zeit für dich!« Der Mann vom Tresen trat neben ihn.

»Das Krokodil dort würde mich auch interessieren«, er tippte mit seinem Zeigefinger gegen das Glas einer Vitrine und hinterließ dabei einen hässlichen Fettfleck. »Was soll es denn kosten?«

»300 Euro.«

Brandt spitzte seine Lippen und stieß einen leisen Pfiff aus.

»Nu komm mal erst mal und schau dir die Ware an. Der Neue von Trix ist echt 'ne Wucht!«

Er folgte dem Verkäufer zurück zum Tresen. Dort lagen bereits die von ihm bestellten Waren. Ein paar Gleise und Weichen, einige Signale und der originalgetreue ›Zug zum Flug‹, eine absolute Neuheit von Trix. Vorsichtig nahm er das Wagenset aus der Plastikverpackung und drehte es in seinen Händen.

»Toll, echt toll!«, bestätigte er begeistert. »Muss ich gleich daheim ausprobieren.«

»Das können wir auch hier.«

Der Verkäufer nahm das Wagenset und eilte damit zur Probestrecke, die sich ebenfalls im hinteren Teil des Ladens befand. Behutsam gleiste er die Wagen auf und setzte eine E-Lok der Baureihe 110 davor, die zusammen mit dem Set auch im Katalog abgebildet war.

Langsam drehte er am Trafo und der Miniaturzug setzte sich in Bewegung. Begeistert beobachtete Brandt, wie die Wagen über die Gleise surrten. Sein Gegenüber war mindestens genauso fasziniert.

»Und schau mal die Lichter. Wie im Original.« Er deutete mit dem Zeigefinger auf die leuchtenden Punkte, die je nach Fahrtrichtung der Lok zwischen Spitzensignal und Schlusslicht wechselten. Brandt nickte.

»Die nehme ich auch gleich mit.«

Er ließ sich die Einkäufe zur Kasse tragen und zahlte.

»Bis demnächst«, verabschiedete er sich und verließ gut gelaunt den Laden.

Lore war noch nicht da. Er blickte kurz zur Uhr. Es war kurz vor sechs. In ungefähr einer Stunde würde noch einmal der Aufruf von Frau Roeder gesendet werden. Er hatte also noch reichlich Zeit, seine neueste Errungenschaft auszuprobieren, und schrieb einen Zettel, den er auf dem Küchentisch deponierte: ›Bin im Eisenbahnzimmer.‹

Mit der Tüte in der Hand stieg er ins Dachgeschoss hinauf und schloss die Mansarde auf. Der Geruch von Holzleim lag in der Luft. Überall lagen Werkzeug und Gleismaterial verstreut. Auf einem kleinen Abschnitt hatte er bereits mit der Landschaftsgestaltung begonnen. Ein paar vereinzelte Miniaturbäume säumten die geschotterte Strecke, auf deren Hälfte sich ein kleiner Badesee befand. Winzig kleine Figuren tummelten sich am Ufer des aus Kunstharz gestalteten Gewässers, dessen Farbe eher an traumhafte Strände in der Karibik als an die eines deutschen Baggersees erinnerte.

Er packte seine neuesten Errungenschaften aus und setzte das Wagenset mit der E-Lok fachmännisch auf die Gleise. Dann schaltete er den Strom ein und drehte vorsichtig den Trafo auf. Mit einem Ruck setzte sich der winzige Zug in Bewegung. Brandt beobachtete mit verzaubertem Blick, wie die Modelleisenbahn durch die kleine, von ihm geschaffene Landschaft fuhr. Er tauchte völlig ein in diese kleine Welt und bemerkte gar nicht, dass Lore die Tür öffnete und den Raum betrat.

»Hallo Papa!«

Er zuckte zusammen und drehte den Trafo versehentlich voll auf. Der Zug raste mit großer Geschwindigkeit in eine Kurve und entgleiste. Schnell stellte er den Strom ab und beeilte sich, den entgleisten Zug zu bergen.

»Eine neue Lok?« Lore trat neben ihn und betrachtete das kleine technische Wunderwerk. Sie teilte seine Leidenschaft zu seinem Bedauern nicht und hatte deshalb auch kein Verständnis für seine schwärmerischen Ausführungen über das neue Wagenset.

»Wann gibt's denn was zu essen?«

Er stöhnte leise auf. Dass dieses Kind aber auch nie an etwas anderes denken konnte.

»Gleich«, knurrte er beleidigt, legte den Zug wieder in seine Verpackung zurück und folgte seiner Tochter nach unten.

In der Küche stellte er den Backofen an und nahm zwei Tiefkühlpizzas aus dem Eisschrank.

»Morgen müssen wir mal einkaufen«, rief er Lore zu, die bereits ins Wohnzimmer gegangen war und den Fernseher angeschaltet hatte, »ist nicht mehr viel da.« Er entfernte die Plastikfolie von den Pizzas und schob sie in den Ofen.

Im dritten Programm hatten gerade die Regionalnachrichten begonnen. Hauptthema war natürlich Michelle Roeders Verschwinden. Fotos von dem Mädchen flimmerten über den Bildschirm.

»Ihr habt sie noch nicht gefunden?« Lore blickte ihn ängstlich an.

»Leider noch nicht!«

Schweigend verfolgten sie das Interview mit der weinenden Mutter, anschließend folgte der Aufruf an die Bevölkerung und den Entführer. Zum Schluss zeigte der Sender noch einige Aufnahmen von den Suchaktionen der Hundertschaften am Rhein und im Grafenberger Wald.

»Was meinst du, was mit ihr geschehen ist?«

Er stand auf und schaltete den Fernsehapparat aus. »Ich weiß es nicht.«

Nach dem Essen verschwand Lore sofort in ihrem Zimmer. Er räumte wie gewöhnlich die Küche auf. Dabei hatte er immer wieder das Bild von Michelle Roeder vor Augen.

Wo war das Mädchen? Wer hatte es in seiner Gewalt? Immer wieder ging er in Gedanken die Schilderungen Ann-Katrins durch. Wieso war das Mädchen in diesen Wagen gestiegen? Hatte sie den Mann in der Uniform gekannt?

Er löschte das Licht und ging seiner Tochter Gute Nacht sagen.

»Hat Frau Lutz heute mit euch gesprochen?«

»Ja, und wir Mädchen machen auch wieder einen Selbstverteidigungskurs. Statt Sportunterricht.«

»Gut.«

»Du sollst sie übrigens anrufen!«

»Wen?«

»Frau Lutz.«

Er wunderte sich, dass die Lehrerin sich nicht selbst bei ihm meldete. Schließlich hatte er ihr seine Karte gegeben, sie wusste doch, wo er zu erreichen war.

»Mach ich. Schlaf schön!«

Lore murmelte etwas Unverständliches und er schloss die Tür.

Mit einem Blick auf die Uhr fragte er sich, ob er Frau Lutz um diese Zeit noch anrufen konnte. Es war bereits nach 21 Uhr. Aber die Umstände rechtfertigten sicherlich einen solch späten Anruf und außerdem hatte sie darum gebeten. Er wählte die Nummer von der Liste, die auf der Kommode neben dem Telefon im Flur lag und auf der sämtliche Telefonnummern von Mitschülern und Lehrern seiner Tochter notiert waren. Nach dem vierten Klingeln wurde abgehoben.

»Lutz?«

Die freundliche Stimme projizierte sofort das Bild der dazugehörigen Frau vor sein inneres Auge. Er schluckte.

»Hier ist Hagen Brandt. Äh, Lore sagte, ich solle Sie anrufen?«

»Ah, Herr Brandt. Gut, dass Sie sich melden.«

Sie klang erfreut und seine Bedenken bezüglich der Uhrzeit waren wie weggeblasen. Ein warmes Gefühl breitete sich plötzlich in seiner Magengegend aus. Wie es sich anhörte, hatte sie auf seinen Anruf gewartet.

»Was kann ich denn für Sie tun?«

Sie räusperte sich kurz und erklärte, dass sie auf keinen Fall den Eindruck erwecken wolle, dass sie überreagiere. Aber ihr war eingefallen, dass vor ein paar Monaten immer ein Mann vor der Schule gestanden habe. Manchmal sei er auf der gegenüberliegenden Straßenseite herumgeschlendert, habe so getan, als warte er auf jemanden. Einmal hatte sie auch beobachtet, wie er in ein Auto gestiegen war.

»Was war das für ein Wagen?«

Die Lehrerin konnte sich nicht genau erinnern. Sie habe sich eigentlich auch nichts dabei gedacht, hätte auch irgendein Vater einer Schülerin oder eines Schülers sein können.

»Aber als ich heute mit den Kindern über das Verschwinden von diesem Mädchen gesprochen und ihnen erklärt habe, dass sie auf keinen Fall zu einem Fremden ins Auto steigen dürfen, ist mir der Mann wieder eingefallen.«

Vielleicht hat der Täter die Entführung von langer Hand geplant, überlegte Brandt, und hat sich sein Opfer sorgfältig ausgewählt. Gut möglich, dass er auch an anderen Schulen gesehen worden war.

»Können Sie den Mann beschreiben? Ich meine, so, dass wir ein Phantombild anfertigen können?«

Frau Lutz bedauerte. Es sei schon einige Monate her und sie erinnere sich weder an sein Gesicht noch Haarfarbe oder Sonstiges.

»Ich könnte noch nicht einmal etwas über die Größe sagen. Tut mir leid!« Ihre Stimme klang, als fühle sie sich schuldig.

»Schon gut, aber danke für den Hinweis!«

»Ja, dann!«

Das Gespräch neigte sich seinem Ende zu und er verspürte plötzlich den Drang, noch etwas länger mit ihr zu sprechen. Er wollte nicht, dass sie schon auflegte, aber ihm fiel absolut nichts ein, womit er das Telefonat noch hätte verlängern können. Sein Gefühl und ihr Schweigen am anderen Ende der Leitung sagten ihm zwar, dass sie auf weitere Worte von ihm wartete, doch die Suche nach diesen blieb erfolglos. Sein Kopf schien wie leer. Es war einfach schon zu lange her, dass er ein Privatgespräch mit einer Frau geführt hatte.

»Ja«, er räusperte sich, »machen Sie sich nicht zu viele Gedanken!« Noch bevor er den Satz ausgesprochen hatte, wurde ihm bewusst, wie dämlich seine Äußerung war. Natürlich machte sie sich Gedanken, schließlich hatte sie eventuell den mutmaßlichen Entführer von Michelle Roeder gesehen und hätte vielleicht das Verschwinden des Mädchens verhindern können.

Doch Frau Lutz fasste seine Worte so auf, wie er sie gemeint hatte – als Trost und zur Beruhigung.

»Ich werde mir einfach eine Flasche Rotwein aufmachen und versuchen, ein wenig zu entspannen.«

Sie verabschiedeten sich und er legte auf. Eine Weile blieb er vor dem Telefon stehen und ließ das Gespräch Revue passieren. Dieses Gefühl, welches er während des

Telefonats verspürt hatte, war ihm unangenehm. Er hatte doch genügend Menschen um sich, mit denen er sich jederzeit unterhalten konnte. Lore, seine Mutter, Kollegen. Wieso hätte er mit der Lehrerin seiner Tochter gern länger gesprochen? Er schüttelte seinen Kopf und ging in die Küche. Aus einem der Hängeschränke holte er eine Flasche Rotwein, entkorkte sie und goss sich ein Glas ein. Er gab dem Barolo nur wenige Minuten, um sein Aroma zu entfalten, und betrachtete kurz die granatrote Flüssigkeit, bevor er den ersten Schluck nahm. Ein leicht herber und gleichzeitig doch süßlicher Geschmack breitete sich in seinem Mund aus. Er schloss die Augen, und diesmal war es nicht das Bild einer Zehnjährigen, welches er vor seinem inneren Auge sah.

6

Pünktlich um sieben Uhr hatte sein Wecker geklingelt. In seinem Kopf hatte es gehämmert, als wenn tausend Trommler sich zu einer Beat-Session zusammengefunden hatten. Dabei waren es nur die Auswirkungen des Rotweins gewesen, den er am gestrigen Abend noch reichlich genossen hatte. Nach der ersten Flasche hatte er noch eine zweite geöffnet, und soweit er sich erinnern konnte, hatte er diese auch noch geleert. Stöhnend hatte er den Wecker ausgeschaltet, sich umgedreht und war wieder eingeschlafen.

Er fuhr erschrocken auf, als seine Tochter plötzlich vor seinem Bett stand und an seiner Bettdecke zog.

»Los, Papa, aufstehen!«, trieb sie ihn an. »Nils wartet schon in der Küche.«

Ein Blick auf den Wecker verriet ihm, dass es bereits nach acht Uhr war. Zwar war Samstag, aber er hatte mit Teichert abgesprochen, am Morgen noch einmal gemeinsam in die JVA zu fahren.

Er schwang die Beine über die Bettkante und blieb einen kurzen Augenblick dort sitzen. Das Zimmer schien sich zu drehen. Er stöhnte und fasste sich an den Kopf. Die Trommler waren immer noch im Einsatz. Langsam erhob er sich und schleppte sich ins Bad. Der Mann, der ihm aus dem Spiegel über dem Waschbecken entgegenblickte, sah ihm nicht im Geringsten ähnlich. Dunkle Ränder unter schläfrig blickenden Augen, tiefe Falten auf der Stirn, graue Gesichtsfarbe.

Er stellte sich unter die Dusche und drehte den Hahn auf. Der warme Strahl auf seiner Haut tat gut. Die Trommler in seinem Kopf verstummten langsam. Brandt schien Stück für Stück zurückzukehren. Er putzte sich flüchtig die Zähne, um den pelzigen Belag auf seiner Zunge loszuwerden, dann schlüpfte er in frische Sachen und ging zu seinem Kollegen in die Küche.

Lore hatte Kaffee gekocht und Teichert eine Tasse eingeschenkt. Sie selbst saß bei einem Glas Saft neben ihm am Küchentisch und fragte ihn nach Michelle Roeder aus.

»Und ihr habt keine Ahnung, was mit dem Mädchen passiert ist?«

»Lore, bitte!«

Er wollte nicht, dass seine Tochter zu viel über den Fall wusste. Sie war schon beunruhigt genug und sollte sich nicht noch mehr Sorgen machen. Er goss sich eine Tasse Kaffee ein und trank im Stehen.

»Und hattest du einen schönen Feierabend gestern?«, versuchte er, das Gespräch in eine banalere Richtung zu lenken. Lore stöhnte auf und verließ freiwillig die Küche.

Sein Kollege nickte. »Du wohl auch«, bemerkte er mit einem Blick auf die leeren Weinflaschen.

Brandt ging auf die Anspielung nicht ein, sondern erzählte von dem Gespräch mit Frau Lutz.

»Gut möglich, dass der Täter sich an mehreren Schulen vorher herumgetrieben hat. Wir sollten eine Meldung an alle Schulen in Düsseldorf und näherem Umkreis rausgeben. Vielleicht gibt es jemanden, dem dieser Mann ebenfalls aufgefallen ist und der sich ein wenig besser an dessen Aussehen erinnern kann. Ein Phantombild wäre ein großer Fortschritt.«

Teichert stimmte ihm zu.

Gegen neun Uhr waren sie in der JVA. Die beiden Kommissare hatten gebeten, dem Häftling nicht zu sagen, wer ihn erwartete. Man sollte ihm lediglich ausrichten, dass er Besuch habe.

»Das glaubt der doch nie im Leben. Erst mal ist keine Besuchszeit und dann müssen sich Besucher sowieso vorher anmelden.«

»Sagen Sie ihm einfach, aufgrund des Verschwindens seiner Tochter gäbe es für ihn eine Ausnahmeregelung.« Der Vollzugsbeamte zog kopfschüttelnd von dannen und sie setzten sich an einen der Besuchertische.

Als die Tür sich öffnete und Harald Roeder die beiden sah, machte er sofort kehrt. Brandt sprang auf und lief zur Tür.

»Herr Roeder, wenn Sie jetzt nicht mit uns sprechen, sind wir leider gezwungen, Ihren Stiefsohn festzunehmen.«

Ruckartig blieb er stehen und drehte sich um.

»Martin? Aber wieso denn? Was hat denn der Junge mit der Sache zu tun?«

»Nun ja, da ich nicht annehme, dass Sie unter Gedächtnisschwund leiden, haben Sie meinem Kollegen ganz offensichtlich verschwiegen, dass Martin Sie regelmäßig besucht.«

»Aber …«

Brandt hatte sich umgewandt und ging zurück in den Besucherraum. Harald Roeder folgte ihm und setzte sich ohne eine weitere Aufforderung zu ihnen an den Tisch.

»Tja, wir vermuten, dass Sie oder Ihr Stiefsohn etwas mit dem Verschwinden von Michelle zu tun haben.« Er versuchte, den Inhaftierten aus der Reserve zu locken, und setzte sogar noch einen drauf. »Wir gehen davon aus, dass Sie noch Kontakte zur Szene draußen haben und Martin vermutlich Ihr V-Mann ist.«

Harald Roeder rutschte auf seinem Stuhl hin und her. »Ich hab doch bereits Ihrem Kollegen neulich gesagt, dass ich keine Kontakte mehr zu den alten Kreisen habe.«

»Sie haben ihm auch gesagt, dass Sie keinerlei Kontakt mehr zu Ihrer Familie haben.«

»Schon, aber der Junge hat doch nichts mit dem Verschwinden von Michelle zu tun.«

»Und Sie?«

Er schüttelte seinen Kopf. Die Kaltschnäuzigkeit, mit welcher er das letzte Mal Teichert abgefertigt hatte, war komplett verschwunden. Stattdessen saß er mit gesenktem Blick und hängenden Schultern wie ein Häufchen Elend vor ihnen.

»Ja, der Martin hat mich regelmäßig besucht«, begann er schließlich zu erzählen. Aber sein Stiefsohn war nicht wegen irgendwelcher krummen Geschäfte vorbeigekommen, sondern aus einem ganz anderen Grund.

»Welchem?«

Harald Roeder holte tief Luft, ehe er fortfuhr. »Er hat ein Buch über mich geschrieben.«

Eines Tages hatte er einen Brief bekommen, in dem Martin ihm vorschlug, eine Art Biografie über sein Leben zu verfassen. Er hatte sich nicht wirklich etwas darunter vorstellen können und ihn um ein persönliches Gespräch gebeten. Einige Tage darauf hatte sein Stiefsohn ihn dann das erste Mal besucht und ihm seine Idee erklärt. Unter einem Pseudonym wollte er ein Buch verfassen, in dem jemand aus der ›Szene‹ über sein Leben und die Machenschaften des Milieus berichtete.

»Er war überzeugt, dass das ein Bestseller werden würde.« Harald Roeder grinste.

»Und Sie haben dann über die Szene ausgepackt?«

Am Anfang habe er nicht gewollt, hielt die Angelegenheit für zu heikel. Wenn jemand herausfände, dass er die Informationen geliefert hatte, wäre er dran, egal, ob er einsaß. Irgendwie würden sie schon an ihn rankommen. Aber Martin habe immer wieder etwas von ›total geheim‹ und ›superdiskret‹ gefaselt, und als er ihm vorgerechnet hatte, wie viel Geld man mit einem solchen Manuskript bei manchen Verlagen machen könne, habe er sich breitschlagen lassen.

»Es ging also wieder mal nur ums Geld«, bemerkte Teichert bissig.

»Das Geld sollte nicht für mich sein.« Er hatte Martin gebeten, alles Geld seiner Exfrau zu geben.

»Können Sie sich vorstellen, dass jemand von der Sache Wind bekommen hat?«

Er zuckte mit den Schultern. Eigentlich vertraue er Martin, und der habe betont, dass wirklich alles geheim bleiben würde, jedenfalls sollten keine Namen fallen.

»Er hatte da einen Agenten an der Hand, der angeblich alles arrangiert hatte.«

»Ist denn das Manuskript schon verkauft?«

»Soweit ich weiß, wollte er sich diese Woche mit diesem Typen treffen.«

Brandt kratzte sich hinter seinem linken Ohr. Er fragte sich, ob es Zufall war, dass ausgerechnet in der Woche, in der Martin Schulz sein Buch, das wahrscheinlich die heißesten Insiderinformationen zur Kinderpornoszene und Kinderprostitution beinhaltete, verkaufte, auch seine kleine Schwester verschwand.

»Hat Ihr Stiefsohn sich seitdem bei Ihnen gemeldet?«

Harald Roeder schüttelte seinen Kopf.

Von der JVA fuhren sie direkt zu Familie Roeder.

Zunächst waren sie etwas überrascht, als Georg Schulz ihnen die Tür öffnete, aber Brandt erkannte schnell den jungen Mann von dem Foto im Wohnzimmer.

»Ist Ihr Bruder auch da?«

Martin Schulz saß in der Küche und frühstückte. Als er die beiden sah, sprang er sofort auf.

»Gibt es etwas Neues?«

»Können wir Sie vielleicht unter vier Augen sprechen?«

Sein Bruder blickte ihn argwöhnisch an, doch Martin führte die beiden ohne ein weiteres Wort ins Wohnzimmer.

»Wir haben mit Ihrem Stiefvater gesprochen.« Er schluckte.

»Stimmt es, dass Sie ein Buch über ihn geschrieben haben?«

»Ja.«

»Und Sie haben diese Woche das Manuskript verkauft?«

Er nickte.

»Herr Schulz, wir vermuten, dass das Verschwinden Ihrer Stiefschwester mit dem Buch zusammenhängen könnte.«

Er stand auf, ging hinüber zum Fenster und vergrub seine Hände in den Hosentaschen.

»Darüber habe ich auch schon nachgedacht«, sagte er nach einer Weile.

»Warum?«

Er erzählte von dem Treffen in der Universitätsbibliothek und der Äußerung des Mannes, dass er seinen Stiefvater gut kennen würde.

»Wie sind Sie an diesen Agenten gekommen?«

Ein Studienfreund, der zurzeit bei einer Zeitung als Volontär beschäftigt sei, hatte den Kontakt hergestellt, erzählte er. Noch während er das Buch geschrieben hatte, war ihm bewusst geworden, dass er auf keinen Fall selbst an einen Verlag herantreten konnte. Zwar war ihm bekannt gewesen, dass man auf dem Markt nach solchen Manuskripten geradezu suchte, aber es durfte keinerlei Verbindung zwischen ihm, seinem Stiefvater und dem Buch hergestellt werden. Das Thema war einfach zu heikel.

»Aber Ihrem Studienkollegen haben Sie davon erzählt?«

»Nicht wirklich.« Er habe vorgegeben, einen Freund zu kennen, der über ein brisantes Thema schreibe. Malte, so hieß der Kommilitone bei der Zeitung, brüstete sich gern mit seinen guten Kontakten zu Verlagen und renommierten Magazinen, wie dem ›Stern‹ und dem ›Spiegel‹.

Er habe ihn gebeten, sich doch einmal umzuhören, und kurz darauf hatte dieser ihn angerufen und ihm eine Telefonnummer genannt.

»Haben Sie die Nummer noch?«

»Ja, aber der Anschluss ist inzwischen offenbar abgemeldet. Meinen Sie wirklich, der Typ hat etwas mit Michelles Verschwinden zu tun?«

»Das können wir leider nicht ausschließen. Wie viel hat der Mann Ihnen denn für das Manuskript gezahlt?«

Er nannte eine beachtliche Summe und Teichert stieß einen leisen Pfiff aus.

»Und das Geld haben Sie Ihrer Mutter gegeben?«

»Sie will es nicht annehmen.«

Sie ließen sich von Martin Schulz die Telefonnummer des vermeintlichen Agenten und eine Kopie des Manuskripts geben. Das Geld beschlagnahmten sie vorläufig.

»Unsere Kriminaltechnik wird es auf Fingerabdrücke und sonstige Spuren untersuchen«, erklärte Brandt, als er den Umschlag in einen kleinen, durchsichtigen Plastikbeutel gleiten ließ.

»Am besten, Sie begleiten uns gleich, damit wir Ihre Abdrücke zum Abgleich nehmen können.«

Martin Schulz nickte wortlos. Im Flur griff er nach seinen Haustürschlüsseln und verließ zusammen mit ihnen die Wohnung.

Auf der Fahrt zum Präsidium versuchte Brandt, Näheres über den Käufer des Manuskripts zu erfahren, doch der junge Mann, der zusammengesunken auf der Rückbank des Wagens saß, zuckte nur mit den Schultern.

»Ich habe Ihnen doch schon gesagt, dass der Kontakt über einen Freund zustande gekommen ist.«

Mehr war nicht aus ihm rauszubekommen. Hoffnungslos, dachte Brandt und blickte den Rest der Fahrt stumm aus dem Fenster.

Im Präsidium folgte Harald Roeders Stiefsohn Teichert schweigend durch die Gänge bis zum Raum des Erkennungsdienstes.

»Einmal die ganze Palette, Heinz«, wies er den Kollegen an. »Anschließend darf der junge Mann wieder nach Hause.«

Er verabschiedete sich von Martin Schulz und bat ihn, sich zu ihrer Verfügung bereitzuhalten.

Brandt war schon vorausgegangen. Als sein Kollege das Büro betrat, blätterte er bereits eifrig in Harald Roeders Akte.

»Vielleicht ist der Typ ein Geschädigter«, bemerkte er, ohne seinen Blick von der Akte zu heben.

»Du meinst, jemand, der sich rächen will?«

Brandt nickte.

»Aber wieso kauft er dann das Buch von Martin Schulz? Würde doch reichen, wenn er nur das Kind entführt.«

Nils hatte sich auf seinem Stuhl niedergelassen und las den Zettel, den sein Kollege dort abgelegt hatte.

»Was ist das?«

Brandt schaute kurz auf.

»Das ist ein Aufruf, den Sonja am Montag an sämtliche Schulen faxen soll. Ich dachte, du könntest ihr das übergeben?« Er zwinkerte ihm verstohlen zu. Teichert spürte, wie ihm das Blut in den Kopf schoss. Schnell versuchte er, das Thema zu wechseln.

»Also, ich tippe bei dem angeblichen Agenten eher auf jemanden aus der Szene. Wo ist denn die Kopie?«

Brandt schob ihm die Diskette über den Schreibtisch zu.

»Das sind über 400 Seiten«, stöhnte Teichert, als er die Daten auf seinen PC geladen hatte.

»Dann hast du nun genügend Lektüre fürs Wochenende.«

»Ich hol mir erst mal einen Kaffee. Willst du auch einen?«

Er nickte. Sein Kollege hatte gerade das Büro verlassen, als das Telefon klingelte. Es war Lore. Was denn mit dem Wochenendeinkauf sei. Er blickte kurz zur Uhr und erschrak. Die Einkäufe hatte er völlig vergessen.

»Schätzchen, wenn du das vielleicht übernehmen könntest?« Bissig bemerkte sie, dass sie erst letzte Woche die Einkäufe erledigt hatte, und es kostete ihn eine Menge Überredungskunst, seine Tochter zum Einkaufen zu bewegen.

»Und das Restgeld darf ich behalten«, verhandelte sie hart.

»Ja, ja«, gab er sich geschlagen. »Es müsste noch genügend Geld in der Zuckerdose im Küchenschrank sein.«

Er hatte den Hörer gerade erst aufgelegt, als es erneut klingelte.

»Dann in der Kaffeedose.« Er nahm an, dass sie das Geld nicht finden konnte.

»Was ist mit der Kaffeedose?« Sein Vorgesetzter klang amüsiert.

»Ach, du bist es, Hans. Tut mir leid, aber ich dachte, es sei Lore.«

Sein Chef ging nicht weiter darauf ein, sondern berichtete in kurzen und knappen Sätzen von einem aktuellen Hinweis im Fall Michelle Roeder.

»Macht euch mal gleich auf die Socken. Zwei Streifenwagen sind auch schon unterwegs.«

Als Teichert vom Kaffeeholen zurückkehrte, wartete Brandt schon ungeduldig.

»Komm, beeil dich, wir müssen zum Südpark!«

Er nahm ihm einen der Kaffeebecher ab und eilte den Flur entlang. Während er damit beschäftigt war, die Balance des Heißgetränks seinem Laufschritt anzupassen, um nichts zu verschütten, erzählte er, dass sie einen Hinweis aus der Bevölkerung erhalten hatten. Einige Anwohner einer Kleingartenkolonie hatten den Verdacht, dass Michelle in einer Gartenlaube gefangen gehalten wurde.

»Es gab mehrere übereinstimmende Aussagen. Scheint eine ganz heiße Spur zu sein!«

Sie stiegen in den Wagen, und noch ehe er die Beifahrertür geschlossen hatte, gab sein Kollege bereits Gas. Doch schon an der ersten Kreuzung standen sie im Stau. An diesem schönen Wochenende schien es Tausende von Menschen in die Stadt zu ziehen. Ein Einkaufsbummel, Flanieren an der Rheinpromenade, ein kühles Bier im ›Uerigen‹ – es gab reichlich Gründe, warum sich der Besuch der Landeshauptstadt an einem solch herrlichen Frühlingstag lohnte. Er ließ die Seitenscheibe herunter und positionierte das Blaulicht auf dem Wagendach. Zusätzlich schaltete er die Sirene ein. Augenblicklich bildeten die anderen Verkehrsteilnehmer eine Rettungsgasse und sie konnten zügig weiterfahren.

»Ich liebe das!«, sagte er mit einem Schmunzeln auf den Lippen. »Ich glaube, das war einer der Gründe, warum ich zur Polizei gegangen bin.« Sein Kollege schüttelte amüsiert den Kopf.

Er preschte über die Witzelstraße, bremste, legte einen U-Turn hin, dass die Reifen quietschten, und beschleunigte wieder. Hagen Brandt tastete erschrocken nach dem Haltegriff.

»Und das war einer der Gründe, warum ich zur Polizei gegangen bin.« Teichert lächelte spitzbübisch.

Schon von Weitem sahen sie die Blaulichter der Streifenwagen. Eine größere Anzahl von Menschen hatte sich vor einem der eingezäunten Gärten versammelt. Sie stiegen aus und näherten sich der Menschentraube. Neugierige Blicke verfolgten jeden ihrer Schritte.

»Wer von Ihnen hat uns informiert?«

Er hatte den Satz noch nicht zu Ende gesprochen, als sich ein lautes Stimmengewirr erhob. Jeder wollte etwas Verdächtiges beobachtet haben, eifrig redeten alle durcheinander. Er verstand kein einziges Wort.

»Moment mal. So geht das nicht!«, rief er mit lauter Stimme und hob seinen Arm. Die Menge verstummte. Er blickte sich kurz um, ehe er auf einen älteren Herrn in Jeansshorts zeigte.

»Was genau haben Sie gesehen?«

Der Mann räusperte sich und erklärte zunächst, dass ihm der Garten gleich nebenan gehören würde.

»Der hier, mit den schönen Rosenbüschen!«, sagte er stolz und zeigte auf einen der angrenzenden Gärten. Brandt ging auf das prahlerische Kleingärtnergetue gar nicht ein. »Und, weiter?«, drängte er.

Eine kleine Frau in Kittelschürze kam dem Mann zur Hilfe.

»Also, gestern Abend waren wir bis zur Dämmerung

hier. In der Nachbarlaube brannte bereits Licht, als wir unsere Sachen zusammengepackt haben. Dann haben wir diesen Schatten dort am Fenster gesehen.«

Sie zeigte mit ausgestrecktem Arm auf das Sprossenfenster der verdächtigen Laube.

»Wir haben einen Mann mit einem Kind gesehen. Bestimmt ist es dieses vermisste Mädchen. Es saß am Tisch und er ist immer drum herum gegangen. Sicherlich hat er sie an den Stuhl gefesselt.«

Er blickte zu dem Gartenhäuschen hinüber und fragte sich, wie es dem Ehepaar wohl möglich gewesen war, solch detaillierte Beobachtungen machen zu können. Das Fenster war klein, zum Teil durch Rosenranken verdeckt. Die Hecke zwischen den beiden Grundstücken war hoch und dicht bewachsen.

»Und Sie sind sich sicher?« Die beiden nickten synchron.

»Wer hat sonst noch was gesehen?« Wieder erhob sich ein lautes Stimmengewirr. Er blickte seinen Kollegen an, der nickte.

»Gut, wir gehen rein.«

Sie schritten auf die Gartenpforte zu. Zwei der Streifenpolizisten begleiteten sie, die anderen beiden hielten die Schaulustigen zurück. Das Tor ächzte leise, als Brandt es öffnete. Sein Blick wanderte zu der Laube, doch weder die grobmaschigen Gardinen vor den Fenstern noch sonst etwas bewegte sich.

Vor der hölzernen Tür hielten sie einen kurzen Augenblick inne, doch alles blieb still. Brandt klopfte mit der Faust gegen das Holz. Ein dumpfes Geräusch ertönte. Darauf folgte eine Stille, in der man eine Stecknadel zu Boden fallen hören konnte. Er spürte die Spannung, die wie bei einem Gewitter in der Luft lag. Es schien nur eine Frage der Zeit, wann der Blitz einschlagen würde. Er drehte sich um und sah, wie die Leute vor dem Tor schweigend ihre Hälse verrenkten, um einen Blick auf die Laube zu erhaschen. Er holte tief Luft und klopfte ein zweites Mal.

»Hallo, hier ist die Polizei. Bitte öffnen Sie die Tür.« Seine Stimme durchbrach für einen kurzen Moment die Stille, deren Lautlosigkeit sie jedoch gleich darauf noch intensiver umschloss. Er löste den Verschluss seines Halfters, seine Finger umfassten das kalte Metall der Waffe. Langsam zog er sie hervor, nickte den Streifenpolizisten zu und trat zur Seite.

Mit voller Wucht warfen sich die Schutzbeamten gegen die Tür. Holz splitterte, ein Krachen war zu hören. Brandt stieß die Tür weit auf. Mit gezogener Waffe stand er da und blickte in den kleinen Vorraum. An der einen Wand waren ein paar Haken angebracht, die als Garderobe dienten. Ein gelber Regenmantel hing neben einem alten Bundeswehrparka. Darunter stand ein Paar Gummistiefel. Er betrat den Raum. Teichert blieb an der Tür stehen und gab ihm Deckung.

In der Tür zum Hauptraum war eine Milchglasscheibe eingelassen. Er klopfte vorsichtig gegen das Glas. Doch auch diesmal blieb es ruhig auf der anderen Seite der Tür. Er griff nach der Klinke und drückte sie hinunter. Es war nicht abgeschlossen. Mit einem leichten Quietschen öffnete sich die Tür und gab den Blick in eine Art Wohn- und Küchenraum frei. An der rechten Seite des Raumes befand sich eine Küchenzeile mit Herd, Spüle und Kühlschrank. Auf einer kleinen Arbeitsplatte stand eine Kaffeemaschine neben einem alten Kofferradio. Er machte ein paar Schritte vorwärts und sicherte gewohnheitsmäßig den Raum. Als er niemanden vorfand, steckte er seine Waffe zurück in das Halfter und deutete seinem Kollegen an, einzutreten.

»Sieht wie eine ganz normale Laube aus«, bemerkte er enttäuscht. Nur zu gern hätte er das Mädchen hier vorgefunden und aus den Fängen des Entführers befreit.

Er drehte sich um. Auf einem Sideboard standen mehrere Kisten mit Werkzeug, Töpfe mit Holzleim und Farbe.

»Scheint ein Bastler zu sein«, sagte Teichert, während er einen riesigen Karton öffnete, der neben dem Schrank auf dem Boden stand.

»Und hier haben wir auch das vermeintlich gefangen gehaltene Kind.«

Brandt blickte seinem Kollegen neugierig über die Schulter. In dem Karton lag eine übergroße Marionette. Er griff nach dem hölzernen Kreuz. Beinahe zeitgleich schien die Marionette zum Leben zu erwachen. Je höher er das Holzkreuz hob, umso größer wurde sie. Die Fäden spannten sich und die Puppe erreichte locker die Ausmaße eines zehnjährigen Kindes.

»Ich denke, das ist der Schatten, den die anderen Gartenbesitzer gesehen haben.«

Er war ein wenig verärgert, dass die Hinweise nicht genauer untersucht worden waren, bevor man sie gerufen hatte. Mit der Marionette in der Hand trat er vor die Tür der Laube und präsentierte sie den Schaulustigen.

»Meine Damen, meine Herren, vielen Dank für Ihre aufmerksamen Beobachtungen, aber Ihr Verdacht, dass Michelle Roeder in diesem Gartenhäuschen gefangen gehalten wird, hat sich nicht bestätigt. Diese Puppe hat wahrscheinlich den Schatten verursacht, den Sie für das verschwundene Mädchen gehalten haben.« Er hob die Puppe noch ein Stück höher, damit alle der Anwesenden sich vergewissern konnten, dass die übergroße Marionette ihren Sinnen einen Streich gespielt hatte. Die Leute schüttelten zum Teil ungläubig ihre Köpfe und Enttäuschung spiegelte sich in ihren Gesichtern. Nur langsam löste sich die Menge auf.

Hagen Brandt brachte die Puppe zurück in die Laube.

»Habt ihr den Pächter des Gartens schon ausfindig machen können?« Die beiden Beamten der Schutzpolizei nickten.

»Informiert ihn über das Geschehen hier.«

Zurück im Präsidium, unterrichteten sie zunächst ihren Vorgesetzten über den Einsatz.

»Eine Marionette?«, Hans Schirmer schüttelte seinen Kopf.

»Was habt ihr sonst noch?«

Brandt erzählte von dem Manuskript und dem beschlagnahmten Geld.

»Wir warten noch auf die Ergebnisse aus der KTU.«

Der Chef schlug vor, dass die beiden das Buch untereinander aufteilen sollten. Zu zweit, so meinte er, würden sie schneller herausfinden, ob es eventuell Hinweise auf einen Verdächtigen enthielt. Die beiden nickten.

»Die Hundertschaften durchkämmen momentan noch das Wohngebiet. Anschließend nehmen sie sich noch den Rhein- und erst einmal den Ostpark vor.«

Brandt schaute fragend und Schirmer erklärte, dass, solange sie keinen konkreten Hinweis auf den Verbleib des Mädchens hatten, zunächst einmal die Grünanlagen in der näheren Umgebung des Wohnorts und der Schule abgesucht werden sollten.

»Wir müssen momentan vom Schlimmsten ausgehen«, sagte er abschließend und brachte damit zum Ausdruck, dass man bereits verstärkt nach der Leiche von Michelle Roeder suchte.

Auf dem Weg zu ihrem Büro sprach Teichert diesen Umstand laut aus.

»Sie gehen davon aus, dass das Mädchen tot ist, oder?«

Brandt nickte.

»Die Wahrscheinlichkeit, sie lebend zu finden, ist relativ gering, schätze ich.«

»Und was ist mit der Theorie, dass jemand aus dem Buch als Rache ...«

»Nicht ausgeschlossen, aber was natürlich dagegen spricht, ist, dass sich kein Entführer gemeldet hat. Nicht einmal ein Drohbrief oder etwas Ähnliches«, wertete er die Entführungstheorie leicht ab.

Es war nicht auszuschließen, dass ein ehemaliger Komplize oder jemand aus dem Milieu von der Sache mit dem Buch Wind bekommen hatte, aber wieso hatte er sich dann nicht gemeldet? Schließlich konnte es so jemandem doch nur darum gehen, die Veröffentlichung des Manuskripts zu verhindern. Oder aber er würde das Mädchen aus Rache umbringen. Aber selbst bei solch einer Tat ging er davon aus, dass der Täter in irgendeiner Form sein Motiv zu erkennen gegeben hätte. Was hätte er davon, wenn Harald Roeder gar nicht bewusst war, dass der Mord in Zusammenhang mit den Informationen in dem Buch stand? Momentan hatten sie jedoch keine weiteren Anhaltspunkte, und so druckte Teichert das Manuskript aus und sie teilten die circa 400 Seiten untereinander auf.

Zu Hause machte er es sich mit der Lektüre auf dem Sofa gemütlich. Lore war nicht zu Hause, er vermutete, dass sie das Restgeld in irgendwelchen Boutiquen vershoppte.

Das erste Kapitel beschrieb zunächst Harald Roeders Kindheit. Er war der älteste Sohn einer durchschnittlichen Arbeiterfamilie und mit seinen fünf Geschwistern in der Enge einer Dreizimmerwohnung im Stadtteil Garath aufgewachsen. Im Unterricht war er nicht unbedingt eine Leuchte gewesen und hatte deshalb nach der neunten Klasse die Schule ohne einen Abschluss verlassen. Eine Zeit lang hatte er sich mit kleineren Aushilfsjobs auf verschiedenen Baustellen über Wasser gehalten.

Brandt blätterte müde zwischen den einzelnen Seiten. Martin Schulz' Schreibstil war nicht gerade fesselnd. Nach einem weiteren Kapitel, in dem der Rausschmiss bei den Eltern und erste Erfahrungen im Rotlichtmilieu beschrieben wurden, schloss er die Augen und schlief ein.

Martin Schulz hatte stundenlang versucht, die Druckerschwärze von seinen Händen zu schrubben, doch immer noch waren Reste der schwarzen Farbe an seinen Händen sichtbar. Er ärgerte sich, dass der Polizist zusätzlich auf der alten Methode des Abnehmens von Fingerabdrücken bestanden hatte. Er traue der neuen Technik nicht hundertprozentig, hatte er nach der Digitalisierung von Martin Schulz' Finger- und Handflächen gesagt und das altbewährte Stempelkissen und ein Fingerabdruckblatt aus der Schublade gezogen.

Er legte die Nagelbürste zur Seite und trocknete sich die Hände an dem harten Handtuch ab, das neben dem Waschbecken auf dem Wannenrand lag. Dann schloss er die Badezimmertür auf und trat in den Flur. Sofort steckte Georg seinen Kopf aus dem Wohnzimmer.

»Was ist los? Wieso hat die Polizei dich abgeholt?«

Martin wich seinem Bruder aus und ging ohne ein Wort in die Küche. Aus dem Kühlschrank nahm er sich ein kaltes Bier. Georg folgte ihm.

»Hat Mutter nicht schon genug Sorgen? Was hast du nun auch noch mit der Polizei zu schaffen?«

Mit einem lauten ›Plop‹ öffnete er den Bügelverschluss, setzte die Flasche an und trank sie mit einem Zug halb leer.

»Du sollst mir antworten!« Georg trat näher an seinen Bruder heran, seine Stimme war lauter geworden. Mit festem Blick schaute er ihn an. Martin fühlte sich in die Enge getrieben.

»Ich hab nichts mit den Bullen zu tun!«

»Wieso haben sie dich dann mitgenommen und deine Fingerabdrücke genommen?« Er blickte demonstrativ auf die Farbreste. Martin stellte eilig das Bier ab und vergrub seine Hände in den Hosentaschen. Das ginge ihn nichts an, entgegnete er auf die Frage des Bruders.

»Ist es etwa wegen des Geldes?«

Martin schaute überrascht auf. Woher wusste Georg davon?

»Woher hast du es?«

»Geht dich nichts an!«

Er konnte auf keinen Fall erzählen, dass er das Geld aus dem Verkauf eines Manuskripts hatte, in dem der Exmann ihrer Mutter über sein Leben und seine Machenschaften im Kinderpornomilieu berichtete. Georg war nicht gut auf Harald zu sprechen. Das konnte er prinzipiell nachvollziehen. Auch er war froh gewesen, als seine Mutter sich endlich von ihm getrennt hatte. Und auch er hatte eine geraume Zeit keinerlei Kontakt zu dem Ex seiner Mutter gehabt. Und nun, da er in Zusammenarbeit mit ihm das Buch verfasst hatte, würde er von der Familie als eine Art Verräter angesehen werden. Dabei hatte er mit Harald zusammengearbeitet, damit dieser beweisen konnte, dass er sich geändert hatte. Natürlich nicht ausschließlich. Zuallererst hatte es ihn gereizt, ein Buch über das Thema zu schreiben. Auch wenn nicht sein Name auf irgendeiner Bestsellerliste erscheinen würde, wusste er doch, dass es sein Werk war, das in den Medien heiß diskutiert werden und für enorme Absatzzahlen sorgen würde. Das Buch würde ein Verkaufsschlager werden, dessen war er sich sicher, und der Erlös sollte für seine Mutter und Michelle sein. So hatten sie es vereinbart. Allerdings musste die Sache mit der Biografie geheim bleiben. Wenn herauskäme, wer aus dem Milieu ausgepackt hatte, würde nicht nur Harald, sondern auch er richtig Probleme bekommen. Was aber, wenn das Verschwinden von Michelle, und das hielt selbst die Polizei nicht für ausgeschlossen, bereits dieses Problem war? Vielleicht war ja doch in Haralds alte Kreise etwas über das Buch durchgesickert. Aber wie? Ob vielleicht dieser Agent etwas damit zu tun hatte? Er war so in seine Grübeleien versunken, dass er gar nicht bemerkte, wie seine Mutter die Küche betrat. Sie hatte geschlafen und war von dem Streitgespräch der Söhne aufgewacht.

»Warum streitet ihr?«

Martin warf seinem Bruder einen Blick zu, mit dem er unmissverständlich zum Ausdruck brachte, dass ihre Mutter nicht mit der Angelegenheit belastet werden sollte. Doch Georg ignorierte ihn.

»Er will nicht sagen, woher er das Geld hat.«

Sabine Roeder holte tief Luft. Sie fühlte sich müde und leer, sämtliche Kraft schien aus ihrem Körper gewichen zu sein. Ihre kleine Prinzessin war spurlos verschwunden und ihr Sohn anscheinend in irgendwelche dubiosen Geschäfte verwickelt. Es war alles ihre Schuld. Schließlich hatten die Kinder jahrelang mit diesem Kriminellen unter einem Dach gelebt. Kein Wunder, wenn da etwas auf sie abgefärbt hatte. Wahrscheinlich hatte Martin sogar etwas mit dem Verschwinden von Michelle zu tun. Vielleicht war das Geld der Preis für die Tochter gewesen, den irgendein Pädophiler …

Plötzlich gaben ihre Beine nach, sie fiel zu Boden.

»Mama!« Georg beugte sich über sie. »Schnell, ruf einen Arzt«, zischte er seinem Bruder zu.

»So sieht es also aus, wenn du arbeiten musst!«

Lore hatte sich vor dem Sofa aufgebaut, die Hände in die Hüften gestemmt und blickte ihn vorwurfsvoll an. Brandt rappelte sich auf, die Blätter des Manuskripts fielen zu Boden.

»Ich hab dich gar nicht kommen hören. Hast du dir was Schönes gekauft?«, fragte er, während er die Papiere zusammensammelte.

»Nein«, entgegnete sie knapp.

Er vermutete, dass der Shoppingfrust der Grund für ihre schlechte Laune war.

»Soll ich dir was zu essen machen?«

Ihre Miene hellte sich ein wenig auf, mit etwas Essbarem konnte man ihre Laune eigentlich immer verbessern. Er stand auf, legte das Manuskript auf den Couchtisch und ging in die Küche.

»Wie wäre es mit Rührei?«

Lore verzog angeekelt das Gesicht. Er überlegte, was er sonst noch für Rezepte in seinem Repertoire hatte. Kochen war nun mal nicht seine Stärke. Früher hatte seine Mutter, später dann Margit stets das Zubereiten der Mahlzeiten übernommen. In der Küche hatte er sich eigentlich nur zur Nahrungsaufnahme aufgehalten.

»Miracoli?«

Zu seinem Glück stimmte sie zu. Er stellte einen großen Topf mit Salzwasser auf den Herd, wartete, bis es sprudelte, und schüttete den Inhalt der Pappschachtel hinein. Anschließend rührte er die Fertigsoße an.

Nach dem Essen schauten sie zusammen fern. Lore hatte reichlich Chips und Süßigkeiten eingekauft und er langte kräftig zu. Als der Film zu Ende war, lagen auf dem Tisch mehrere leere Plastiktüten und zerknülltes Schokoladenpapier.

Er schickte seine Tochter ins Bett und räumte auf. Als er die drei leeren Colaflaschen in die Getränkekiste stellte, wurde ihm bewusst, wie viele Kalorien er an diesem Abend zu sich genommen hatte. Sein schlechtes Gewissen meldete sich und er nahm sich vor, spätestens ab Montag auf Süßigkeiten und Knabberzeug zu verzichten und stattdessen mehr Obst und Salat zu essen. Ein Vorsatz, den er schon oft gefasst hatte, aber diesmal war es ihm ernst, redete er sich ein und ging ins Bad.

Das Gesicht, das ihm aus dem Spiegel entgegenblickte, sah nicht wesentlich besser aus als am Morgen. Er beschloss, heute einmal früher schlafen zu gehen, und putzte sich rasch die Zähne. Mit dem Manuskript in der Hand schlurfte er ins Schlafzimmer und machte es sich in seinem Bett gemütlich.

Inzwischen hatte Harald Roeder erste Kontakte ins Milieu aufgenommen. In einer Bar hatte er einen Russen kennengelernt, der viel Geld für Fotos von Kindern zahlte. Natürlich nicht für normale Porträtaufnahmen, sondern die Aufnahmen zeigten Kinder bei sexuellen Handlungen. Später, so berichtete er, habe er auch Filme gedreht und verkauft. Die Kinder seien ihm für die ersten Aufnahmen von einem rumänischen Hintermann zugeschanzt worden. Nach einiger Zeit hatte er auch das übernommen. Das sei ganz einfach gewesen, schilderte er im weiteren Verlauf des Buches. Für Geld konnte man tatsächlich alles bekommen. Brandt fragte sich, was das für Menschen waren, die ihre Kinder gegen Geld für pornografische Darstellungen oder sogar Schlimmeres verkauften, denn Harald Roeder beschrieb, wie er zunächst Leute aus seinem Bekanntenkreis angesprochen hatte. Später hatte er hauptsächlich Geschäfte mit dem Leiter eines Kinderheimes gemacht. Da war die Auswahl nach seinen Angaben größer gewesen.

Er legte das Manuskript zur Seite und fragte sich, ob all diese miesen Geschäfte wohl bekannt gewesen waren. Hatte man den Leiter des Heimes belangt? Oder machte er nun mit anderen Kriminellen seine Geschäfte? Er würde das am Montag überprüfen. Eigentlich war das eine Angelegenheit, welche die Kollegen von der Sitte betraf, und auch die Entführung fiel prinzipiell nicht in seinen Zuständigkeitsbereich, aber ihm war bewusst, dass sein Chef wahrscheinlich schon von Anfang an von einem

Kapitalverbrechen ausgegangen war, und auch er glaubte nicht mehr daran, dass Michelle lebend gefunden wurde. Zu viel Zeit war inzwischen vergangen, und sie hatten nicht wirklich eine Spur, sondern nur einen ominösen Uniformierten, einen großen, schwarzen Wagen und ein Manuskript, das zwar heiße Insiderinformationen aus der Kinderpornoszene enthielt, aber bisher keine konkreten Hinweise auf einen möglichen Täter.

Er drehte sich zur Seite und löschte das Licht. Seine Gedanken kreisten immer wieder um die verkauften Kinder aus dem Buch. Was, wenn sich vielleicht doch jemand an Harald Roeder rächen wollte? Ihm ähnliche Schmerzen und Qualen zufügen wollte? Musste derjenige sich oder sein Motiv überhaupt in irgendeiner Weise zu erkennen geben? Konnte er nicht sicher sein, dass Harald Roeder Angst und Furcht empfinden würde, dass er ihn absichtlich lange quälte, bis die Leiche des Mädchens gefunden wurde? Und konnte er sich dann nicht der Trauer und Wut über den Tod von Michelle sicher sein? Brandt wälzte sich unruhig in seinem Bett hin und her. In seiner Erinnerung tauchten die Bilder auf, die er neulich bei einem Kollegen auf dem Schreibtisch gesehen hatte. Sie hatten einen Menschenhändlerring auffliegen lassen. Mädchen eingepfercht in einen kleinen Transporter. Panische Angst in den Augen der Kinder.

Er schaltete wieder das Licht an und stand auf. Im Wohnzimmer goss er sich einen Whisky ein, setzte sich aufs Sofa und griff nach der Fernbedienung des Fernsehers. Wahllos zappte er durch die Programme, doch die flimmernden Bilder konnten seine Gedanken an die angstvollen Blicke der Mädchen nicht vertreiben.

Auch Harald Roeder lag noch wach in seiner Zelle. Der raue Kerl, den er sonst immer nach außen präsentierte, hatte sich in der Dunkelheit des kleinen Raumes beinahe vollständig aufgelöst. Er dachte an seine kleine Tochter, und die Angst, dass ihr etwas zugestoßen sein könnte, raubte ihm beinahe den Atem.

Das Buch war ein Fehler gewesen. Jemand musste davon erfahren haben, jemand, dem die Informationen, welche er darin preisgab, schadeten. Und dieser Jemand wollte sich rächen. In Gedanken ging er die Namen der Leute durch, die seiner Meinung nach etwas mit dem Verschwinden von Michelle zu tun haben könnten – Drogendealer, Menschenhändler, Pädophile. Aber es waren einfach zu viele. Er konnte den Kreis eines möglichen Entführers nicht schließen und versuchte, sich abzulenken. Seine Hand wanderte unter der kratzigen Decke abwärts. Doch sein Kopf war zu beschäftigt mit der Frage, wer seiner Tochter etwas antun wollte, wohin man sie gebracht hatte und was dort mit ihr geschah. So sehr er seinen Penis auch rieb, eine Erektion stellte sich nicht ein. Resigniert starrte er aus dem kleinen vergitterten Fenster in den Nachthimmel. Wieder erschienen die Gesichter verschiedener Leute in seiner Erinnerung. Er versuchte, sich zu konzentrieren. Was hatte der Kommissar über den Mann gesagt, in dessen Auto Michelle gestiegen war? Er hatte eine Uniform getragen. Und was war das für ein Wagen gewesen? Mit einem Schlag war er hellwach. Ein großes, schwarzes Auto. Didi, schoss es ihm durch den Kopf.

Er sprang auf. Er musste sofort mit dem Kommissar sprechen. Mit seinen Fäusten trommelte er wild gegen die Zellentür.

Das schrille Läuten des Telefons ließ ihn erschrocken auffahren.

»Brandt?«

»Wir haben sie!«

Die deprimierte Stimmlage seines Vorgesetzten signalisierte ihm sofort, dass das Schlimmste eingetroffen war. Das Mädchen war tot.

»Wo?«

»In der Nördlichen Düssel, in der Nähe des Sportclubs.«

»Bin gleich da!«

Er bestellte ein Taxi und zog sich an. Bevor er die Wohnung verließ, schlich er in Lores Zimmer. Das Mädchen schlief tief und fest. Er beugte sich über sie und küsste sie leicht auf die Wange. Sie seufzte im Schlaf.

»Ich muss weg!«, flüsterte er, doch Lore reagierte nicht. Sicherheitshalber schrieb er einen Zettel und deponierte ihn vor ihrem Bett. ›Musste zum Einsatz! Ruf Oma an!‹

Das Taxi wartete bereits, als er in die kühle Nachtluft hinaustrat.

»In die Altenbergstraße, bitte.«

Bereits wenige Minuten später bog der Wagen in die kleine Straße des Wohngebiets ein.

»Was ist denn hier los?«, fragte der Fahrer, als er kurz darauf die Blaulichter sah.

Brandt wies ihn an, einige Meter vor der Absperrung zu halten, und zahlte. »Polizeieinsatz«, erklärte er, ehe er ausstieg.

Trotz der späten Stunde hatte sich eine beachtliche Menge von Schaulustigen versammelt. Ein Kollege von der Schutzpolizei stand hinter dem rot-weißen Absperrband und versuchte, die neugierige Meute zu vertreiben.

Als er Brandt sah, winkte er und deutete mit ausgestrecktem Arm zu einer Gruppe Polizisten, die sich am Ufer des Flusses in der Nähe einer kleinen Brücke versammelt hatte. Er verspürte plötzlich ein flaues Gefühl in der Magengegend. Während seiner Dienstzeit war er schon zu etlichen Leichenfunden gerufen worden. Er konnte gar nicht mehr genau sagen, wie viele es wohl gewesen sein mochten. Trotzdem jagte es ihm immer wieder Schauer über den Rücken, wenn er sich einer Fundstelle näherte. Er wusste nie genau, was ihn erwartete. Wie sah die Leiche aus? War sie verstümmelt? Hatte die Verwesung bereits eingesetzt und den Körper entstellt? Er hatte sich in seiner langjährigen Amtszeit nicht an den Anblick eines toten Menschen gewöhnen können und bezweifelte, dass es überhaupt möglich war. Gerade wenn es sich jedoch um Kinder handelte, die tot aufgefunden wurden, verstärkte sich jedes Mal dieses grauenhafte Gefühl, das ihn eiskalt packte und im ersten Moment des Anblicks der Leiche unfähig machte, auch nur in irgendeiner Form zu agieren. In solchen Fällen sah er jedes Mal das Bild seiner Tochter vor sich, und die Vorstellung, dass es auch Lore sein könnte, die dort tot vor ihm lag, ließ eine Wut in ihm aufsteigen, die es ihm letztendlich ermöglichte, seine Arbeit zu tun.

»Was habt ihr?« Er hatte die kleine Gruppe erreicht. Sein Kollege Teichert war bereits vor Ort und begrüßte ihn flüchtig. Als er zur Seite trat, gab er den Blick auf die Kinderleiche frei, die am Ufer der Düssel lag. Brandt erschrak, als er das blasse Gesicht sah, das so friedlich wirkte, als ob das Mädchen schliefe.

»Und?«

»Auf den ersten Blick keine äußere Gewalteinwirkung.« Der Mann, der neben der Leiche kniete, hob den

Kopf. »Alles Weitere wird wohl erst eine Obduktion zeigen.«

»Und der Todeszeitpunkt?«

»Dazu kann ich nun wirklich nichts sagen.« Es handelte sich lediglich um den herbeigerufenen Notarzt, der mit der Situation ganz offensichtlich überfordert war. Brandt nickte und wandte sich einem Kollegen von der Spurensicherung zu.

»Und was habt ihr, Michael?«

Der Mann im weißen Schutzoverall zuckte mit den Schultern.

»Noch nicht viel. Ein paar Fußabdrücke und Faserspuren, aber wir sind auch noch lange nicht fertig.«

»Wer hat das Mädchen gefunden?«

Teichert deutete auf zwei Beamte, die etwas weiter abseits die Personalien zweier Frauen aufnahmen.

»Angeblich hat der Hund die Leiche aufgespürt.«

Sie traten zu den Kollegen, die gerade den beiden Damen ihre Personalausweise wieder aushändigten, und stellten sich vor.

»Und Ihr Hund hat das Mädchen gefunden?«

Brandt blickte auf den Mischlingshund, der zu Füßen seines Frauchens lag. Er vermutete, dass es sich um eine Kreuzung zwischen Schäferhund und Dalmatiner handelte.

»Ja, Harro hat ganz fürchterlich angeschlagen. Ich wollte nachsehen, was er entdeckt hatte, und da lag sie dann.« Die junge Frau mit den langen blonden Haaren war immer noch ganz blass im Gesicht. Der Anblick des toten Kindes hatte sie völlig unvorbereitet getroffen. Genauso wie ihre dunkelhaarige Freundin, die nickend neben ihr stand.

»Ist Ihnen sonst etwas Ungewöhnliches aufgefallen?«

Die beiden Frauen verneinten. Sie waren gegen Mitternacht von einer Party heimgekommen. Der Hund war den ganzen Abend über allein zu Hause gewesen, und deshalb seien sie so spät noch einmal mit ihm rausgegangen.

»Iris hat sich allein nicht getraut«, sagte die blonde Frau und beantwortete damit seine Frage, warum sie zu zweit unterwegs waren. Sie hätte sich darüber lustig gemacht. Schließlich sei das hier eine ruhige Wohngegend.

»Wer rechnet denn mit so etwas?«

Sie blickte hinüber zur Fundstelle. Ein Bestattungsunternehmen war inzwischen eingetroffen. Behutsam wurde die Leiche in einen Metallsarg gelegt und der Deckel geschlossen. Die beiden Männer, die den Sarg in den Bestattungswagen schoben, trugen dunkle Anzüge.

»Was passiert jetzt mit ihr?« Die dunkelhaarige Frau starrte auf den schwarzen Kombi, in dessen Innerem der Metallbehälter verschwunden war.

»Sie bringen sie in die Rechtsmedizin.«

Der Weg zum Haus der Familie Roeder erschien ihm heute Nacht besonders kurz. Während der Fahrt hatte er nach den passenden Worten gesucht, doch als sein Kollege auf dem kleinen Vorplatz hielt und den Motor abstellte, herrschte in seinem Kopf eine absolute Leere. Eine Weile saßen sie schweigend nebeneinander im Wagen.

»Wie sagt man einer Mutter, dass ihre Tochter tot aufgefunden worden ist?«

Teichert zuckte mit den Schultern. Er war erst vor wenigen Monaten zur Kriminalpolizei gewechselt. Für ihn war es das erste Mal, dass er eine Todesnachricht überbringen musste. Froh darüber, einen erfahrenen Kollegen in dieser Situation an seiner Seite zu haben, konnte er sich dennoch gut vorstellen, dass es selbst nach vielen Jahren bei der Mordkommission immer wieder schwer war, den Angehörigen die Meldung vom Tod eines Familienmitglieds zu überbringen. Besonders in diesem Fall, wo es sich um ein kleines Mädchen handelte. Nicht, dass der Mord an einem Erwachsenen weniger grausam war, aber ein unschuldiges Kind, das Opfer eines Gewaltverbrechens geworden war, erregte die Gemüter zusätzlich. Was war das für ein Mensch, der sich an einem wehrlosen Mädchen vergriff? Er war selbst ganz benommen von der Brutalität des Täters. Bis zum Schluss hatte er sich an die Hoffnung geklammert, dass sie Michelle lebend finden würden, auch wenn sein Kollege schon relativ früh die Chance als sehr gering eingeschätzt hatte.

»Wollen wir?«

Er nickte stumm.

Das Läuten der Wohnungsglocke klang laut und schrill. Die anschließende Stille wirkte dadurch besonders quälend. Brandt suchte immer noch nach den geeigneten Worten, als sie plötzlich Schritte hörten und die Tür geöffnet wurde.

Georg Schulz blinzelte ihnen verschlafen entgegen. Er trug ein T-Shirt und Boxershorts. In der Annahme, sie seien wegen seines Bruders gekommen, drehte er sich sofort um, ohne ihr Anliegen abzuwarten, und murmelte: »Einen Augenblick bitte, ich hole Martin.«

Doch noch ehe er die Tür wieder schließen konnte, hatte Teichert seinen Fuß in den Spalt gestellt.

»Wir sind nicht deswegen hier!«

Georg Schulz blickte sich überrascht um und Teichert wandte sich Hilfe suchend an seinen Kollegen neben ihm.

»Geht es um Michelle? Haben Sie sie gefunden?«

Kommissar Brandt nickte langsam.

»Wo ist sie? Geht es ihr gut?« Seine Worte überschlugen sich förmlich. Ihr Schweigen dämpfte jedoch sehr schnell seine enthusiastischen Fragen und der Ausdruck in seinen Augen verdeutlichte, dass er ihre Zurückhaltung richtig deutete. Sämtliche Farbe wich aus seinem Gesicht.

»Ist sie …« Er war nicht in der Lage, dieses Wort auszusprechen, das mit solch erbarmungsloser Gewalt diese grausame Endgültigkeit bezeichnete.

»Es tut uns leid, Herr Schulz!«

Mit hängenden Schultern ging er den Flur entlang zur Küche. Sie folgten ihm. Auf dem Küchentisch stand noch das Geschirr vom Abendessen. Er ließ sich achtlos auf einen der Stühle fallen.

»Wir müssten dann auch noch mit Ihrer Mutter sprechen.«

»Ausgeschlossen«, er schüttelte seinen Kopf und berichtete, dass Sabine Roeder am Nachmittag einen Zusammenbruch erlitten hatte. Der Arzt hatte ihr ein Beruhigungsmittel gespritzt und strengste Bettruhe verordnet. Andernfalls müsste sie ins Krankenhaus eingewiesen werden. Er bestand darauf, es ihr selbst zu sagen.

»Aber jemand muss das Mädchen identifizieren.«

»Welches Mädchen?« Martin Schulz hatte nur die letzten Worte des Gesprächs vernommen und blickte fragend in die Runde.

»Wir haben vermutlich Ihre Schwester gefunden. In der Düssel wurde heute Nacht eine Mädchenleiche entdeckt. Es tut uns leid, aber einer aus der Familie muss die Leiche identifizieren.«

»Das mache ich!« Georg Schulz sprang von seinem Stuhl auf und drängte den Bruder aus dem Türrahmen. »Du bleibst hier bei Mutter. Hast schon genug angerichtet!«

Brandt fragte sich, was er damit meinte. Wusste die Familie inzwischen von dem Buch? Sah auch Georg darin vielleicht das Motiv für den Mord an der Schwester? Oder ging es lediglich darum, dass Martin Schulz die Familienbande durchbrochen hatte, als er mit Harald Roeder zusammenarbeitete? Er nahm sich vor, Georg Schulz später danach zu fragen.

Die Fahrt zur Rechtsmedizin verlief schweigsam. Georg Schulz saß auf der Rückbank und schien sich innerlich auf die Identifizierung seiner Stiefschwester vorzubereiten. Erst als sie die Zufahrt zum Gelände der Uniklinik passierten, räusperte er sich.

»Ist sie arg zugerichtet?«

Brandt drehte sich leicht zu ihm und schüttelte den Kopf. Er konnte gut nachvollziehen, wie der Mann sich fühlte, der wie ein Häufchen Elend auf der Rückbank des Wagens saß und nervös seine Hände knetete. Den meisten Menschen graute es vor dem Anblick eines toten Menschen. Besonders, wenn es sich dabei um einen Familienangehörigen handelte. Solange man mit der Leiche nicht konfrontiert wurde, konnte man den Tod als etwas Unwirkliches von sich schieben, musste sich nicht damit auseinandersetzen. Doch wenn man den Toten erst einmal gesehen hatte, ließ sich die Realität nicht mehr verdrängen. Die Erinnerungen wurden für lange Zeit von einem einzigen Bild dominiert: ein aschfahles Gesicht mit blutleeren Lippen.

Ihre Schritte hallten in dem langen Korridor wider. Brandt bat seinen Kollegen, mit dem Bruder vor der Tür zu warten, bis er mit dem Rechtsmediziner gesprochen hatte.

Es war nicht nur die kühle Luft in dem Raum, die ihn plötzlich frösteln ließ. Auch er verspürte hier immer wieder so etwas wie den Hauch des Todes, an den er sich einfach nicht gewöhnen konnte. Und wie schon so oft fragte er sich auch diesmal, was einen wohl dazu bewog, hier zu arbeiten, als er den freundlichen jungen Mann im weißen Kittel auf sich zukommen sah.

»Sie sind aber schnell. Die Kleine ist gerade erst eingeliefert worden.«

»Es geht nur um die Identifizierung. Die Obduktion findet, soviel ich weiß, erst am Nachmittag statt.«

Der Mann bestätigte ihm, dass Prof. Kleinert die Sektion für 15 Uhr angesetzt hatte.

»Er kommt extra vorzeitig aus dem Wochenende«, er zog beeindruckt seine Augenbrauen hoch und führte ihn in einen Nebenraum.

Die Leiche lag auf einem Metalltisch. Obwohl ihm bewusst war, dass er sich in den Räumen der Rechtsmedizin befand, hatte er den Eindruck, als schliefe das Mädchen nur. Die blassen Gesichtszüge wirkten so friedlich. Er dachte an Lore, die sich vor wenigen Stunden unter seinem Abschiedskuss seufzend im Schlaf gerekelt hatte, und musste lächeln. Der junge Assistent schaute ihn leicht verwundert an und griff nach einem weißen Tuch, das er bis zum Hals über den nackten Körper ausbreitete.

Georg Schulz zögerte kurz, ehe er den Raum betrat. Er kniff seine Augen so weit zusammen, dass er die Konturen des Tisches nur noch schemenhaft erkennen konnte, und näherte sich mit kleinen, langsamen Schritten. Eigentlich hatte er vorgehabt, die Augen nur für wenige Sekunden ganz zu öffnen, um dann mit einem Kopfnicken zu bestätigen, dass die Tote seine Schwester war, aber das zierliche, bleiche Gesicht fesselte unerwartet seinen Blick.

»Michelle!«, flüsterte er und trat noch einen Schritt näher an den Tisch heran. Seine Hand berührte ihr Gesicht, zuckte dann aber erschrocken zurück. Die Kälte des leblosen Körpers zerstörte die Illusion von der anscheinend schlafenden Schwester und schlug mit der Wucht eines Schlagbohrhammers in sein Bewusstsein: Michelle war tot.

Er wandte sich um und blickte den Kommissar an. Tränen standen in seinen Augen. »Wer tut nur so etwas?«

Brand hatte keine Antwort auf die Frage. Er fasste Georg Schulz am Arm und führte ihn aus dem Raum. Vor dem Gebäude atmeten sie alle tief durch. Die Sonne war bereits aufgegangen und schien von einem strahlend blauen Himmel, doch konnte sie nicht die düsteren Gedanken in ihren Köpfen vertreiben.

»Hat mein Bruder etwas damit zu tun?«

»Wahrscheinlich nicht direkt.«

Georg Schulz blickte ihn fragend an und beantwortete dadurch seine aufgeschobene Frage, ob der Familie etwas über das Buch und der Zusammenarbeit zwischen Martin Schulz und dem Exmann der Mutter bekannt war.

»Wir haben den Hinweis, dass der Täter eventuell in den ehemaligen Kreisen Ihres Stiefvaters zu finden ist.«

»Und was hat mein Bruder damit zu tun?«

Brandt räusperte sich. »Das erklärt er Ihnen am besten selbst. Mein Kollege wird Sie nach Hause bringen.« Er nickte Teichert zu und verabschiedete sich. Es war inzwischen beinahe sechs Uhr und er beschloss, direkt in die Dienststelle zu fahren.

Mit der Straßenbahn fuhr er zunächst zum Hauptbahnhof. Von dort aus nahm er die Linie 709, die in der Nähe des Polizeipräsidiums am Stadttor hielt. Vor ein paar Tagen hatte es eine Abstimmung zu dieser Verbindung gegeben. Die Stadt Neuss hatte die Bahnen aus der Fußgängerzone verbannen wollen. Daraufhin hatte die Rheinbahn mit der Abkopplung der Straßenbahnlinie 709 gedroht. Er hatte davon in der Zeitung gelesen, jedoch den Ausgang nicht verfolgt. Er fuhr eher selten mit der Bahn, und deswegen interessierten ihn solche Diskussionen eigentlich wenig.

Er setzte sich auf einen Fensterplatz und ließ die Fassaden der Stadt an sich vorbeiziehen. In Gedanken ging er die Ereignisse der vergangenen Stunden durch. Der Fundort an der Düssel, die beiden Damen mit dem Hund, die tote Michelle Roeder. Müde fuhr er sich mit der Hand übers Gesicht. Er liebte seinen Beruf, konnte er doch in den meisten Fällen für Aufklärung und Gerechtigkeit sorgen. Aber an Tagen wie diesem, wenn sie den Kampf gegen die Zeit und einen Mörder verloren hatten, fühlte er sich klein und hilflos. Zu gern hätte er jetzt auch einmal eine Schulter gehabt, an die er sich anlehnen konnte, einen Menschen, der ihn in den Arm nahm und ihm Mut zusprach.

Die Bahn hielt am Stadttor und er stieg aus. Das imposante Gebäude, in dem sich unter anderem auch die Staatskanzlei befand, streckte sich mit seiner Glasfassade in den blauen Himmel. Er hielt einen kurzen Augenblick inne und betrachtete die vorbeiziehenden kleinen Wolken, die sich in dem gläsernen Bau spiegelten. Die Leichtigkeit, mit der sie vorbeizogen, verstärkte seine Schwermütigkeit und er ging schnell weiter.

Hans Schirmer saß in seinem Büro und telefonierte. Als er Brandt sah, winkte er ihn zu sich.

»Gut, dann bis später!«, beendete er das Telefonat und legte auf. »Das war die Spusi. Der Fundort ist auf jeden Fall nicht der Tatort, so viel steht fest. Der Täter hat die Leiche wahrscheinlich über das Gelände des Sportclubs zur Düssel transportiert. Einen ausführlichen Bericht bekommen wir später. Auf jeden Fall sollten wir aber die Mitglieder des Vereins näher unter die Lupe nehmen. Und was habt ihr?«

Er berichtete von der Identifizierung der Leiche und dass es keinen Zweifel mehr gab, dass das tote Mädchen Michelle Roeder war.

»Die Untersuchung der Leiche findet heute Nachmittag statt.« Sein Vorgesetzter nickte und teilte ihm mit, dass Staatsanwalt Bruns der Obduktion beiwohnen würde. Brandt war erleichtert. Wenigstens das blieb ihm erspart.

»Ihr beiden fahrt später noch mal in die JVA. Harald Roeder hat angeblich einen wichtigen Hinweis.«

Er fragte, worum es sich dabei handeln würde, doch Schirmer zuckte mit den Schultern und sagte, dass der Häftling ausdrücklich darauf bestanden hatte, nur mit ihm persönlich zu sprechen. »Am besten, du fährst jetzt erst einmal nach Hause und ruhst dich ein wenig aus. Siehst nämlich nicht gerade fit aus. Die Berichte haben wir eh nicht vor heute Abend und vorher können wir nicht viel tun.«

Auf dem Küchentisch lag ein Zettel von Lore. ›Bin mit Oma im Aquazoo.‹ Prompt meldete sich sein schlechtes Gewissen. Wie häufig hatte er seiner Tochter schon versprochen, mit ihr in das Museum am Nordpark zu gehen, in dem es neben verschiedenen historischen Sammlungen auch Fische, Schildkröten und andere Tiere anzuschauen gab. Immer wieder hatte er sie vertröstet. Sie hatten ohnehin schon lange nichts mehr gemeinsam unternommen und nun, als er den Zettel in der Hand hielt, kam es ihm vor, als würden sie auch nicht mehr miteinander sprechen, sondern lediglich über diese kleinen Papiernotizen miteinander kommunizieren. Er nahm sich vor, wenn der Fall gelöst war, wieder mehr mit Lore zu unternehmen.

Im Badezimmer zog er seine Sachen aus und stellte sich unter die Dusche. Die heiße Flut, die auf ihn niederprasselte, entspannte ihn und spülte die grausamen Bilder der vergangenen Nacht einfach fort.

7

Ein schrilles Geräusch ließ ihn aus seinem traumlosen Schlaf auffahren. Er lag nackt auf seinem Bett, die Uhr zeigte kurz nach drei.

Schnell rappelte er sich auf, griff nach einer Hose, die er sich im Gehen überzog.

»Bin gleich fertig«, rief er Teichert zu, als er die Tür öffnete, und rannte zurück ins Schlafzimmer, wo er im Schrank nach einem Paar Socken und einem frischen Hemd suchte. Nur wenige Minuten später saßen sie im Wagen und fuhren Richtung JVA.

Harald Roeder erwartete sie bereits. Er saß an einem der Besuchertische und trommelte mit den Fingern nervös auf das Holz, als der Vollzugsbeamte sie in den Raum führte.

»Na endlich.« Er sprang auf und stürmte auf die beiden zu.

»Ich weiß jetzt, wer Michelle entführt haben könnte!«

Brandt war überrascht. Es hatte den Anschein, als wüsste Harald Roeder noch gar nichts vom Tod seiner Tochter. Er blickte fragend zu dem Vollzugsbeamten, der kaum merklich seinen Kopf schüttelte. Kurz überlegte er, ob es besser war, mit der Nachricht zu warten, bis der Häftling ihnen erzählt hatte, warum er sie so dringend hatte sprechen wollen, entschied sich dann aber dagegen.

»Herr Roeder, ich muss Ihnen leider mitteilen«, begann er umständlich, »dass wir Ihre Tochter heute Nacht gefunden haben.«

Sein Gegenüber schaute ihn stumm an. Der Satz schien erst langsam in sein Bewusstsein zu dringen. »Wieso leider? Was ist mit ihr?«

Brandt führte den Mann zurück an den Tisch und wartete, bis er sich gesetzt hatte, ehe er ihm von dem Fund der Leiche und der Identifizierung durch den Stiefsohn erzählte.

»Es tut mir leid«, er schluckte, »aber es besteht kein Zweifel. Ihre Tochter ist tot.«

Harald Roeder sackte förmlich in sich zusammen. Der sonst so stark und durch nichts und niemanden zu erschüttern wirkende Mann schlug seine Hände vors Gesicht und begann, hemmungslos zu weinen. Sie saßen schweigend daneben, warteten, bis er sich einigermaßen gefangen hatte.

»Dieses Schwein«, zischte er nach einer Weile und Brandt fragte ihn, wer damit gemeint war. »Haben Sie einen Verdacht?«

Er nickte und erzählte, dass ihm jemand eingefallen war, der mit dem Verschwinden seiner Tochter etwas zu tun haben könnte. Er habe noch einmal intensiv über das, was die beiden Kommissare gesagt hatten, nachgedacht. Wer könnte von dem Buch erfahren haben? Und wer hätte ein Interesse daran, das Erscheinen zu verhindern? Der große, schwarze Wagen war ihm in den Sinn gekommen, und damit war für ihn klar gewesen, es gab nur einen, der als Entführer und nun Mörder seiner Tochter in Frage kam.

»Aber haben Sie denn irgendwelche Drohungen bezüglich des Buchs erhalten?«

Harald Roeder schüttelte seinen Kopf.

»Aber Didi war klar, dass ich die Entführung mit dem Manuskript in Zusammenhang bringen würde.«

»Didi?«

»Ja, Dieter Heinze!«

Es war ein Unfall gewesen, ein Versehen. Er hatte sie nicht töten wollen. Das war ganz und gar nicht seine Absicht gewesen. Er hatte doch mit ihr zusammen sein wollen – für immer und ewig.

Sie hatte so sehr geweint, er hatte sie nur beruhigen wollen. Dabei war es passiert. Sie war einfach nicht wieder aufgewacht. An den Schultern hatte er sie gerüttelt, ihr ins Gesicht geschlagen, aber ihre Augen waren geschlossen geblieben, die Arme hatten schlaff an den Seiten ihres kleinen Körpers heruntergehangen. Wie bei seiner Schwester, als man sie von der Straße aufgehoben und für immer weggebracht hatte.

Er hatte den leblosen Körper der Kleinen in eine Decke gehüllt und, als es dunkel geworden war, zu seinem Wagen getragen. Hier draußen in der verlassenen Einöde hätte ihn zwar ohnehin niemand beobachtet, aber im Schutze der Dunkelheit hatte er sich sicherer gefühlt.

Dann war er ziellos herumgefahren, hatte keine Ahnung gehabt, wohin er sie bringen sollte. Am besten nach Hause, war es ihm durch den Kopf geschossen, aber das war zu gefährlich. Er wusste, dass man nach ihr suchte.

Schließlich war ihm der kleine Fluss eingefallen. Er kannte ihn von seinen einsamen Spaziergängen. Oft hatte er dort am Ufer gestanden und sich vom plätschernden, murmelnden Singsang des Gewässers beruhigen lassen. Stundenlang hatte er in das sich leicht kräuselnde Wasser geblickt und seinen Gedanken freien Lauf gelassen. Hier war ihm auch die Idee mit der Entführung gekommen. Der Fluss war somit die geeignete Grabstelle für das kleine Mädchen. Aber wie sollte er sie dort hinbringen? Mehrmals war er die Straße entlanggefahren, doch die Gefahr, dass jemand ihn entdecken würde, war zu groß. Zum Glück war ihm jedoch der Sportclub ins Auge gefallen. Von einer ruhigen Parallelstraße hatte er sich mit der Leiche durch einen Bauzaun auf das Gelände schleichen können. Von hier aus hatte er sich, geschützt vor fremden Blicken, ganz leicht dem Ufer des Flusses nähern und das Mädchen in dem friedlich dahinfließenden Wasser beisetzen können.

Nun war er wieder allein und er spürte die Schuldgefühle von Neuem herankriechen. Mit eisernem Griff packten ihn ihre tausend Hände, zerrten, fesselten und lähmten ihn. Er fühlte, wie eine Kälte langsam in seinem Körper emporstieg, und ging in die Hocke, schlang seine Arme um die Knie und machte sich ganz klein. Klitzeklein.

Er war allein mit seiner Schuld und es würde Tage, wenn nicht sogar Wochen dauern, bis er wieder ein Mädchen gefunden hatte, an dem er das, was er getan hatte, wofür er einzig und allein die Verantwortung trug, wiedergutmachen konnte.

Teichert hatte nach dem Gespräch gleich zu Heinze fahren wollen, doch Brandt hatte ihn davon abgehalten.

»Wenn wir jetzt zu ihm fahren und mit den Vorwürfen konfrontieren, ist er gewarnt. Einen Durchsuchungsbefehl bekommen wir auf die Schnelle nicht. Bruns ist bei der Obduktion. Das kann dauern. Wenn wir überhaupt einen kriegen.«

Harald Roeder hatte Heinze zwar schwer belastet, aber Brandt bezweifelte, dass die Anschuldigungen des Häftlings ausreichen würden. Und nur weil sich die Beschreibung des Wagens von der kleinen Ann-Katrin mit dem Fahrzeug des Verdächtigen deckte, würde der Staatsanwalt nicht gleich einer Durchsuchung zustimmen. Sie hatten lediglich eine Aussage, der zufolge Dieter Heinze auch nach dem Verbüßen seiner Strafe wieder in Geschäfte im Kinderpornomilieu verwickelt gewesen sein sollte. Beweise hatten sie jedoch keine.

»Am besten, wir überprüfen noch einmal sein Alibi. Vielleicht kommen wir dann weiter.«

Im Präsidium unterrichteten sie zunächst ihren Vorgesetzten über die Neuigkeiten. Der hatte inzwischen auch den Bericht der Spurensicherung erhalten. Man hatte Fußspuren am Ufer der Düssel gefunden, die auf das Sportgelände führten, ansonsten nichts Verwertbares, außer ein paar Faserspuren an der Kleidung der Toten.

»Hierbei handelt es sich um Lammwolle, die in dieser superfeinen, gekämmten Beschaffenheit häufig für die Herstellung von Wolldecken im höheren Preissegment verwendet wird«, las er vor.

»Das würde zu Heinze passen«, bemerkte Teichert. »Der hat doch lauter so teuren Plunder in seiner Wohnung.«

Der Chef war allerdings ganz Brandts Meinung. Die Anschuldigungen und Hinweise reichten nicht aus.

»Wir warten die Obduktion ab. Dann sind wir schlauer. Vielleicht gibt es auch DNA-Spuren. Ihr fahrt zum Sportverein. Meier hat die Mitglieder, die einen Schlüssel zu dem Gelände haben, zusammengetrommelt. Morgen früh um neun ist Lagebesprechung.« Obwohl Brandt sich ungern seine Vorgehensweise diktieren ließ, stimmte er zu. Schirmer hatte recht. Sie mussten jetzt alle Möglichkeiten in Betracht ziehen. Es hatte keinen Zweck, voreilig nur in eine Richtung zu ermitteln. Oftmals lagen die Dinge doch anders, als sie auf den ersten Blick erschienen. Das hatte Brandt schon oftmals erlebt.

Auf dem Flur ließ Teichert seinem Unmut freien Lauf.

»Mensch, endlich haben wir einen Verdächtigen und dürfen trotzdem nichts machen!« Mit dem Fuß trat er nach einem unsichtbaren Gegenstand.

Brandt konnte den jungen Kollegen verstehen. Er hatte doch selbst das Bedürfnis, den Mörder möglichst schnell zu überführen und hinter Gitter zu bringen. Aber es gab nun einmal Gesetze. Auch wenn er sich selbst in seiner Arbeit schon manches Mal dadurch behindert gefühlt hatte. Letztendlich schützten sie ihn auch selbst. Und oft hatte sich in der Vergangenheit gezeigt, dass es besser war, sich daran zu halten. Was hätten sie davon, wenn sie Heinze jetzt überführen könnten und vor Gericht dann ohne verwertbare Beweise dastünden? Damit hätten sie rein gar nichts gewonnen.

Die Mitglieder des Vereins waren beinahe vollständig versammelt. Die meisten von ihnen besaßen zwar keinen Schlüssel zum Gelände, aber die Neuigkeit über die Kinderleiche hatte sich rasend schnell herumgesprochen und bei vielen Neugierde und die damit oftmals verbundene Sensationslust geweckt.

Die Spurensicherung hatte inzwischen bestätigt, dass der Täter die Leiche über das Gelände des Sportvereins zur Düssel transportiert hatte. Man hatte Fußspuren gefunden, die mit denen an der Fundstelle identisch waren. Weiter vermutete man, dass der Täter nicht durch den normalen Eingang, sondern durch einen Bauzaun einer benachbarten Baustelle auf die Anlage gelangt war. Deshalb war es Brandt mehr als recht, dass möglichst viele Mitglieder anwesend waren. Den meisten von ihnen mussten die Baustelle und das damit verbundene Schlupfloch bekannt sein, deswegen waren für sie nicht nur diejenigen interessant, die über einen Schlüssel zum Gelände des Sportvereins verfügten.

»Meine Damen, meine Herren«, er versuchte, sich Verhör zu verschaffen. »Wie Sie bereits erfahren haben, ist heute Nacht eine Leiche in der Nähe des Eingangs Altenbergstraße aufgefunden worden.«

Das aufgeregte Stimmengewirr war verstummt, alle Augen auf ihn gerichtet.

»Wem von Ihnen ist in den letzten Tagen vielleicht etwas oder jemand aufgefallen, der sich auf oder in der Nähe des Geländes herumgetrieben hat?«

Die Anwesenden schüttelten ratlos die Köpfe.

»Ist in letzter Zeit etwas Auffälliges geschehen? Gab es Anfragen oder plötzliche Vereinsaustritte?« Schweigen.

Er stöhnte innerlich auf. Das war wieder typisch. Keiner hatte etwas gesehen, niemandem war etwas aufgefallen. So kamen sie nicht weiter.

»Dann möchte ich Sie zunächst bitten, bei meinen Kollegen Ihre Personalien aufnehmen zu lassen. Sollte jemandem noch etwas einfallen, auch wenn es ihm noch so unbedeutend scheint, kontaktieren Sie uns. Die Kollegen verteilen anschließend Kärtchen mit unserer Nummer im Präsidium.«

Er stieg von dem Stuhl, auf den er sich gestellt hatte, um mit seinen Fragen besser zu der Menge durchzudringen, und wandte sich an einen der Männer aus dem Vereinsvorstand.

»Wir benötigen dann noch eine Liste mit den Namen aller Mitglieder.«

Der dunkelhaarige, sonnengebräunte Mann blickte ihn skeptisch an. »Glauben Sie, dass es einer von uns war?«

Brandt reagierte auf derartige Fragen immer leicht gereizt. Das beschränkte Denken einiger seiner Mitmenschen empfand er als naiv. Zu glauben, dass ein Mörder keinerlei soziale Kontakte hatte, war aus seiner Sicht mehr als einfältig. Natürlich schob jeder den Gedanken, dass sich in seinem näheren Umkreis, vielleicht sogar im eigenen Freundeskreis, ein Verbrecher befand, möglichst weit von sich. Dennoch pflegte man häufig einen engeren Kontakt zu Kriminellen, wohnte Tür an Tür mit ihnen, ohne sich dessen bewusst zu sein. Schließlich stand niemandem auf der Stirn geschrieben, dass er ein Mörder, Einbrecher oder Ähnliches war. Das hätte ihre Arbeit zwar enorm erleichtert, entsprach aber leider nicht der Realität. Und dieser musste man sich früher oder später stellen.

»Sind Sie sich hundertprozentig sicher, dass es niemand aus Ihrem Verein war?«, fragte er deshalb provokativ.

»Leider nicht«, bemerkte der Mann nach einem kurzen Schweigen.

Als er die Wohnungstür aufschloss, hörte er, dass Lore im Wohnzimmer fernsah. Die Nachrichten liefen und der Sender berichtete über den grausigen Fund in der Nördlichen Düssel.

Als er sich zu ihr setzte und seine Hand auf ihre Schulter legte, zuckte sie zurück.

»Ihr habt sie nicht rechtzeitig gefunden.« Sie blickte ihn vorwurfsvoll an.

»Nein, leider nicht.«

Er stand auf und goss sich einen Whisky ein.

»Weißt du«, begann er vorsichtig, da er das Gefühl hatte, ihr eine Erklärung schuldig zu sein, »manchmal gelingt es auch der Polizei nicht, etwas Schreckliches zu verhindern.«

»Aber du hast doch gesagt, dass ihr sie finden werdet!«

Er seufzte leicht. Wie sollte er ihr erklären, dass er gelogen hatte? Er hatte sie schützen wollen. Er war der starke Vater und Polizist. So hatte er vor ihr stehen wollen. Und nun konnte er an ihren Augen ablesen, dass sie ihn für einen Versager hielt. Er war nicht in der Lage gewesen, ein kleines Mädchen zu finden und vor dem Tod zu bewahren. Wie wollte er sie schützen? Was konnte er schon ausrichten? Sie stand auf.

»Lore«, er hoffte auf ihr Verständnis, doch sie ging ohne ein weiteres Wort in ihr Zimmer. Kurz darauf schallte laute Popmusik durch die Wohnung.

8

Die Stimmung am Frühstückstisch war gedrückt. Lore sprach kein Wort, obwohl er nochmals versucht hatte, ihr zu erklären, dass er nicht jeden Mörder auf der Welt aufhalten konnte. Doch sie reagierte nicht auf seinen hilflosen Versuch, sein Bild ihr gegenüber wieder ins rechte Licht zu rücken, und ihre sture Art machte ihn ärgerlich.

»Du kannst mir doch nicht vorwerfen, dass ich daran schuld bin, dass irgendein Psychopath dieses Mädchen umgebracht hat!«

Da sie zu keinem Gespräch bereit war, schnappte er sich die Zeitung und verschwand im Bad. Normalerweise las er nicht auf der Toilette, aber er konnte die vorwurfsvollen Blicke seiner Tochter nicht länger ertragen.

Die Zeitung war voll mit Berichten über den Mord. Natürlich wurde auch die Polizei wieder ausgiebig kritisiert. Man sei nicht in der Lage, die Bevölkerung anständig zu schützen, hieß es, und die Frage, was denn die Polizei überhaupt täte, wurde aufgeworfen und diskutiert. Unterschiedliche Bewohner der Stadt waren zu diesem Thema befragt worden und alle waren ausnahmslos der Meinung, dass die Polizei mehr Präsenz zeigen müsste und die Bevölkerung stärker in Ermittlungen mit einbinden müsse. Empört legte er die Zeitung zur Seite. Was glaubte man denn, woher sie die ganzen Leute für ihre gewünschte Polizeipräsenz hernehmen sollten? Und die Bürger stärker in Ermittlungen einbinden? Sollten sie von Tür zu Tür gehen und bei jedem klingeln? »Guten Tag, wir sind die Polizei. Heute brauchen wir Tipps für unsere Ermittlungen im Mordfall X, Y und Z.« Er schüttelte verständnislos seinen Kopf.

Er verzichtete darauf, seine Tochter zur Schule zu bringen, obwohl ihn die Aussicht, Frau Lutz zu begegnen, durchaus reizte. Aber Lore hätte sich ohnehin geweigert, sich von ihm begleiten zu lassen. Deshalb ermahnte er sie nur, pünktlich zum Unterricht zu gehen, und schwang sich auf sein Fahrrad. Seit dem Unfall hatte er sich nie wieder hinter ein Steuer gesetzt. Vielleicht war es ein Fehler, aber er fühlte sich einfach nicht in der Lage, einen Wagen zu lenken.

Die Wolken hingen tief und er hatte sich eine Regenjacke übergezogen, doch bereits nach den ersten Metern begann er, fürchterlich zu schwitzen. Er hatte beim Kauf der Jacke mal wieder mehr auf den günstigen Preis geachtet als auf die Qualität. Dass dieses Sonderangebot nicht atmungsaktiv war, hätte er sich eigentlich denken können. Er öffnete den Reißverschluss, um die angestaute Körperwärme entweichen zu lassen.

Er betrat das Büro und sah im letzten Augenblick, wie Frau Munkert vom Schoß seines Kollegen hüpfte. Verlegen strich sie ihren Rock glatt und stotterte:

»Ich, ich habe mit Herrn Teichert noch einmal den Text für das Fax, ähm, an die Schulen durchgesprochen.«

Sie schob ein paar Papiere auf Teicherts Schreibtisch zusammen und verließ den Raum.

»Ist das eigentlich etwas Festes zwischen euch?«
Sein Kollege blickte auf.

»Schon, aber ich will nicht, dass das jeder hier mitkriegt. Weißt doch, wie das ist.«

Brandt nickte. Im Polizeipräsidium saßen ein paar Klatschmäuler, die sich über alles und jeden den Mund zerrissen. Er erinnerte sich noch sehr gut an die Gerüchte, die über ihn und den Unfall im Hause die Runde gemacht hatten. Dass weder Sonja Munkert noch sein Kollege Lust auf so ein Geschwätz hatten, konnte er gut nachvollziehen.

Auf dem Flur trafen sie Hans Schirmer, der wie sie auf dem Weg zur Lagebesprechung war. In der Hand hielt er einen Kaffeebecher, die Akten hatte er sich unter seinen Arm geklemmt.

Zusammen betraten sie den Raum. Staatsanwalt Bruns begrüßte die Runde.

»Guten Morgen. Vielleicht haben Sie heute bereits die Zeitung gelesen, wenn nicht, sollten Sie das schleunigst nachholen, denn Sie werden dadurch auf den neuesten Stand der Ermittlungen im Fall Michelle Roeder gebracht. Die Presse schildert realitätsgetreu – wir haben keine Spur, keinerlei Ahnung, wer das Mädchen umgebracht hat. Fest steht nur, nach der gestrigen Obduktion, dass kein sexueller Missbrauch stattgefunden hat.«

Brandt kratzte sich an seinem linken Ohr. Diese Tatsache erschien ihm merkwürdig, denn wenn sie davon ausgingen, dass der Täter in den alten Kreisen Harald Roeders zu finden war, dann hätte sicherlich ein Missbrauch stattgefunden, ob nun durch den Täter selbst oder durch Prostitution. Er war sich ziemlich sicher gewesen, dass Michelle vergewaltigt oder auf andere Weise misshandelt worden war.

»Und was genau war nun die Todesursache?« Bruns blickte ihn ärgerlich an. Er war es nicht gewohnt, dass Zwischenfragen gestellt wurden.

»Das Mädchen ist an einer Überdosis Betäubungsmittel, höchstwahrscheinlich eines Schlafmittels, gestorben. Die genaue Analyse liegt noch nicht vor, aber es konnten eindeutig Barbiturate im Blut nachgewiesen werden.«

»Und der Todeszeitpunkt?«

Der Staatsanwalt wurde langsam etwas ungehalten.

»Samstag zwischen 12 und 16 Uhr. Und nun bitte keine Zwischenfragen mehr. Jeder von Ihnen kann anschließend Einsicht in die Berichte nehmen.«

Er fuhr fort, die bisherigen Ermittlungsergebnisse kurz zusammenzufassen. Die Spurensicherung hatte, wie ihnen bereits bekannt war, außer ein paar Fasern und den Fußspuren nichts Weiteres gefunden. Die Befragung der Anwohner am Fundort hatte ebenfalls keine neuen Hinweise erbracht.

»Wie sieht es denn mit der Überprüfung der Vereinsmitglieder aus?«

Brandt zuckte beiläufig mit den Schultern. Für ihn stand fest, dass sich der Täter wohl kaum unter den Anwesenden befunden hatte.

»Wir werden die Mitgliederliste mit den aufgenommenen Personalien abgleichen und uns dann diejenigen vornehmen, die gestern Abend nicht im Sportlerheim anwesend waren.«

Bruns nickte. »Und sonst? Gibt es weitere Vorgehensweisen?«

Schirmer berichtete über das Manuskript und dass man in Zusammenarbeit mit Harald Roeder die richtigen Namen der Verdächtigen aus dem Buch zusammenstellen würde.

»Was ist mit dem beschlagnahmten Geld?«

»Wir werden heute weiter die Abdrücke mit dem Zentralcomputer abgleichen. Bisher gab es jedoch noch keine Übereinstimmung.«

»Das ist nicht viel.«

Teichert räusperte sich.

»Wir haben von Harald Roeder einen Hinweis auf den Täter bekommen.«

Brandt holte tief Luft und wartete auf die Reaktion des Staatsanwalts. Die folgte prompt.

»Und das erfahre ich erst jetzt?«, schrie er laut.

Teichert zog seinen Kopf ein und Brandt antwortete schnell an seiner Stelle.

»Wir haben den Verdächtigen bereits überprüft.«

»Dann überprüfen Sie noch mal! Und die Kollegen von der Sitte sollen gefälligst die Angaben abgleichen. Anschließend erwarte ich sofort einen Bericht.«

Es hatte zu regnen begonnen. Die Scheibenwischer schlugen im regelmäßigen Takt ihre Bahnen auf der Windschutzscheibe.

Sie hatten nochmals die Aussagen der Besucher des Empfangs im ›Malkasten‹ überprüft, aber das Ergebnis war dasselbe geblieben. Dieter Heinze war zu der fraglichen Zeit von mehreren Personen gesehen worden.

»Und wenn er einen Komplizen gehabt hat?« Teichert ließ nicht locker. Er lenkte den Wagen auf die Auffahrt zum Präsidium.

»Komm, lass gut sein. Du verrennst dich da in was«, versuchte Brandt, seinen Kollegen zur Vernunft zu bewegen.

»Wir haben nichts gegen ihn in der Hand. Besser, wir widmen uns erst einmal der Vereinsliste.«

»Und was willst du Bruns sagen?«

Er zuckte gleichgültig mit den Schultern. »Dass Heinzes Alibi wasserdicht ist.«

9

Die letzten Tage waren wie im Schneckentempo an ihm vorbeigezogen. Die Ermittlungen gingen so gut wie gar nicht voran. Es gab keine wirklichen Fortschritte. Der Abgleich der Liste des Sportvereins hatte, wie schon vermutet, keinerlei neue Hinweise erbracht. Sie hatten zwar noch ein paar Mitglieder befragt, aber ohne jeglichen Erfolg.

»Der Mörder ist schlau. Er geht bedacht und überlegt vor. Da legt er die Leiche doch nicht einfach plump an einen Ort ab, zu dem in irgendeiner Art und Weise eine Verbindung zu ihm besteht.«

Das Schlafmittel, welches man im Blut von Michelle Roeder nachgewiesen hatte, war als Luminal identifiziert worden, einem gängigen Medikament, das hauptsächlich zur Behandlung von Epilepsie angewandt wurde. Die Suche nach der Apotheke, die dieses Präparat verkaufte, oder dem Arzt, der hierfür ein Rezept ausgestellt hatte, war jedoch erfolglos geblieben. Nicht zuletzt, weil das Medikament auch in vielen Internetapotheken erhältlich war. Der Abgleich der Fingerabdrücke hatte keine Übereinstimmungen ergeben und auch die Nachforschungen der Kollegen von der Sitte hatten bisher keine neuen Hinweise zutage befördert. Sie traten auf der Stelle, die Ermittlungen stockten.

Er saß am Frühstückstisch und blätterte in der Zeitung. Die Berichte über den Mord waren von der Titelseite verschwunden, andere Schlagzeilen beanspruchten nun diesen Platz. Zum einen war er froh darüber, hatten dadurch doch auch die Anfeindungen der Presse gegenüber der Polizei abgenommen, zum anderen stimmte es ihn aber gleichzeitig wieder einmal nachdenklich. Wie schnell doch der Mord an einem unschuldigen Mädchen in Vergessenheit zu geraten schien. Die Welt drehte sich immer schneller. Gestern ein Mord, heute ein Banküberfall und morgen wahrscheinlich wieder irgendwelche Anschläge im Irak oder in Afghanistan. Er legte die Zeitung zur Seite, trank seinen Kaffee aus und stand auf.

Lore hatte das Haus bereits verlassen. Wortkarg hatte sie sich von ihm vor einer halben Stunde verabschiedet. Die Stimmung zwischen ihnen war immer noch angespannt.

Im Schlafzimmer zog er seinen schwarzen Anzug an. Seit Margits Beerdigung hatte er ihn nicht mehr getragen. Als er die Hose zuknöpfte, musste er kurz die Luft anhalten.

Ganz offensichtlich hatte er seitdem ein paar Kilo zugenommen. Er warf einen prüfenden Blick in den Spiegel und erinnerte sich an seinen Vorsatz von letzter Woche, mehr Obst und Salat zu essen. Natürlich war aus seinem Vorhaben mal wieder nichts geworden. Die schleppenden Ermittlungen hatten ihn frustriert und er hatte sogar öfter als sonst zu Schokolade und Kuchen gegriffen. Die Folgen waren eindeutig im Spiegel zu erkennen.

Die Buslinie 834 fuhr direkt zum Nordfriedhof. Es war dieselbe Strecke, die Michelle Roeder jeden Tag zur Schule gefahren war. Er setzte sich auf einen der Fensterplätze und ließ die vorüberziehenden Bilder und Eindrücke auf sich wirken. Ob das Mädchen einmal auf diesem Platz gesessen hatte? Hatte es auch die Häuserfassaden betrachtet? Oder vielleicht mit einer Freundin über die Ereignisse des Schultages geplaudert? Er versuchte, die Gedanken daran zu verdrängen und sich auf die bevorstehende Beerdigung zu konzentrieren.

Die in der Nähe des Haupteingangs gelegene Friedhofskapelle war bis auf den letzten Platz besetzt. Er stellte sich in den Seitengang und ließ seinen Blick über die anwesenden Trauergäste schweifen. In der vordersten Reihe saß Sabine Roeder neben ihren beiden Söhnen. Gleich dahinter besetzten einige Mitschüler und Lehrer die Bänke. Viele Menschen nahmen Anteil am Tod der kleinen Michelle, Freunde, Verwandte, Nachbarn. In einer der hinteren Bänke sah er Harald Roeder in Begleitung zweier Vollzugsbeamter. Man hatte eine Sondergenehmigung für die Teilnahme an der Trauerfeier für ihn erwirkt.

Die Musik setzte leise ein und der Pfarrer trat vor die Trauergemeinde. Nach einem kurzen Gebet sprach er zu den Gästen.

»Ein grausames Verbrechen hat Michelle Roeder unvermittelt aus unserer Mitte gerissen. Wir sind fassungslos und fragen Gott nach dem Grund. Doch Gottes Wege sind unergründlich.«

Brandt atmete tief ein. Die Trauerrede ließ Erinnerungen in ihm aufsteigen, denen er bis heute keinen Zugang in sein Leben gewährt hatte. Er sah sich plötzlich selbst in der vordersten Reihe sitzen, Lores kalte Hand in seiner. Der Nebelschleier hob sich langsam und er sah den dunklen Holzsarg, gesäumt von Blumenkränzen und Kerzen, davor ein Porträt seiner geliebten Frau. Die Vorstellung, dass sie in diesem Kasten lag, war unerträglich, unweigerlich begann er zu weinen. Mit einem Taschentuch fuhr er sich übers Gesicht, schnäuzte laut. Als ihn die verwunderten Blicke einiger Gäste trafen, drehte er sich um und verließ eilig die Kapelle.

An der frischen Luft fühlte er sich augenblicklich besser. Die Sonne vertrieb die düsteren Gedanken, er atmete tief ein und wartete etwas abseits auf das Ende der Trauerfeier. 20 Minuten später wurden die Glocken geläutet, das Hauptportal öffnete sich und der Sarg wurde hinausgetragen. Dahinter folgte in einigem Abstand der Trauerzug.

Er reihte sich in die Schlange ein und schaute sich um. Sie hatten ein paar Kollegen abgestellt, die in unauffälligem Abstand Fotos von den Trauergästen machten und nach verdächtigen Personen Ausschau hielten. Man hielt es nicht für unwahrscheinlich, dass der Mörder an der Beerdigung teilnehmen würde. Das war in der Vergangenheit schon öfters vorgekommen, und da sie bisher keine andere Spur hatten, hofften sie, hier auf weitere Hinweise zu stoßen.

Die Menge bildete einen Kreis um die Grabstelle. Der Pfarrer sprach erneut ein paar tröstende Worte, bevor der Sarg in die Erde eingelassen wurde. Sabine Roeder trat, gestützt von ihren beiden Söhnen, an die Begräbnisstelle. Sie trug ein schwarzes Kostüm, ihre Augen waren durch eine dunkle Sonnenbrille verdeckt. In der Hand hielt sie den Teddy aus dem Fernsehinterview. Zitternd ergriff sie die kleine Schaufel neben dem Grab und ließ ein wenig Erde auf den Sarg rieseln. Das dumpfe Geräusch durchschnitt die Stille. Schluchzend warf sie den Teddy in das Loch und drehte sich um.

Der Reihe nach begaben sich die Trauergäste ans Grab und nahmen Abschied. Manche taten es der Mutter gleich und schippten eine Schaufel Erde in die Grube, andere verharrten einen kurzen Augenblick mit gefalteten Händen in stiller Trauer vor der letzten Ruhestätte Michelles.

Auch Harald Roeder trat an das Grab seiner Tochter. Mit flüsternder Stimme nahm er Abschied: »Leb wohl, mein Engel.«

Er trat auf die Familie zu, legte kurz den Arm um seine Exfrau. Brandt hielt den Atem an, doch die erwarteten Aggressionen seitens der Mutter und ihrer beiden Söhne blieben aus. Jegliche Hassgefühle unterlagen für diesen kurzen Augenblick dem schmerzlich empfundenen Verlust der gemeinsamen Tochter. Er nickte kurz seinen Stiefsöhnen zu, ehe er, gesäumt von den Vollzugsbeamten, zwischen den angrenzenden Gräbern verschwand.

Brandt kondolierte der Familie und deutete an, dass er später noch mit ihnen sprechen musste. Georg Schulz nickte und lud ihn zur anschließenden Kaffeetafel ins ›Rheinpark-Café‹ ein.

»Seien Sie mir nicht böse, aber ich würde lieber später bei Ihnen zu Hause vorbeischauen, wenn es Ihnen nichts ausmacht.«

Er hasste derartige Veranstaltungen und vermied deren Besuch, sofern es möglich war. Bei Margits Beerdigung hatte seine Mutter auf diesem Brauch bestanden, obwohl er sich bis zum Schluss geweigert hatte.

»Ich kann mich einfach nicht mit den Leuten dahin setzen und nett Kaffee trinken«, hatte er ihrer beharrlichen Forderung entgegnet.

»Und du kannst die Leute nicht einfach so vor den Kopf stoßen. Es gehört sich nun mal, dass man anschließend zu Kaffee und Kuchen einlädt«, hatte sie die Diskussion beendet und einfach eine Kaffeetafel in der ›Rheinterrasse‹ organisiert. Er konnte sich nicht daran erinnern, wie er diese Veranstaltung überstanden hatte. Kaffee und Kuchen satt und anschließend noch ein Schnäpschen auf die Verstorbene. Wie verlogen diese Welt doch war. Erst ein paar Tränen vergießen und dann ›Hoch die Tassen‹. Nein danke, bitte ohne ihn.

Im Präsidium fand eine Versammlung anlässlich der Beerdigung statt. Die ersten Fotos waren bereits ausgedruckt und lagen auf dem Tisch, als er den Raum betrat. Doch die Ergebnisse waren enttäuschend. Niemandem war etwas Verdächtiges aufgefallen und die Fotos zeigten zum größten Teil Personen, die in irgendeiner Weise mit der Familie in Bezug gebracht werden konnten.

»Ich fahre später noch zu den Roeders. Vielleicht fällt ihnen jemand auf den Fotos auf.«

»Zum Beispiel dieser Herr!«

Teichert hatte einige der Abzüge mit einer Lupe nach bekannten Gesichtern abgesucht. Er reichte ihm das Bild.

»Das ist ja Dieter Heinze!«, entfuhr es ihm.

Der Mann, der zum Ziel einer ihrer Fotografen geworden war, trug zwar einen Hut und eine Sonnenbrille, dennoch konnte man bei genauerem Hinsehen das Gesicht eindeutig identifizieren.

Mit einer Vergrößerung des Bildausschnittes in der Tasche fuhren sie durch die verwinkelten Gässchen der Altstadt. Der schwarze Landrover stand wie bei ihrem letzten Besuch am Straßenrand geparkt.

Dieter Heinze staunte nicht schlecht, als er die beiden vor seiner Tür stehen sah. Ganz offensichtlich hatte er mit ihrem Besuch nicht gerechnet. Er versuchte, sie unter Vorgabe irgendwelcher fadenscheiniger Termingründe abzuwimmeln. Doch Brandt blieb stur.

»Wir haben nur ein paar kurze Fragen an Sie.«

Er führte sie ins Wohnzimmer, bot ihnen aber diesmal weder Eistee noch Kekse an.

»Also, meine Herren, wenn ich Sie bitten dürfte, sich kurzzufassen.«

Er blieb demonstrativ im Raum stehen.

Brandt zog aus seiner Tasche das vergrößerte Foto. Er hatte plötzlich das Gefühl, dass sie diesmal nah dran waren, Heinze zu überführen. Auch wenn er ihn nicht unbedingt für den Mörder von Michelle Roeder hielt, aber irgendwie hatte er doch seine Finger mit im Spiel. Er hielt ihm das Bild direkt vors Gesicht.

»Sind Sie das zufällig hier auf diesem Foto?«

Dieter Heinze trat einen Schritt zurück und starrte auf die Aufnahme vom Friedhof.

»Ich weiß nicht«, stammelte er.

»Dann vielleicht einfacher gefragt: Waren Sie heute auf der Beerdigung von Michelle Roeder?«

Der Mann, der sich bis vor wenigen Minuten noch so selbstsicher ihnen gegenüber präsentiert hatte, schwieg.

Brandt verlieh seiner Frage noch einmal Nachdruck, indem er das Foto abermals ganz dicht vor das Gesicht seines Gegenübers hielt.

»Herr Heinze. Ich warte auf eine Antwort.«

»Ja, ja«, gab der Befragte sich endlich geschlagen. »Ich war auf der Beerdigung. Na und? Ist wohl kaum verboten, eine Trauerfeier zu besuchen!«

»Verboten nicht«, erwiderte Teichert, »aber verdächtig!«

Er beobachtete, wie der drahtige Mann mit angespannten Muskeln unruhig hin und her lief. »Und wieso haben Sie sich so merkwürdig verkleidet?«

Heinze blieb stehen.

»Hören Sie. Harald Roeder ist nicht gerade gut auf mich zu sprechen. Ich wollte nicht, dass er mich erkennt. Außerdem wusste ich nicht, ob noch andere da sein würden.«

»Was für andere?«

»Na ja, Bekannte aus der Szene.«

»Ich dachte, Sie sind inzwischen anständig?«

»So einen Ruf werden Sie niemals wieder vollständig los!«

Das konnte Brandt sich gut vorstellen. Genauso gut wie die Tatsache, dass man eine derartige Neigung niemals ganz ablegen konnte. Was empfand ein Mensch dabei, wenn er ein kleines Mädchen vergewaltigte? Angewidert von den Gedanken daran, wandte er sich ab und überließ Teichert das Feld.

»Und, waren andere da?«

Heinze schaute irritiert, bis er endlich die Frage verstand. Zögernd berichtete er, dass er einen anderen gesehen hätte.

»Wen?«

»Boris Jeschinek.«

Brandt konnte sich nicht vorstellen, dass ihnen die Person nicht aufgefallen war. Entweder Heinze log, oder dieser Boris wirkte so harmlos, dass sie ihn als einen Freund der Familie oder Nachbarn eingestuft hatten.

»Und wer genau ist das?«

»Er hat früher immer die Mädchen besorgt.«

Sie nahmen Heinze mit ins Präsidium. Er sollte mit ihnen die Fotos durchgehen. Von unterwegs rief Brandt seinen Vorgesetzten an und fragte, ob inzwischen alle Bilder ausgedruckt waren. Anschließend berichtete er ihm von Boris Jeschinek.

»Gut, Hagen, dann setz ich mich gleich mal mit den Kollegen von der Sitte in Verbindung. Mal sehen, was die über den haben.«

Die Durchsicht der Bilder brachte jedoch nicht den gewünschten Erfolg. Dieter Heinze betrachtete zwar jede der Aufnahmen so eingehend, dass Brandt beinahe der Geduldsfaden riss, aber immer wieder schüttelte er den Kopf. Boris Jeschinek war auf keinem der Bilder abgebildet.

»Ich glaube, der hat uns einfach nur angelogen«, flüsterte Teichert Brandt zu, als sie sich gemeinsam einen Kaffee holten.

»Aber warum?«

Darauf hatte sein Kollege auch keine Antwort.

Nach über einer Stunde legte Heinze das letzte Foto zur Seite. »Tut mir leid, aber er ist nicht dabei.«

»Könnte es vielleicht daran liegen, dass er gar nicht auf der Trauerfeier war?«

»Ich dachte, ich hätte ihn gesehen.«

Brandt wurde es langsam zu bunt. Was glaubte dieser miese kleine Kinderschänder eigentlich, wer er war? Versuchte, irgendwelche Spielchen mit ihnen zu treiben. Es reichte ihm.

»Okay, nehmen wir mal an, er war nicht da. Sie haben uns immer noch nicht erklärt, was Sie denn überhaupt auf der Beerdigung wollten.«

»Ich mochte Michelle.«

Das war zu viel für ihn. Angeekelt drehte er sich um.

»Sie können gehen!«, sagte er wie beiläufig, als er den Raum verließ.

Teichert stürzte hinter ihm her.

»Du kannst ihn doch nicht einfach laufen lassen!«

»Wieso nicht? Von dem erfahren wir eh nichts. Der lügt, wenn er den Mund aufmacht.«

Sein Kollege konnte trotzdem nicht nachvollziehen, wie er den Verdächtigen einfach nach Hause schicken konnte. Schließlich war Dieter Heinze ihre einzige heiße Spur. An irgendwas mussten sie doch dranbleiben, wie sollten sie sonst den Fall lösen?

»Der Mörder läuft noch immer frei herum. Wer weiß, ob er nicht wieder zuschlägt. Und dann könnte es auch deine Tochter treffen!«

Brandt wandte sich um und blitzte ihn wütend an. Teichert war klar, dass er mit seiner Äußerung zu weit gegangen war. Aber anders schien man ihn nicht überzeugen zu können. Und so unwahrscheinlich war es nun auch wieder nicht, denn auch Brandts Tochter galt in seinen Augen als potenzielles Opfer. Im Prinzip konnte es jedes Mädchen treffen, das dem Täter gefiel. Da waren Polizistentöchter nun einmal nicht von ausgeschlossen.

Wider Erwarten ging Brandt nicht weiter auf das Thema ein, sondern begründete seine Entscheidung, Heinze gehen zu lassen, damit, dass er einen Hinweis von den Kollegen von der Sitte erhalten hatte.

»Jeschinek befindet sich seit drei Monaten im Ausland. Er kann also gar nicht auf der Beerdigung gewesen sein. Heinze lügt, wahrscheinlich, um sich selbst zu schützen. Vielleicht ist er wieder rückfällig geworden, wer weiß. Ich nehme ihm jedenfalls nur eines ab, dass er Michelle Roeder wahrscheinlich wirklich gemocht hat.«

Sie packten die Bilder zusammen und fuhren zu den Roeders. Doch weder der Mutter noch den Stiefbrüdern von Michelle fiel etwas Ungewöhnliches an den Fotos auf. Die meisten der darauf abgelichteten Personen waren ihnen zumindest flüchtig bekannt. Bei denen, die sie nicht kannten, gingen sie davon aus, dass sie durch den Presserummel auf die Beerdigung aufmerksam geworden waren.

»Es haben so viele Menschen daran Anteil genommen.« Sabine Roeder wies auf einen Stapel Kondolenzbriefe, der auf dem Küchentisch lag.

»Ich habe noch nicht die Kraft gehabt, sie alle zu lesen.«

Sie nickten und verabschiedeten sich.

»Wenn sich doch noch etwas ergibt«, Brandt drückte der Mutter seine Visitenkarte in die Hand.

»Danke.«

10

In den nächsten Wochen ereignete sich in Bezug auf den Fall Michelle Roeder nicht besonders viel. Sie verfolgten noch ein paar Spuren, die jedoch jedes Mal erfolglos blieben. Auch die Ermittlungen gegen die Verdächtigen aus Martin Schulz' Buch verliefen buchstäblich im Sande. Es gab einfach keinerlei Hinweise auf den Mörder.

Parallel gab es ein paar neue Fälle, die sie bearbeiten mussten. Eine Messerstecherei mit zwei Toten, eine Leiche im Rhein und ein Mord im Rotlichtmilieu. Doch auch wenn sie den einen oder anderen Fall erfolgreich aufklären konnten, der ungeklärte Mord an der kleinen Michelle hing wie eine dicke, graue Wolke über ihren Köpfen, und der Gedanke, ausgerechnet in diesem Fall versagt zu haben, überschattete jeden anderen Ermittlungserfolg.

Als sein Vorgesetzter ihn eines Tages hinter seinem mit Akten überladenen Schreibtisch still vor sich hin starrend vorfand, schickte er ihn kurzerhand in Urlaub. Brandt packte ohne Widerworte seine Sachen und fuhr nach Hause.

Am ersten Tag schlief er bis mittags. Anschließend machte er sich daran, die Wohnung mal wieder gründlich zu reinigen. Er wischte Staub, putzte die Fenster, sortierte den Müll.

Zum Mittagessen zauberte er einen Kartoffelauflauf. Das Rezept hatte er aus dem Internet. Mühevoll hatte er die Kartoffeln geschnippelt und eine schmackhafte Soße angerührt. Lore ließ sich von seinen Kochkünsten jedoch nicht sonderlich beeindrucken. Ihre Enttäuschung über seine Lüge hatte sich zwar etwas gelegt, aber sie redeten immer noch nicht besonders viel miteinander.

Am Nachmittag zog er sich in das Mansardenzimmer zurück. Er hatte schon seit Längerem vorgehabt, einen Gleiswendel zu bauen, und machte sich nun an die Planung. Bis tief in die Nacht stellte er Berechnungen an, maß die Anlage aus und zeichnete einen Entwurf. Als er den Stift zur Seite legte und nach unten in die Wohnung ging, lag Lore bereits in ihrem Bett und schlief.

Am nächsten Morgen begleitete er seine Tochter zur Schule. Vor dem Tor sah er Frau Lutz, grüßte jedoch nur flüchtig. Auch wenn er sich gern etwas länger mit ihr unterhalten hätte, das Gefühl, dass auch sie ihn für einen Versager halten könnte, machte ihn unsicher und hielt ihn zurück.

Auf dem Weg nach Hause fuhr er beim Baumarkt vorbei. Er brauchte ein paar Schrauben und Leim, um mit den Arbeiten an dem Gleiswendel beginnen zu können. In dem Gang mit den Holzklebern sah er Martin Schulz stehen. Schnell drehte er sich um, doch der andere hatte ihn bereits entdeckt.

»Kommissar Brandt«, begrüßte er ihn freundlich.

»Oh, Herr Schulz«, er tat, als bemerke er ihn erst jetzt.

»Gibt es etwas Neues im Fall meiner Schwester?«

Die Frage, vor deren Antwort er am liebsten weggelaufen wäre, kam schneller als erwartet. Wortlos schüttelte er den Kopf und versuchte, möglichst schnell das Thema zu wechseln.

»Wie geht es Ihrer Mutter?«

Martin Schulz berichtete, dass sie sich tapfer schlagen würde. Michelles Verlust habe sie alle hart getroffen. Aber inzwischen ginge seine Mutter sogar schon wieder arbeiten.

»Nur diese Ungewissheit macht uns ziemlich zu schaffen. Warum musste Michelle sterben und wer hat sie getötet? Das frisst einen innerlich auf.«

Er konnte verstehen, was der Stiefbruder damit ausdrücken wollte. Ihm erging es ganz ähnlich. Die Vorstellung, dass der Mörder immer noch frei herumlief und sich vielleicht schon sein nächstes Opfer suchte, ließ ihn nachts kaum zur Ruhe kommen.

»Haben Sie denn das Geld bereits zurückerhalten?«

Martin Schulz nickte. »Und Mutter hat es auch endlich angenommen. Ich habe ihr erzählt, woher ich es habe. Und letzte Woche ist dann auch der Vertrag gekommen.«

Brandt runzelte seine Stirn. »Von dem Agenten?«

Sein Gegenüber nickte. »Ja, es scheint doch alles seine Richtigkeit zu haben. Selbstverständlich erscheint es unter einem anderen Namen und der Lektor hat auch noch ein paar Änderungen vorgenommen.«

Der letzte Verdächtige in diesem Fall löste sich damit quasi in Luft auf und ließ auch gleichzeitig das Mordmotiv fast restlos verpuffen. Nun gab es so gut wie gar keine Spur mehr in dem Fall Roeder.

Er verabschiedete sich und wünschte Martin Schulz und seiner Familie alles Gute. Schnell verließ er den Baumarkt. Die Schrauben und der Holzleim waren vergessen.

Er rief Teichert an und erzählte von der Begegnung mit dem Stiefbruder von Michelle Roeder.

»Hab sowieso nicht mehr daran geglaubt, dass wir über das Buch unseren Mörder finden. Ich denke, wir hätten Dieter Heinze stärker in die Mangel nehmen sollen. Wenn ich Zeit hab, klemm ich mich da noch mal hinter. Aber du hast Urlaub, Hagen, also mach's gut!«

Er legte auf, ohne seine Reaktion abzuwarten. Eine Weile stand Brandt vor dem Baumarkt und blickte nachdenklich auf sein Handy. Sein Kollege hatte recht. Er hatte Urlaub und sollte sich erholen. Momentan konnten sie sowieso nichts ausrichten. Und vielleicht war tatsächlich der Punkt in den Ermittlungen erreicht, wo sie sich eingestehen mussten, den Fall zum jetzigen Zeitpunkt nicht lösen zu können. Das war hart und schwer hinzunehmen, aber irgendwie musste er damit zurechtkommen.

Die restlichen Tage seines Urlaubs verbrachte er hauptsächlich in seinem Eisenbahnzimmer. Der Gleiswendel nahm langsam Form an und er freute sich über den Baufortschritt. Am Wochenende machte er mit Lore einen Ausflug. Sie fuhren ins Neandertal und besuchten das Museum. Zuerst war seine Tochter nicht sonderlich von der Idee begeistert gewesen, aber als sie die lebensechten Figuren betrachtete, die auf der Basis von Originalschädelfunden rekonstruiert worden waren, fand sie schließlich doch Gefallen an dem Museumsbesuch.

»Stell dir mal vor, wir würden heute immer noch in solchen Fellen rumlaufen«, kicherte sie und hakte sich bei ihm ein. Seit Langem hatte er an diesem Tag einmal wieder das Gefühl, dass sie eine Familie waren.

Zum Abendessen waren sie bei seiner Mutter eingeladen. Lore erzählte die ganze Zeit von ihrem Ausflug und seine Mutter nickte ihm wohlwollend zu. Die schrecklichen Ereignisse der letzten Wochen schienen endlich vergessen, er atmete auf und genoss die gelöste Stimmung.

Am Montag ging er wieder zur Arbeit. Gut gelaunt betrat er das Büro und überraschte ein weiteres Mal seinen Kollegen und die Assistentin, die erschrocken auseinanderfuhren.

»Lasst euch nicht stören«, trällerte er und machte kehrt, um seinem Vorgesetzten einen Besuch abzustatten. Schirmer begrüßte ihn überschwänglich und ihm war sofort klar, dass man auf ihn gewartet hatte. Wahrscheinlich hatte sein Chef schon nach wenigen Tagen bereut, ihn letzte Woche in Urlaub geschickt zu haben. Nach ein paar freundlichen Worten kam dieser auch sofort auf die neuesten Fälle zu sprechen und gut eine halbe Stunde später verließ Brandt mit einem Berg von Akten das Büro des Vorgesetzten.

Bis zur Mittagszeit hatte er sich in die neuen Fälle eingearbeitet. Er besprach noch ein paar Einzelheiten mit anderen Kollegen, dann ging er mit Teichert zum Mittagessen in die Kantine.

»Und wie läuft's zwischen euch beiden?«, fragte er, während sie in der Schlange zur Essenausgabe anstanden.

»Eigentlich ganz gut«, grinste sein Kollege und griff nach dem Teller mit dem Wiener Schnitzel und Pommes frites, »nur ihr Exfreund macht wohl ein bisschen Stress.«

»Und sonst?«

Teichert erzählte, dass er in der letzten Woche noch einmal die Angaben von Harald Roeder in Bezug auf Dieter

Heinze überprüft hatte. Es sei aber nichts dabei rausgekommen, berichtete er.

»Also, entweder der Roeder hat gelogen oder der Heinze ist extrem vorsichtig geworden, seit er eingesessen hat. Hab ihm jetzt erst einmal die Steuerfahnder und das Arbeitsamt auf den Hals gehetzt. Vielleicht finden die ja was.«

Am Nachmittag fand eine Lagebesprechung statt. Ein junger Mann hatte den neuen Freund seiner Ex kaltblütig erstochen. Alle Spuren wiesen eindeutig auf den ehemaligen Freund der jungen Frau hin. Hagen zwinkerte Teichert kurz zu, ehe er den Ausführungen des Kollegen zur Tatortsicherung und Obduktion der Leiche folgte.

Auch in den nächsten Tagen ereignete sich kaum etwas Aufregendes. Normalität schien in ihren Alltag Einzug gehalten zu haben – sofern man bei der Mordkommission von Normalität sprechen konnte.

Morgens stand er mit Lore auf und machte ihr Frühstück. Gemeinsam verließen sie das Haus. Nach der Arbeit holte er seine Tochter entweder bei seiner Mutter oder hin und wieder auch bei einer Schulfreundin ab. Manchmal, wenn es später wurde, ging Lore auch allein nach Hause, bereitete das Abendessen vor, und wenn er heimkam, aßen sie zusammen. Danach schauten sie meistens gemeinsam fern oder spielten ›Carcassonne‹, ein strategisches Kartenlegespiel, bei dem es um den Bau von Städten und Straßen ging. Sie beherrschte das Spiel mittlerweile so perfekt, dass er meistens keine Chance gegen sie hatte. »Du musst dich halt mehr anstrengen«, tadelte sie ihn, wenn er mal wieder ein beleidigtes Gesicht zog, weil er verloren hatte.

An manchen Tagen traf er im Treppenhaus jemanden aus der Nachbarschaft. Herr Lehmann aus dem Erdgeschoss, der, seitdem er Rentner war, hin und wieder kleinere Hausmeisterarbeiten übernahm, machte ihn darauf aufmerksam, dass in den nächsten Tagen die Schlösser für den Fahrradkeller ausgewechselt werden sollten. Angeblich hatte es in der letzten Zeit immer wieder Probleme mit der Schließanlage gegeben. Frau Lüdenscheidt, eine ältere und überaus neugierige Dame aus dem ersten Stock, stellte ihm immer wieder eifrig Fragen über Michelle Roeder und den Mörder, wenn er sie traf. Dezent versuchte er, sie jedes Mal abzuwimmeln. Einmal traf er auch Herrn Wagner. »Hab Sie lange nicht gesehen. Wie geht es Ihnen?«, fragte er höflich. Der Nachbar sah ihn verwundert an, murmelte nur ein kurzes »Danke, ganz gut« und ging weiter. Komischer Kauz, kam es ihm in den Sinn, aber das war halt der Preis, den man zahlte, wenn man in einer Großstadt wohnte. Tür an Tür und doch fremd, keiner kannte den anderen wirklich oder interessierte sich für ihn – totale Isolation. Verständlich, dass man bei einer freundlichen Frage oder ein paar nett gemeinten Worten sogar misstrauisch wurde. Obwohl, ganz so schlimm war es nun auch nicht. Er dachte an Frau Lüdenscheidt, die ein gutes Gegenbeispiel war. Wobei ihm das teilweise schon zu weit ging. Interesse für seine Nachbarn hin oder her, ausquetschen musste man seine Mitbewohner deshalb trotzdem nicht.

So verging ein Tag nach dem anderen ohne besondere Vorkommnisse.

Er hatte wieder einen Mittwoch ausgewählt. Eigentlich hatte er noch etwas länger warten wollen, bis Gras über diese andere Sache gewachsen war, aber er hatte diese drückende Last nicht mehr ertragen können. Er sehnte sich danach, endlich das wiedergutmachen zu können, was er vor vielen Jahren verschuldet hatte. Er hoffte, dadurch seinen Schuldgefühlen entkommen zu können, endlich frei zu sein. Einen anderen Ausweg als diesen gab es nicht. Jedenfalls war ihm keiner eingefallen.

Das Mädchen, das er sich diesmal ausgesucht hatte, besuchte eine Schule nur unweit von der seines letzten Opfers.

Die Lage bot viele Möglichkeiten, unbemerkt den Eingang und die Schüler und Schülerinnen zu beobachten. Er hatte entweder von der nahe gelegenen Straßenbahnhaltestelle oder aus einer der angrenzenden Seitenstraßen heraus das Treiben am Schultor verfolgt.

Das Mädchen war ein wenig älter, aber ebenfalls blond. Das war seine Bedingung. Eine Ähnlichkeit musste vorhanden sein, das erleichterte die Sache und ließ ihn die Realität vergessen, ermöglichte es ihm, an die Wirksamkeit seines Vorhabens zu glauben.

Die Masche mit dem Uniformierten konnte er diesmal natürlich nicht anwenden und er glaubte auch nicht, dass er noch einmal ein Mädchen überreden konnte, freiwillig mit ihm mitzugehen. Dafür hatte er das letzte Mal zu viel Staub aufgewirbelt. Die Kinder waren gewarnt.

Er hatte sich einen Kleintransporter gekauft und würde das Mädchen notfalls mit Gewalt in den Wagen zerren. Vorsichtshalber hatte er ein Fläschchen Chloroform besorgt. Über eine Internetadresse in den USA war es ganz leicht gewesen, an die verbotene Substanz zu gelangen – das World Wide Web machte eben fast alles möglich. Und der Zoll in Deutschland arbeitete zum Teil so schlampig – das Paket hatte unbemerkt die Kontrollen passiert. Aus dem Internet wusste er auch, wie das Betäubungsmittel zu dosieren war. Er wollte schließlich nicht noch einmal einen Fehler begehen. Entgegen der Annahme, dass nämlich ein paar Tropfen, auf ein Taschentuch geträufelt, bereits ausreichen, um das Opfer in Sekundenschnelle zu betäuben, musste man schon das Tuch vollständig in die Flüssigkeit tauchen, damit der gewünschte Effekt einsetzte.

Trotz der guten Vorbereitungen, die er getroffen hatte, war er diesmal wesentlich nervöser. Der Unterrichtsschluss nahte, gedankenverloren kaute er auf seinen Fingernägeln herum.

Das Mädchen hatte es nicht weit nach Hause. Jeden Tag ging es zu Fuß mit einer Freundin zusammen bis zum Brahmsplatz. Dort verabschiedeten sie sich meist schon nach kurzer Zeit. In der angrenzenden Seitenstraße wartete er auf sie. Als er sie um die Ecke biegen sah, stieg er aus und öffnete die hinteren Türen des Transporters. Auf der kleinen Ladefläche befand sich eine Tiertransportbox, durch deren Gitterstäbe zwei schwarze Knopfaugen lugten.

»Entschuldige bitte«, sprach er das blonde Mädchen an, »könntest du mir vielleicht kurz helfen?«

Ihre blaugrauen Augen blickten ihn argwöhnisch an. Er zeigte in den Transporter und ihr Blick folgte seinem ausgestreckten Arm. Als sie den Hund erblickte, strahlten ihre Augen und ein Lächeln legte sich auf ihre Lippen.

»Oh, der ist aber niedlich!« Sie trat näher an die Ladefläche heran. »Wie heißt er denn?«

»Ben. Möchtest du ihn einmal streicheln?«

Sie zuckte augenblicklich zurück.

»Aber helfen könntest du mir doch vielleicht, oder?« Er hob vorsichtig das linke Hosenbein seiner Jeans an, sodass der Verband an seinem Knöchel sichtbar wurde.

»Weißt du, ich komme so schlecht in den Transporter. Wenn du hineinklettern und die Box nach vorn schieben könntest, dann hebe ich sie heraus.«

Er blickte sich um. In einiger Entfernung näherten sich zwei Frauen, die einen Kinderwagen schoben.

Das Mädchen nickte stumm und setzte seinen Rucksack ab. Flink sprang sie auf die Ladefläche und verschwand im Inneren des Transporters.

Er drehte sich noch einmal nach allen Seiten um, ehe er hastig die beiden Türen zuschlug. Die Frauen hatten den Kleinlaster fast erreicht. Eilig lief er zum Fahrerhäuschen und vernahm dabei ein gedämpftes »Hallo?« aus dem Laderaum.

Er stieg ein und gab Gas.

Die beiden Frauen mit dem Kinderwagen drehten sich überrascht um, als der weiße Kleintransporter an ihnen vorbeirauschte.

11

Hagen Brandt hatte versprochen, Lore bei seiner Mutter abzuholen, und auch Teichert hatte an diesem Abend eine Verabredung. Er wollte Sonja Munkert ins ›Tante Anna‹, einem erstklassigen Restaurant und Weinhaus in der Altstadt, ausführen.

Sie räumten ihre Sachen zusammen und wollten gerade Feierabend machen, als das Telefon klingelte.

»Kommt bitte sofort. Es ist schon wieder ein Mädchen verschwunden.«

Die dunkelhaarige Frau saß zusammengesunken auf einem Stuhl vor Schirmers Schreibtisch. In den Händen hielt sie ein Tempotaschentuch, das sie nervös zwischen ihren Fingern knetete.

»Hagen, das ist Frau Priebe. Ihre Tochter ist heute nicht von der Schule nach Hause gekommen.«

Vor seinem inneren Auge spielte sich eine Art Film ab. Bilder von Michelle Roeder, den Suchaktionen, der Leiche und Hunderte von anderen Eindrücken durchzuckten in Sekundenschnelle seine Gedanken, flammten wie Blitzlichter nacheinander auf, um dann am Schluss eine dunkle, tiefe Leere zu hinterlassen.

»Seit wann ist sie weg?«

Die verzweifelte Mutter erzählte, dass sie gegen 13 Uhr vergeblich mit dem Mittagessen auf ihre Tochter gewartet hatte. Schließlich sei sie ihr entgegengelaufen.

»Wahrscheinlich hat sie sich wieder mit irgendeiner Freundin verquatscht, habe ich gedacht«, schluchzte Frau Priebe. Doch auf dem gesamten Weg war sie ihr nicht begegnet.

»Welche Schule ist das?«

Sie nannte den Namen und Brandt schluckte. Dort ging Lore auch zur Schule. Mit aller Macht bekämpfte er den Gedanken, dass es genauso gut seine Tochter getroffen haben könnte. Vielleicht hatte der Täter auch sie beobachtet und sich nur aus irgendwelchen glücklichen Umständen für ein anderes Mädchen entschieden. Wobei die Umstände natürlich in keinerlei Weise glücklich waren. Der Mörder von Michelle Roeder, und davon ging er momentan fest aus, hatte erneut zugeschlagen. Und sie hatten nichts dagegen getan. Sie hatten die Ermittlungen in der letzten Zeit einfach schleifen lassen, obwohl ihnen bewusst gewesen war, dass der Mörder noch frei herumlief. Er schluckte noch einmal kräftig, bevor er mit belegter Stimme fragte:

»Und ist Ihnen denn etwas Ungewöhnliches aufgefallen? Hat vielleicht irgendjemand etwas beobachtet?«

Die Frau nickte und griff nach dem Rucksack, der neben dem Stuhl lag.

»Der stand auf der Mauer eines Vorgartens.«

Staatsanwalt Bruns hatte sofort eine Pressekonferenz anberaumt. Mit eindringlichen Worten rief er die Bevölkerung auf, Hinweise und Beobachtungen sofort der Polizei zu melden. Er hielt ein Bild von Marie Priebe in die Kamera.

»Für sachdienliche Hinweise, die zur Ergreifung des Täters führen, hat die Polizeidirektion in Absprache mit der Staatsanwaltschaft 4000 Euro zur Belohnung ausgesetzt.«

In der anschließenden Lagebesprechung machte er noch einmal richtig Druck.

»Wir können es uns unter gar keinen Umständen leisten, dass auch dieses Mädchen tot aufgefunden wird. Schirmer«, er durchbohrte Brandts Vorgesetzten förmlich mit seinen Blicken, die keine Widerrede duldeten, »Sie leiten ab sofort die SOKO Marie. Trommeln Sie Ihre fähigsten Leute zusammen und besprechen Sie die weitere

Vorgehensweise. Die Hundertschaften sollen sich bereit machen, und ich will die Spusi vor Ort. Sie sollen sämtliche Straßen und Vorgärten der Wohnsiedlung durchkämmen, notfalls jeden Stein umdrehen. Wir brauchen diesmal richtige Spuren, die uns zum Täter führen.«

Brandt und Teichert fuhren gleich nach der Besprechung in die Hans-Sachs-Straße. Die Mannschaftswagen der Schutzpolizei parkten bereits am Straßenrand, die Beamten der Hundertschaften sammelten sich.

Sie sprachen kurz mit Decker, der auch diesmal die Einsatzleitung übernommen hatte, und ließen sich auf einer detaillierten Karte die Gebiete zeigen, welche sich die Suchmannschaften zuerst vornehmen würden.

»Und was ist mit den Leuten da? Habt ihr denn keine Absperrung veranlasst?« Teichert deutete auf eine Menschentraube, die sich wie üblich bei solchen Polizeieinsätzen am Straßenrand versammelt hatte. Decker schüttelte nur seinen Kopf.

»Das wollte die Spusi veranlassen«, schob er die lästige Aufgabe auf die Kollegen. »Dafür haben wir jetzt keine Zeit!«

»Aber die zertrampeln doch alle Spuren!« Brandt war verärgert über die chaotische Vorgehensweise. Er wusste, dass sie sich jetzt keine Fehler erlauben durften, und griff sich zwei Beamte, die neben einem der Einsatzwagen standen.

»Sie sorgen dafür, dass das Gebiet hier weiträumig abgesperrt wird. Aber schnell!« Die beiden Polizisten blickten ihn irritiert an, holten dann aber eine Rolle des rotweißen Plastikbandes aus einem der Wagen und begannen mit der Absperrung.

In der Zwischenzeit war auch Schirmer eingetroffen.

»Habt ihr schon die Anwohner befragt?«

»Ich denke, das sollen Marcus' Leute übernehmen?«

Der Vorgesetzte verneinte und blickte sich bereits nach den Kollegen der Spurensicherung um.

»Geht nicht, die haben alle Hände voll zu tun, die Anrufe wegen der Hinweise entgegenzunehmen.«

Brandt nickte. Allein wegen der ausgesetzten Belohnung riefen wahrscheinlich Hunderte von Leuten an. Es würde eine Heidenarbeit werden, die wahren Hinweise von den erdichteten und erlogenen zu selektieren.

»Okay, dann machen wir uns an die Befragung.«

Bei den ersten beiden Häusern trafen sie niemanden an. Vermutlich befanden sich die Anwohner unter den Schaulustigen, die sich inzwischen dicht gedrängt hinter der Polizeiabsperrung scharten.

Bei ihrem dritten Versuch öffnete auf ihr Klingeln eine südländisch wirkende Frau. Sie zeigten ihre Polizeiausweise. Mit angsterfülltem Blick starrte die schmale Gestalt vor ihnen auf die Legitimationspapiere.

»Ich nichts verstehen«, stotterte sie und verlieh ihrer Sprachbarriere mit dem Satz »No entiendo!« noch einmal Nachdruck. Brandt verzog leicht sein Gesicht, aber Teichert lächelte der Frau freundlich zu und deutete dann mit der Hand zur Straße.

»Considerar, Chica?«

Brandt schaute seinen Kollegen überrascht von der Seite an. Seit wann sprach Teichert spanisch? Obwohl, von Sprechen konnte nicht die Rede sein. Sein Kollege stammelte immer wieder dieselben Vokabeln, die er wahrscheinlich in einem seiner letzten Urlaube aufgeschnappt hatte. Dazu ruderte er wie wild mit seinen Armen und zeigte immer wieder zur Straße, wo die Kollegen von der Spurensicherung inzwischen mit ihrer Arbeit begonnen hatten. Die Frau blickte ihn fragend an und zuckte hilflos mit den Schultern.

»No entiendo, perdone.«

Brandt fasste seinen Kollegen leicht am Arm. »Komm, lass gut sein.« Er nickte der Frau freundlich zu und schob Teichert Richtung Gehweg.

An der nächsten Haustür vernahmen sie lautes Hundegebell, noch ehe sie den Klingelknopf gedrückt hatten. Kurz darauf wurde geöffnet und ein grimmiger Rottweiler stürmte auf sie zu.

Teichert zuckte sofort zurück, und auch Brandt war dieser große Hund mit seinen gefletschten Zähnen nicht geheuer.

»Der tut nichts«, versicherte der Mann, der in Jogginghose und T-Shirt vor ihnen stand.

Fehlt nur noch: ›Der will doch nur spielen!‹, dachte Brandt und ließ den Hund nicht aus den Augen, während sie ihre Fragen stellten.

Doch auch dem Hundebesitzer war nichts Ungewöhnliches in der Straße aufgefallen. Er hatte laut Musik gehört und dabei ›richtig abgehangen‹, wie er es ausdrückte. Sie vermuteten, dass er wahrscheinlich dabei auch ordentlich gekifft hatte, denn der glasige Blick, mit dem er sie anschaute, und der leicht süßliche Geruch, der in der Luft hing, ließen darauf schließen.

Nach gut einer Stunde hatten sie beinahe an allen Haustüren geschellt und geklopft, doch entweder waren die Bewohner nicht zu Hause oder hatten nichts Auffälliges bemerkt.

»Das ist doch wie verhext«, schimpfte Brandt und schritt dabei energisch auf eines der letzten Häuser zu. »Da verschwindet am helllichten Tag ein Mädchen, und keiner will etwas gesehen haben? Wo gibt's denn so was?« Er ärgerte sich wieder einmal über die Unachtsamkeit und Interesselosigkeit der Bürger gegenüber ihren Mitmenschen.

»Aber wenn es was zu gaffen gibt, ja dann sind sie plötzlich alle da!«

Er schüttelte verständnislos seinen Kopf und drückte den schwarzen Klingelknopf neben einem bunt bemalten Namensschild ›Hier wohnen Anke, Werner, Tim und Lotte Schmitz‹.

Schon kurz darauf öffnete ihnen ein etwa dreijähriger Junge die Tür. Brandt blickte auf das kleine Wesen hinunter, das lachend vor ihnen stand.

»Du bist also Tim, hm?« Der Kleine nickte erfreut.

»Und ist denn deine Mutti auch da?«

Ohne eine Antwort auf die Frage zu geben, drehte der Junge sich um, lief in den Flur und rief laut: »Mama, Mama!«

Frau Schmitz war eine attraktive junge Frau. Ihre dunkelblonden Haare hatte sie zu einem Pferdeschwanz zusammengebunden, ihrer sportlichen Figur sah man die zwei Schwangerschaften kaum an. Mit strahlend blauen Augen und einem freundlichen Lächeln stand sie vor ihnen, während Brandt den Grund ihres Besuches erläuterte.

»Jeder noch so kleine Hinweis ist für die Polizei von größter Bedeutung.«

Sie nickte und bat die Kommissare herein.

In der Küche herrschte ein wildes Durcheinander. Überall lag Kinderspielzeug auf dem Fußboden verstreut, auf dem Küchentisch standen mehrere Einmachgläser, auf dem Herd brodelte in einem großen Topf köstlich riechende Erdbeermarmelade. Frau Schmitz bat um Entschuldigung für das Chaos, nahm den Topf vom Herd und füllte die dickflüssige Masse in die verschiedenen Gläser.

Während sie die Deckel auf noch dampfende Glasbehälter schraubte, erzählte sie, dass sie am Vormittag mit einer Freundin einen Spaziergang unternommen hatte.

»Da ist uns dann dieser weiße Lieferwagen aufgefallen. Den habe ich noch nie hier gesehen und auch meiner Freundin kam der Wagen verdächtig vor.«

»Was für ein Fahrzeug war das genau? Können Sie sich an das Kennzeichen erinnern?«

Die junge Frau schüttelte bedauernd ihren Kopf.

»Hab zuerst gedacht, hier würde vielleicht jemand umziehen oder etwas geliefert bekommen, doch als wir uns dem Wagen genähert haben, hat der Mann schnell die Türen zur Ladefläche geschlossen und ist weggefahren. Und dann war da nur noch dieser Rucksack. Aber den habe ich auf die kleine Gartenmauer gestellt, weil ich dachte, er gehört Linda – einem Nachbarskind. Wissen Sie, sie lässt nämlich öfter ihre Sachen einfach auf dem Gehweg liegen. Roller, Inlineskates, Turnbeutel. Gehörte der etwa dem verschwundenen Mädchen?« Sie blickte ihn unsicher an.

»Können Sie den Mann beschreiben?«

Das konnte Frau Schmitz leider nicht. Es sei alles furchtbar schnell gegangen, erzählte sie.

»Ich kann aber gern meine Freundin anrufen. Vielleicht erinnert die sich besser.«

Brandt nickte und sie lief in den Flur, um ihr Handy zu holen.

Nur wenige Minuten später klingelte es und die besagte Freundin stand vor der Tür. Sie wohnte nur eine Straße entfernt und hatte sich nach Frau Schmitz' Anruf gleich auf den Weg gemacht. Doch auch sie hatte sich weder das Kennzeichen gemerkt, noch konnte sie den Mann im Lieferwagen beschreiben.

»Ich hab nur so ein dumpfes Klopfen gehört, als der Transporter an uns vorbeigefahren ist. Meinen Sie, das war das kleine Mädchen?« Sie wirkte verstört.

Brandt zuckte mit den Schultern. »Das können wir leider nicht ausschließen.«

Sie bedankten sich und standen auf. »Falls Ihnen noch etwas einfällt«, er legte eine Visitenkarte auf den Küchentisch. Die beiden Frauen nickten sprachlos. Anscheinend wurde ihnen erst jetzt bewusst, dass sie aller Wahrscheinlichkeit nach Augenzeugen einer Entführung geworden waren. Frau Schmitz nahm ihren Sohn auf den Arm, der auf dem Fußboden mit ein paar Bauklötzen gespielt hatte, und drückte ihn fest an sich.

»Werden Sie das Mädchen finden?«, fragte sie, nachdem sie die beiden zur Haustür begleitet hatte. Ihr Blick drückte Besorgnis aus, aber Brandt konnte keine beruhigende Antwort auf die Frage geben. Er wusste nicht, ob sie das Mädchen diesmal rechtzeitig finden würden.

»Wir tun alles, was in unserer Macht steht«, sagte er und fühlte sich dabei wie einer dieser Ärzte, die man aus irgendwelchen Fernsehsendungen kannte.

Nach dem Gespräch verständigte er zunächst einen Kollegen im Präsidium.

»Find mal raus, wer in den letzten Tagen eventuell einen weißen Kleintransporter in Düsseldorf und Umgebung angemietet hat. Und dann alle überprüfen. Danke.«

»Meinst du, der Wagen war gemietet?«, gab Teichert zu bedenken.

»Wäre doch möglich.« Brandt fand diese Möglichkeit nicht abwegig. Schließlich hatte der Täter bei seiner letzten Entführung einen schwarzen Wagen gefahren und nun einen weißen Transporter. Die Vermutung, dass er den Kleintransporter gemietet hatte, lag seiner Ansicht nach nahe. Doch Teichert blieb skeptisch.

»Und du meinst, dass er den Wagen auf seinen Namen angemietet hat?«

»Sicherlich nicht, aber das finden wir heraus.«

Zum Mieten eines Fahrzeuges benötigte man Ausweis und Führerschein, soweit Brandt sich erinnerte. Es war zwar schon sehr lange her, dass er einen Wagen gemietet hatte, aber daran hatte sich sicherlich nichts geändert. Wenn der Entführer den Wagen unter einem falschen Namen geliehen hatte, dann würden sie das früher oder später herausfinden und vielleicht darüber weitere Hinweise erhalten. Und wenn nicht, wovon er allerdings ebenso wenig ausging wie sein Kollege, könnten sie ihn über den Mietvertrag ausfindig machen.

Sie erstatteten ihrem Vorgesetzten Bericht, der rauchend am Straßenrand stand und ungeduldig die Arbeit der Spurensicherung verfolgte. Eigentlich hatte Schirmer sich schon vor einiger Zeit das Rauchen abgewöhnt, aber in dieser Situation war er seiner Sucht wieder unterlegen. Hastig zog er an einer Zigarette, die er sich bei einem Kollegen geschnorrt hatte.

»Die Presse wird uns in der Luft zerreißen, wenn wir

nichts finden. Und Bruns auch.« Er warf die Kippe auf den Boden und trat sie mit dem Fuß aus.

»Hagen, du gehst zur Schule des Mädchens und befragst die Lehrer. Wir haben doch schon einmal einen Hinweis von denen bekommen.«

»Wir könnten auch das Fax noch mal rumschicken. Sonja kann das veranlassen. Vielleicht hat der Täter wieder mehrere Schulen ausgekundschaftet, bevor er sich sein Opfer ausgewählt hat.«

Schirmer stimmte seinem Vorschlag zu.

»Und Sie, Teichert«, fuhr er fort, »gehen in die Faunastraße. Dort wohnt die Schulfreundin von Marie Priebe. Die Mädchen gehen angeblich immer zusammen von der Schule nach Hause, sagt die Mutter.«

Die Schule lag nicht weit entfernt. Brandt blickte auf seine Uhr. Es war bereits kurz nach acht und ihm wurde bewusst, dass sein Besuch vermutlich umsonst sein würde. Kaum ein Lehrer würde sich zu dieser Zeit noch an der Schule aufhalten, es sei denn, er gab irgendwelche Sonderkurse. Das Tor zum hinteren Hof, auf welchem sich ein kleiner Kiosk befand, an dem die Kinder in den Pausen Getränke und kleine Snacks kaufen konnten, war bereits verschlossen, deshalb nahm er den vorderen Eingang. Ehrwürdig erhob sich das alte Gebäude vor ihm, als er durch das offene Gatter im Zaun hindurchschritt. Im linken Flügel des Gebäudes, in dem sich auch die Aula befand, brannte Licht. In den Fluren bereiteten einige Schüler eine Ausstellung ihrer Arbeiten aus dem Kunstunterricht vor. Am Wochenende fand ein Tag der offenen Tür statt und die Schüler arbeiteten unter Hochdruck, dass alles rechtzeitig fertig wurde. Auf seine Frage, ob denn auch ein Lehrer anwesend sei, verwiesen sie ihn in den ersten Stock.

Herr Lange, der Leiter der Kunst-AG, stand auf einem dreistufigen Holztritt und versuchte gerade, eine Pappmascheeskulptur durch das Befestigen eines Nylonfadens an der Wand zu stabilisieren, als Brandt um die Ecke bog.

»Ach, Herr Kommissar«, der Lehrer kannte ihn von einem Elternabend. Behände kletterte er die kleine Leiter hinunter und reichte ihm die Hand.

»Wollten Sie sich schon mal vor der Ausstellung die Kunstwerke anschauen? Kommen Sie, von Lore ist auch eine sehr schöne Zeichnung dabei.«

Er folgte dem Lehrer, der mit flinken Schritten den Flur entlangeilte.

»Eigentlich bin ich nicht deshalb gekommen«, erklärte er, nachdem er ihn eingeholt hatte und sie vor einer prächtigen Landschaftszeichnung standen.

»Nicht?« Herr Lange blickte ihn verwundert an.

»Nein, es ist eher so, dass ich dienstlich da bin.«

»Dienstlich?« Der Ausdruck in den Augen seines Gegenübers wurde immer irritierter.

Brandt nickte und drehte sich dabei nach allen Seiten um. Er wollte nicht, dass einer der Schüler etwas mitbekam.

»Eine Schülerin ist verschwunden. Marie Priebe. Sie ist heute nach der Schule nicht nach Hause gekommen. Ihr Rucksack wurde jedoch in der Hans-Sachs-Straße gefunden.«

»Marie? Marie Priebe?«

»Ja.«

Der Lehrer kannte das Mädchen sehr gut. Sie war eine seiner besten Schülerinnen. Sehr begabt, wie er betonte.

»Sie wird doch nicht weggelaufen sein?«

»Davon gehen wir momentan nicht aus.«

Langsam zog ein Schatten über das Gesicht des anderen. Mit erschrockenem Blick schaute er ihn an.

»Wir wollen keine Panik aufkommen lassen, aber es wäre gut, wenn wir die Schüler in irgendeiner Form informieren und auch warnen.«

»Natürlich, natürlich«, pflichtete der Lehrer ihm bei und versprach, sofort den Direktor der Schule anzurufen.

»Wir müssen unsere Schüler doch schützen. Gleich morgen sollte eine Versammlung in der Aula stattfinden. Ich werde das in die Wege leiten.«

Brandt nickte. Er hielt eine Zusammenkunft in der Schulaula für eine gute Lösung, um mit allen Schülern über die Problematik zu sprechen. Vielleicht war einem der Kinder in den letzten Tagen etwas Ungewöhnliches aufgefallen, oder eines hatte auch den Mann gesehen, von welchem ihm Frau Lutz erzählt hatte. Bei dem Gedanken an die sportlich attraktive Lehrerin schlug sein Herz unvermittelt ein paar Takte schneller und er bot Herrn Lange an, am nächsten Morgen zu einer Besprechung in die Schule zu kommen.

12

»Lore!«

Er stand abmarschbereit im Flur und wartete wieder einmal auf seine Tochter, die heute besonders lange trödelte. Es kam ihm so vor, als zögere sie den Schulbesuch absichtlich hinaus.

Als er gestern Abend spät nach Hause gekommen war, hatte sie zwar schon im Bett gelegen, war aber hellwach gewesen. Die Ereignisse des Tages hatten sie aufgewühlt. Über eine Stunde hatte er mit ihr über das Verschwinden des Mädchens geredet, das Lore aus der Kunst-AG kannte. Mit ängstlichem Blick hatte sie ihn angeschaut und gefragt, ob der Mann wohl noch mehr Mädchen entführen und was mit Marie geschehen würde. Ob sie auch irgendwo tot aufgefunden werden würde? Er hatte versucht, sie zu beruhigen, aber so recht hatte ihm das nicht gelingen wollen. Er fühlte sich selbst hilflos und hatte Angst, dass sie auch diesmal das Mädchen vielleicht nicht retten konnten.

Endlich erschien Lore im Flur. Trotz des warmen Wetters trug sie einen Rollkragenpullover und Jeans. Wahrscheinlich eine Art Selbstschutz, dachte er. Es war ihr anzumerken, dass sie sich nicht wohlfühlte in ihrer Haut.

»Komm, wir müssen uns beeilen!« Er griff nach den Wohnungsschlüsseln und öffnete die Tür. Zögernd folgte sie ihm.

Den Weg zur Schule legten sie schweigend zurück. Vor dem Schultor verabschiedete er sich flüchtig.

»Bis später!«

Sie nickte ihm zaghaft zu und gesellte sich zu einer Gruppe Gleichaltriger. Die Mädchen redeten aufgeregt miteinander. Marie Priebe war heute das Gesprächsthema Nummer eins auf dem Schulhof.

Er betrat das Gebäude und ging Richtung Lehrerzimmer. Noch ehe er den Raum erreicht hatte, hörte er eine lautstarke Diskussion.

»Das geht nicht«, schimpfte ein Mann, »wir müssen doch unsere Schüler schützen!«

»Wir sollten aber keine Panik aufkommen lassen«, hielt eine ruhige Frauenstimme dagegen.

»Und was ist, wenn der Mann sich noch ein Mädchen holt?«

Brandt klopfte und trat ein. Augenblicklich verstummten alle der Anwesenden. Etwa 20 Augenpaare waren schlagartig auf ihn gerichtet. Er fühlte sich unwohl. Unbeholfen vergrub er seine Hände tief in den Taschen seiner hellbraunen Cordhose.

Teichert saß am Schreibtisch und blätterte in dem Bericht der Spurensicherung. Die Befragung der Freundin von Marie Priebe hatte keinerlei Hinweise ergeben. Die Mädchen hatten sich wie immer am Brahmsplatz verabschiedet und waren dann in unterschiedliche Richtungen nach Hause gegangen. Etwas Ungewöhnliches sei nicht vorgefallen, hatte die 13-Jährige ausgesagt. Alles sei wie immer gewesen.

Er schlug die Akte zu und schüttelte ungläubig seinen Kopf. Die Kollegen hatten das Gebiet rund um die Hans-Sachs-Straße weiträumig untersucht, jedoch keinerlei verwertbare Spuren gefunden. Es gab keinerlei Hinweise auf den Verbleib des Mädchens oder den Täter. Wie machte der Typ das nur? Teichert lehnte sich in seinem Stuhl zurück. Man konnte doch nicht einfach am helllichten Tag irgendwo vorfahren, ein Kind einstecken und sich dann in Luft auflösen. Irgendeine Spur, einen klitzekleinen Hinweis musste es doch geben. Apropos vorfahren, dachte er und griff zum Telefonhörer.

»Ja, hallo Gerd, hier ist Nils. Habt ihr schon was?«

Der Kollege war damit beauftragt, sämtliche Autovermietungen anzurufen und nach dem Verleih eines weißen Kleintransporters zu fragen.

»Du hast ja keine Ahnung, wie viele Transporter in und um Düsseldorf in den letzten Tagen vermietet worden sind«, stöhnte der Mann am anderen Ende der Leitung. Er hatte schon alle großen Autovermietungen angerufen, aber da sei nichts dabei gewesen, berichtete er.

»Vielleicht war der Wagen aber auch gar nicht gemietet.«

»Sondern?« Teichert verstand nicht so recht, worauf der Kollege hinauswollte.

»Schon mal daran gedacht, dass der Typ den Wagen auch gekauft haben könnte?«

Sie wusste nicht, ob es Tag oder Nacht war. Es gab keine Fenster. Das einzige Licht in dem kleinen Raum spendete eine Petroleumlampe, die auf dem Tisch in der Mitte des Raumes stand. An den Wänden waren dicke Platten aus Dämmwatte montiert, die verhindern sollten, dass ihre Hilferufe nach draußen drangen.

Marie saß zusammengekauert auf einer Matratze und starrte auf den Holztisch wenige Meter von ihr entfernt. Darauf standen eine Flasche Mineralwasser und eine Dose mit Keksen. Obwohl sie einen unbändigen Durst verspürte, traute sie sich nicht aufzustehen und nach der Flasche zu greifen. Die Angst steckte ihr zu tief in den Gliedern.

Als ihr bewusst geworden war, dass sie in dem Lieferwagen gefangen gewesen war, hatte sie aus Leibeskräften um Hilfe geschrien. Doch alles Rufen und Klopfen war vergeblich gewesen. Als der Wagen startete, war sie durch einen Ruck gegen die Rückwand des Transporters geschleudert worden. Der Hund hatte angefangen zu bellen. Von Panik getrieben, hatte sie immer wieder versucht, auf die Beine zu kommen. Nach dem dritten Versuch war es ihr endlich gelungen. Langsam hatte sie sich Schritt für Schritt zu der Tür vorgearbeitet, doch die ließ sich nicht öffnen. Schließlich hatte sie sich erschöpft auf den Boden fallen lassen.

Nach einer Weile – Marie hatte keine Ahnung, wie viel Zeit vergangen war – hatte der Wagen gestoppt. Danach war alles furchtbar schnell gegangen. Die Tür war in Sekundenschnelle geöffnet worden und der Mann war auf die Ladefläche gesprungen. Mit einem Tuch in der Hand war er auf sie zugekommen. Sie hatte versucht, sich zu wehren, wild um sich geschlagen. Doch der Mann war einfach stärker gewesen. Er hatte sie gepackt und ihr das feuchte Tuch aufs Gesicht gepresst. Sie konnte sich nur noch an den beißenden Geruch in ihrer Nase erinnern.

Als sie aufgewacht war, hatte sie auf der Matratze in diesem Raum gelegen. Benommen hatte sie sich aufgerappelt, seitdem saß sie regungslos da und wartete – worauf, das wusste sie nicht.

Das trockene Gefühl in ihrem Mund wurde immer unerträglicher. Mehrmals hatte sie versucht aufzustehen und nach dem Wasser zu greifen, doch irgendetwas hielt sie immer wieder zurück.

Sie schloss die Augen und dachte an zu Hause. In Gedanken sah sie ihre Mutter am Küchenfenster stehen, wie sie ungeduldig Ausschau nach ihr hielt. Sicherlich machte sie sich große Sorgen, suchte nach ihr. Vielleicht hatte sie sogar die Polizei informiert. Es konnte also nicht mehr lange dauern, bis man sie finden und aus diesem Raum befreien würde. Sie atmete tief durch. Die Anspannung der letzten Stunden ließ Stück für Stück nach. Sie lehnte sich gegen die Wand, fuhr jedoch sofort wieder erschrocken auf. Schritte waren zu hören, und sie kamen näher. Sie zog die Knie noch dichter unter ihr Kinn, versuchte, sich so klein wie möglich zu machen. Am liebsten hätte sie sich in Luft aufgelöst, doch das war leider nicht möglich. Jede Faser ihres Körpers spannte sich bis zum Zerreißen, als sie hörte, dass ein Schlüssel im Türschloss herumgedreht wurde.

»Ich bin ganz der Meinung von Frau Lutz«, Brandt lächelte der attraktiven Lehrerin zu. »Sie sollten möglichst vermeiden, dass Panik unter den Schülern ausbricht. Ich denke, sie sind schon verängstigt genug.«

Zwar war er gestern noch der Meinung gewesen, dass eine Schülerversammlung in der Aula die beste Lösung war, um die Kinder und Jugendlichen dieser Schule zu informieren und eventuelle Hinweise zu erhalten, aber wenn er an Lores Reaktion auf das Verschwinden von Marie Priebe dachte, hielt er heute eine solche Veranstaltung nicht für sinnvoll. Natürlich musste man mit den Schülern sprechen und sie warnen, aber je mehr Wirbel man um die ganze Sache machte, desto panikartiger würden die Reaktionen der Kinder ausfallen.

»Sie sollten mit den Schülern im Unterricht darüber sprechen, so ruhig und sachlich wie möglich. Gehen Sie auf die Fragen der Kinder ein.«

»Aber was sollen wir ihnen denn sagen?« Eine Referendarin blickte ratlos in die Runde.

»Am besten die Wahrheit.«

Ein allgemeines Gemurmel erfüllte plötzlich den Raum. Die Lehrer diskutierten untereinander, ob das der richtige Weg war, um die Kinder mit der Situation zu konfrontieren.

Brandt war der Auffassung, dass dies der einzig richtige Weg war. Den Schülern nur die halbe Wahrheit zu sagen oder womöglich den Ernst der Lage herunterzuspielen, hielt er für falsch. Erst vor ein paar Wochen hatte er zu spüren bekommen, wie Lore auf seine Lüge reagiert hatte. Auch wenn sein Motiv vielleicht ihr Schutz gewesen war. Letztendlich hatte er mit seinen Beschwichtigungen und Versprechungen alles nur noch viel schlimmer gemacht.

»Ich denke, deshalb ist es auch besser, wenn ich nicht bei diesen Gesprächen anwesend bin.«

Er erklärte, dass die Schüler sich ansonsten vielleicht gehemmt oder geängstigt fühlen könnten. Ein offenes Gespräch wäre dann nicht mehr möglich.

»Versuchen Sie herauszufinden, ob einem der Kinder etwas Ungewöhnliches in den letzten Tagen und Wochen aufgefallen ist. Jeder noch so kleine Hinweis kann helfen, Marie Priebe zu finden.«

Der Autohändler befand sich direkt an der Automeile im Höherweg, die in dieser Form und Größe einmalig in Deutschland war. Hier waren über 20 Automarken vertreten, mehr als 500 Neuwagen und über doppelt so viele Gebrauchte standen hier ständig zur Verfügung. Teichert parkte direkt vor dem Autohaus und betrat den Ausstellungsraum.

Dem Kollegen, der, nachdem er sämtliche Autovermietungen überprüft hatte, anschließend alle Autohändler in der Umgebung antelefoniert und nach dem Kauf eines weißen Kastenwagens in den letzten Wochen befragt hatte, war bei diesem Händler etwas Merkwürdiges aufgefallen. Vor wenigen Wochen hatte hier eine über 70-Jährige einen Ford Transit gekauft. Neu und gegen Barzahlung. So hatte es jedenfalls in dem Kaufvertrag gestanden, den der Kollege sich ins Präsidium hatte faxen lassen. Nun war die Tatsache, dass eine ältere Frau einen Neuwagen kaufte, nicht ungewöhnlich, schließlich gab es noch jede Menge rüstige Rentner in der Stadt. Was aber wollte eine 73-Jährige mit einem Kleintransporter? Ein Gewerbe war jedenfalls nicht auf ihren Namen angemeldet, das hatten die Kollegen bereits überprüft. Wofür also brauchte Mia von Seitz, so hieß die Käuferin laut Vertrag, einen Kastenwagen? Und war sie körperlich überhaupt noch in der Lage, einen solchen zu fahren? Irgendwie hatte ihm diese Dame mit dem Kleinlastwagen keine Ruhe gelassen, und deswegen hatte er beschlossen, der Sache einmal genauer auf den Grund zu gehen.

In dem Schauraum des Händlers wanderten einige potenzielle Käufer gemächlich zwischen den ausgestellten Modellen hin und her. Ein Verkäufer war nicht in Sicht. Es dauerte eine Weile, bis er einen Angestellten, versteckt hinter einem Monitor, an einem Schreibtisch sitzen sah. Teichert legte seinen Polizeiausweis vor und zog die Kopie des Vertrages aus der Tasche.

»Kennen Sie die Käuferin dieses Wagens?«

Der Mann warf einen flüchtigen Blick auf die vor ihm liegenden Blätter.

»Nein, den Vertrag hat ein Kollege von mir abgeschlossen.«

»Und wo finde ich diesen Kollegen?«

Der Mann am Schreibtisch zog seine Augenbrauen hoch. Der habe Urlaub, entgegnete er leicht genervt. Ob denn etwas mit dem Vertrag nicht in Ordnung sei?

»Haben Sie mal auf das Geburtsdatum der Dame geschaut? Ich meine, wofür braucht man in diesem Alter einen Kleintransporter, und ist sie überhaupt noch in der Lage, den Wagen zu fahren?«

Der Angestellte des Autohauses zuckte nur gleichgültig mit den Schultern.

»Ich glaub, der Wagen war nicht für sie. Letzte Woche hat den, soweit ich weiß, ein jüngerer Mann abgeholt.«

Teichert wurde hellhörig.

»Und haben Sie den Mann gesehen? Können Sie ihn beschreiben?«

Sein Gegenüber schüttelte teilnahmslos den Kopf. Er verstand die ganze Aufregung um den Ford Transit nicht und schon gar nicht diesen Wirbel um die 73-jährige Käuferin.

»Nein, ich habe nur das Telefonat entgegengenommen, in welchem der junge Mann fragte, wann er den Wagen abholen könne.«

Als er das Büro betrat, saß Brandt am Schreibtisch und blätterte in einigen Akten.

»Oh, ist der Herr auch schon da?«

Seine Laune war nach dem Besuch bei dem Autohändler auf dem Nullpunkt. Er hatte sich eigentlich mehr davon versprochen, doch außer dem arroganten Getue des Verkäufers und einem vermeintlichen Zeugen, der sich irgendwo in Russland im Urlaub befand, war nichts dabei herausgekommen.

Brandt schaute fragend auf.

»Ich war noch mal in der Schule. Und welche Laus ist dir über die Leber gelaufen?«

»Gar keine«, entgegnete Teichert und ließ sich auf einen Stuhl fallen.

»Weißt du, ich hab irgendwie das Gefühl, wir treten mal wieder auf der Stelle. Oder hast du was rausfinden können?«

Brandt verneinte. Ihm waren beim Durchblättern der Akten ähnliche Gedanken durch den Kopf gegangen. Wieder war ein Mädchen verschwunden und sie hatten so gut wie keine Hinweise oder Spuren. Der Fall Michelle Roeder schien sich zu wiederholen und er hatte Angst, ein weiteres Mal zu versagen.

»Was hast du herausgefunden?«

Teichert reichte ihm den Kaufvertrag.

»Kommt dir das nicht auch merkwürdig vor?«

»Was meinst du? Nur weil die Dame eine ›von Seitz‹ ist? Meinst du, sie gehört zum verarmten Adel und kann sich keinen Kleintransporter leisten?« Brandt schaute ihn fragend an. Ihm war das Geburtsdatum der Käuferin nicht aufgefallen.

»Nein, aber die Frau ist schon fortgeschrittenen Alters. Ist deine Mutter in der Lage, einen Kleintransporter zu fahren? Ich meine, mal abgesehen von dem Grund, würde sie sich das noch zutrauen?«

Seine Mutter war auch bereits über 70, aber im Gegensatz zu einigen ihrer Freundinnen und Bekannten geistig und körperlich topfit. Aber er konnte Teicherts Ansatz nachvollziehen.

»Meine Mutter hat gar keinen Führerschein. War wohl in der Zeit nicht so üblich und außerdem hatten meine Eltern nicht das Geld dafür, hat sie mir mal erzählt.«

»Du meinst also, nur reiche ältere Damen besitzen einen Führerschein?«

»Quatsch, aber Geld musste man damals schon haben. Und um so einen Transporter bar zu bezahlen, braucht sie heute auch noch etwas auf der hohen Kante. Aber wenn dich die Dame so beschäftigt, warum fahren wir nicht mal hin und überzeugen uns von ihrer Fahrtüchtigkeit? Hier ist doch eine Anschrift vermerkt.«

Auf die Idee war Teichert bisher noch nicht gekommen. Aufgeregt riss er den Vertrag an sich und studierte die angegebene Adresse.

»In Garath? Das spricht nicht gerade für eine betuchte ältere Dame. Wahrscheinlich doch verarmter Adel.«

Die Wohnblöcke des im Süden gelegenen Stadtteils glichen einander wie einer dem anderen. In den 60er- und 70er-Jahren im Zuge des sozialen Wohnungsbaus aus der Erde gestampft, erschienen sie heute wie ein Mahnmal, das vor der Verunstaltung einer Stadt mit solchen Bauten warnte.

Sie standen etwas ratlos vor dem Hauseingang, der an beiden Seiten von einer Armee von Klingelknöpfen gesäumt wurde.

»Schneider, Oezlan, Franckowiak …«, las Teichert die Namen neben den kleinen schwarzen Knöpfen vor.

»Hier gibt's keine von Seitz«, sagte er, nachdem er alle Schilder nacheinander mit dem Zeigefinger abgefahren hatte.

»Vielleicht wohnt sie mit jemandem zusammen. Am besten, wir fragen mal einen Nachbarn.«

Brandt drückte wahllos auf eine der Wohnungsklingeln. Kurz darauf ertönte aus der Gegensprechanlage ein ohrenbetäubendes Knacken.

»Hallo?«

Er räusperte sich und trat ein Stück näher an die metallenen Schlitze der Sprechanlage.

»Wir suchen Frau Mia von Seitz. Wissen Sie, ob die Dame hier wohnt?«

Statt einer Antwort ertönte plötzlich der Türsummer. Schnell zählte er die Schilder ab und schloss daraus, dass die Stimme aus der Sprechanlage im fünften Stock wohnen musste.

Der Aufzug stand abfahrbereit im Erdgeschoss, das mit typischen 60er-Jahre-Steinfliesen ausgelegt war. Eigentlich traute er den Fahrstühlen in solchen Gebäuden nicht, aber nach seinem letzten Konditionstest im Grafenberger Wald wollte er seinem jüngeren Kollegen nicht schon wieder unterlegen sein und entschied sich, den Lift zu nehmen. Sie stiegen ein und er drückte den Knopf zum fünften Stock. Es dauerte einige Sekunden, ehe die Türen sich schlossen und der Aufzug sich in Bewegung setzte. Brandt lehnte sich gegen die Fahrstuhlwand und versuchte, ruhig zu atmen. Sein Blick wanderte über die mit Sprüchen und anderen Schmierereien versehene Innenverkleidung des Lifts. ›Kathrin ist doof‹, ›Fick you‹ und ähnliche Kritzeleien zeugten nicht gerade von einem hohen Intelligenzquotienten ihrer Verfasser.

Der Aufzug ruckte und blieb stehen. Wieder dauerte es einige Sekunden, ehe sich die Türen bewegten und ihnen den Weg ins Freie ermöglichten. Erleichtert stieg er aus und blickte den Gang entlang. Eigentlich hatte er aufgrund der Stimme aus der Gegensprechanlage einen männlichen Gesprächspartner erwartet, aber vor einer der in regelmäßigen Abständen aufeinanderfolgenden Türen stand eine

Frau in schlabberigem T-Shirt und Jogginghose. In ihrer Hand hielt sie eine qualmende Zigarette.

»Sind Sie etwa wieder von diesen Zeugen?«, bellte sie ihnen über den Gang entgegen. »Dann können Sie gleich wieder abzischen. Solche wollen wir hier nicht.«

Brandt beeilte sich, ihr zu erklären, dass sie nicht von einer Sekte, sondern von der Polizei kämen.

»Bullen? Na, die wollen wir hier erst recht nicht!«

Sie drehte sich um und machte Anstalten, wieder in ihrer Wohnung zu verschwinden. Die Zigarettenkippe schnippte sie neben der Tür auf den Boden und trat sie auf dem bereits mit Brandflecken übersäten Linoleumfußboden aus.

»Warten Sie, wir haben nur eine Frage, dann sind wir auch gleich wieder weg.«

Die Frau wandte ihren Kopf flüchtig um. Aus ihren Augen funkelte ihnen ein verächtlicher Blick entgegen.

»Wir suchen eine ältere Dame. Mia von Seitz. Können Sie uns vielleicht sagen, wo wir sie finden?«

Ein höhnisches Lachen drang tief aus der Kehle ihrer unsympathischen Gesprächspartnerin.

»Haben Sie eine Ahnung, wie viele Leute hier wohnen? Da merk ich mir doch nicht jeden Namen. Geht mich doch auch nichts an, wer hier wo mit wem haust.«

Brandt spürte wieder diese unbändige Wut in sich aufsteigen, doch ehe er noch etwas erwidern konnte, war die Frau in ihrer Wohnung verschwunden und hatte die Tür mit einem lauten Knall zugeschlagen. Verärgert blickte er auf die verschlossene Wohnung. Natürlich war die Anonymität in einem solchen Wohnblock wesentlich höher als in dem Wohngebiet, in dem sie gestern die Anwohner nach dem verschwundenen Mädchen befragt hatten.

Dort hatten zumindest einige Leute Marie Priebe dem Namen nach gekannt. Aber hier schien sich jeder nur um seinen eigenen Kram zu kümmern und es ärgerte ihn, dass diese Gleichgültigkeit ein weiteres Mal ihre Arbeit behinderte.

Mit energischen Schritten ging er von Tür zu Tür und klingelte bei den anderen Bewohnern. Schulterzucken, Kopfschütteln. Keiner der Befragten kannte eine Mia von Seitz und es wurde mehr als deutlich, dass sich hier kaum jemand für den anderen interessierte. Nach über einer Stunde gab er resigniert auf und trat mit Teichert den Rückweg ins Präsidium an.

»Ich frag die Kollegen«, versuchte er, seinen Frust zu überspielen, »vielleicht finden die was raus. Wahrscheinlich ist die Frau umgezogen oder die Adresse auf dem Vertrag ist schlichtweg falsch. Das würde die Dame natürlich umso interessanter für uns machen. Der Typ, der den Verkäufer wegen der Abholung des Wagens angerufen hat, vielleicht hat der den Wagen auf einen falschen Namen gekauft.«

»Aber der Transporter wurde vom Autohaus auch auf Mia von Seitz zugelassen. Ausweis und Führerschein müssen also vorgelegen haben«, entgegnete sein Kollege.

»Na und«, Brandt sah darin keine Begründung, dass der mysteriöse Abholer nicht ihr Mann sein sollte. »An so etwas kommt man doch heute locker ran.«

Als sie den Gang zu ihrem Büro entlanggingen und sich über die anstehende Lagebesprechung unterhielten, kam ihnen Frau Lutz mit zwei Schülern entgegen. Brandt spürte beim Anblick der jungen Lehrerin eine heiße Welle in sich aufsteigen und blickte verlegen zu Boden, als sie ihn überschwänglich begrüßte. Nach dem Gespräch im Unterricht waren Paul Schlüter und Katrin Jost auf sie zugekommen und hatten ihr von dem Mann berichtet, der sich vor einigen Tagen an den Fahrradständern herumgetrieben hatte. Kurz entschlossen war sie mit den beiden Jugendlichen ins Präsidium gefahren und hatte auf ihn gewartet.

»Könntet ihr den Mann beschreiben?«

Die beiden nickten und er informierte sofort einen Kollegen, der für die Erstellung von Phantombildern zuständig war.

In mühevoller Kleinstarbeit und mit viel Geduld bastelte dieser mithilfe der beiden Schüler das Bild eines Mannes, das Brandt nicht unbekannt vorkam. Er konnte das Gesicht nur nicht einordnen und war sich auch nicht sicher, ob die Polizei es wirklich verwerten konnte. Bei der Erstellung hatten sich Paul Schlüter und Katrin Jost mehrere Male lautstark über das Aussehen des Mannes gestritten. Das Bild war eine Art Kompromiss der beiden und er bereute, dass er den Kollegen nicht angewiesen hatte, die Schüler einzeln den verdächtigen Mann beschreiben zu lassen.

Nach gut zwei Stunden verabschiedete er die beiden und bedankte sich bei Frau Lutz für ihre schnelle Reaktion.

»Wenn es hilft«, versuchte sie, sein Lob herunterzuspielen, und ihre bescheidene Art ließ sie in seinen Augen noch liebenswerter erscheinen. Zu gern hätte er sie einmal privat getroffen, ein Glas Wein mit ihr getrunken, aber er traute sich nicht, über seinen eigenen Schatten zu springen. Irgendetwas hielt ihn zurück. Er wusste selbst nicht ganz genau, was es war. Margits Unfall war schon länger her, das Trauerjahr längst vorbei. Niemand würde es ihm übel nehmen, wenn er sich mit einer Frau treffen würde. Doch irgendwie spürte er, dass er noch nicht bereit dazu war, noch nicht offen genug für etwas Neues. Es wäre ihr gegenüber unfair, dachte er.

Sie war schon lange um die nächste Ecke des Korridors verschwunden, als er noch immer den Gang entlangblickte. Teichert räusperte sich.

»Attraktive Frau. Nicht von schlechten Eltern.«

Brandt spürte das Blut in seine Wangen schießen. Schnell versuchte er, das Thema zu wechseln.

»Und, bist du gewappnet für Bruns? Lass uns mal schauen, was der zu dem Phantombild sagt.«

Er ging zurück ins Büro, griff sich einige Akten und schritt forsch der Lagebesprechung entgegen. Teichert folgte ihm grinsend in einigem Abstand.

Marie drückte sich ganz dicht an die Wand. Der Mann, der sie in den Lastwagen gesperrt und hierher gebracht hatte, trat an den Tisch und stellte einen Pizzakarton darauf ab.

»Yvonne, hast du keinen Hunger?«

Sie schaute ihn nur verwirrt an. Anscheinend verwechselte er sie. Ja, so musste es sein! Er hatte sie für eine andere gehalten und nur irrtümlich in den Kleintransporter gesperrt und hierher verschleppt. Sie atmete auf und schluckte zweimal kräftig, ehe sie mit zittriger Stimme sagte:

»Ich heiße nicht Yvonne. Sie verwechseln mich.«

Der Mann lächelte.

»Spielst du wieder deine Spielchen? Willst wieder lieber Bridget oder Madeleine heißen, hm?«

Marie verstand nicht, was er damit meinte. Was für Spielchen? Und wer waren Bridget und Madeleine? Sie versuchte erneut, ihm verständlich zu machen, dass sie nicht die war, für die er sie offensichtlich hielt.

»Nein, ich bin wirklich nicht Yvonne. Mein Name ist Marie.«

Der Mann brach in schallendes Gelächter aus und sie erschrak noch mehr. Eigentlich wirkte er ganz normal, aber sein Lachen klang irgendwie eigenartig. Nicht fröhlich oder belustigt, sondern eher wie das der Männer, die sie aus den Filmen kannte, die ihr großer Bruder öfters anschaute. Diese Gestalten, die sich in schreckliche Kreaturen verwandelten und sich mit Messern auf ihre Opfer stürzten und sie zerfleischten. Sie begann zu zittern und drängte sich noch dichter an die Wand. Panik stieg in ihr auf, sie begann zu weinen.

Augenblicklich verstummte das Gelächter. Der Mann trat auf sie zu, ging vor ihr in die Hocke. Mit seiner Hand berührte er ihren Arm. Automatisch zuckte sie zurück, doch die Wand verhinderte ein Ausweichen. Verzweifelt schluchzte sie: »Ich will nach Hause!«

Durch den dichten Tränenschleier sah sie, dass er sie verwundert anblickte.

»Aber Yvonne«, rief er erstaunt, »du bist doch zu Hause!«

13

Bruns hatte sich dazu entschlossen, das Phantombild an die Presse weiterzugeben. Brandt hatte seine Bedenken geäußert, doch der Staatsanwalt hatte gar nicht darauf reagiert.

»Soweit ich weiß, haben wir sonst keine heiße Spur, oder?«

Er hatte nur kleinlaut mit dem Kopf geschüttelt, und damit war die Entscheidung über eine Veröffentlichung des Bildes in der Zeitung gefallen.

Er saß am Frühstückstisch und las die ›Rheinische Post‹, als Lore die Küche betrat.

»Ist das der Mann, der Marie entführt hat?«

Sie deutete auf das Phantombild.

»Wir wissen es nicht genau.«

Sie blickte ihn fragend an. Nur zu gern hätte er ihr etwas anderes gesagt, sie beruhigt, ihr versichert, dass sie keine Angst zu haben brauchte. Dass sie den Täter bald fassen und Marie befreien würden. Doch das konnte er nicht. Und anlügen wollte er sie diesmal auf keinen Fall. Auch nicht, wenn es zu ihrem Schutz war. Das war das letzte Mal schon in solch einem Fiasko geendet, dass er nicht wusste, ob er einen solchen Vertrauensbruch ihr gegenüber noch ein zweites Mal würde kitten können.

»Sieht irgendwie normal aus«, bemerkte sie, nachdem sie das Bild eingehend betrachtet hatte.

»Na ja«, versuchte er zu erklären, »die meisten Täter sehen normal aus. Man steckt in einem Menschen halt nicht drin. Ein Mörder sieht meistens nicht wie die Bestie aus, für die wir ihn halten. Es sind meist kranke oder böse Menschen, doch sie können ihre Krankheit oder Boshaftigkeit sehr gut verstecken. Deshalb ist es auch so wichtig, dass du dich nicht von Fremden ansprechen lässt, und schon gar nicht mit ihnen mitgehst.«

Er betrachtete sie nachdenklich. Eigentlich war er sich sicher, dass er Lore vertrauen konnte, dass sie nicht mit einem fremden Mann mitgehen oder sich in ein Gespräch verwickeln lassen würde. Schließlich hatte sie auch diesen Selbstverteidigungskurs bei Frau Lutz besucht, in dem die Lehrerin vor allem das Selbstbewusstsein der Kinder stärkte. Aber ganz sicher konnte man sich heutzutage nie sein. Die Täter arbeiteten mit immer raffinierteren Methoden, da half auch manchmal jegliche Aufklärung nicht.

»Sag mal, wolltest du nicht immer schon mal nach Ratingen in dieses Outlet?«, fragte er unvermittelt, um sie auf andere Gedanken zu bringen. »Also, ich hätte am Samstag Zeit.«

Sie durchschaute sein Vorhaben sofort, aber die Aussicht, endlich einmal wieder ausgiebig shoppen zu gehen, glättete ihre Sorgenfältchen ein wenig. Allerdings gab es für sie neben der Tatsache, dass sie eigentlich erwartet hatte, ihr Vater sei in der nächsten Zeit Tag und Nacht mit der Suche nach Marie Priebe beschäftigt, noch ein weiteres Problem.

»Und wie sollen wir dahin kommen?«

Er lächelte.

»Na, mit dem Bus natürlich!«

Im Büro erwartete ihn jede Menge Arbeit. Die ersten Anrufe aus der Bevölkerung waren eingegangen, einige Kollegen befanden sich bereits im Einsatz. Die Hundertschaften durchkämmten erneut den Grafenberger Wald und diesmal auch weiträumig das Gebiet des Fundorts von Michelle Roeders Leiche, doch bisher ohne jeglichen Erfolg.

Teichert hatte inzwischen vom Einwohnermeldeamt die aktuelle Anschrift von Mia von Seitz erhalten. Nach Absprache mit Schirmer machten sie sich zunächst auf den Weg zu der angegebenen Adresse in Derendorf.

»Schöne Häuser hier«, bemerkte Teichert, als sie zum wiederholten Male auf der Suche nach einem Parkplatz um den Häuserblock kreisten, »aber wohnen möchte ich hier nicht. Da suchst du doch jeden Abend mindestens eine halbe Stunde nach einer Parklücke.«

Er setzte den Blinker, als er einen Passanten mit einem Schlüssel in der Hand auf dem Gehweg ausmachte. Sie hatten Glück, der Mann stieg tatsächlich in eines der parkenden Autos und machte ihnen Platz.

Diesmal waren sie richtig. Neben dem untersten Klingelknopf befand sich ein Schild, auf dem der Name ›von Seitz‹ stand. Brandt drückte den messingfarbenen Knopf und sie warteten. Doch weder ein Türsummer ertönte, noch meldete sich jemand an der Gegensprechanlage. Nach mehrmaligem Klingeln versuchte er es bei den Nachbarn.

»Ja?«

»Entschuldigen Sie, wir sind von der Kriminalpolizei und möchten gern zu Frau von Seitz.«

»Kripo? Kleinen Moment bitte.«

Eigentlich hatte er das Summen des Türöffners erwartet, doch obwohl die Stimme an der Sprechanlage verstummt war, blieb es still. Er blickte seinen Kollegen an, doch der zuckte nur mit den Schultern.

Kurz darauf erschien hinter den kleinen Butzenscheiben der Eingangstür eine ältere Dame im Kittel.

»Sie müssen entschuldigen, aber die Türanlage ist kaputt«, erklärte sie schwer atmend.

»Ja, also eigentlich wollten wir zu Ihrer Nachbarin Frau von Seitz, aber die scheint nicht da zu sein.«

Sie nickte eifrig. Das sei ihr auch schon aufgefallen. Sie habe Mia, wie sie sie nannte, bestimmt schon fünf, sechs Wochen nicht gesehen, wenn nicht sogar länger.

»Und ihr Sohn war auch lange nicht da. Der kam sonst fast täglich. Die Mia ist auf seine Hilfe angewiesen. Wissen Sie, nicht, dass ich neugierig wäre, aber so hin und wieder, da trifft man sich mal auf'm Flur oder so.« Die Dame erinnerte ihn an Frau Lüdenscheidt.

In der letzten Zeit habe sie aber gar nichts von den beiden gehört oder gesehen. Ein paar Mal hatte sie selbst bereits bei der Nachbarin geklingelt, aber es hatte nie jemand aufgemacht.

»Besteht denn Gefahr, dass etwas passiert ist? Ich meine, ist Frau von Seitz denn krank?«

Er war gespannt, was die Nachbarin über den Gesundheitszustand der Kleintransportereigentümerin berichten würde.

»Na schon«, sie nickte wieder eifrig. Es war ihr anzusehen, dass sie stolz darauf war, der Polizei wertvolle Informationen liefern zu können.

»Aber ich hab mir nicht wirklich Sorgen gemacht. Sie ist nicht allein. Der Sohn kümmert sich um sie. Ist selten heute, dass die Kinder das machen, aber, na ja, die Familie hat so manchen Schicksalsschlag erlitten. Das schweißt zusammen.«

Die Frau im Kittel war kaum zu stoppen und er fragte sich, ob Frau Lüdenscheidt ähnlich mit Fremden über ihn und Lore sprach.

»Die Tochter ist so früh gestorben. Soweit ich weiß, ein Unfall oder so. Ganz mysteriös. Zehn Jahre ist das

Mädchen wohl erst gewesen. Schrecklich.« Sie schüttelte bedauernd den Kopf und er nutzte die kleine Pause, um nach dem Sohn zu fragen.

»Den Mischa?« Sie zuckte mit den Schultern. So genau wusste sie das auch nicht. Man kannte sich schließlich nur flüchtig. Außerdem wohnte Frau von Seitz auch erst ein knappes Jahr in dem Haus.

»Aber vor der Pleite hat der Sohn wohl in der Gerresheimer Glashütte gearbeitet, aber was der jetzt macht, weiß ich nicht.«

Sie bedankten sich. Brandt drückte der Dame zum Abschied noch eine Visitenkarte in die Hand.

»Falls Sie Frau von Seitz oder ihren Sohn treffen, richten Sie ihnen bitte aus, dass sie sich bei uns melden sollen.«

Die Nachbarin blickte argwöhnisch auf, nachdem sie die Inschrift der Karte eingehend studiert hatte. Anscheinend wurde ihr schlagartig bewusst, dass sie selbst zwar jede Menge Informationen ausgeplaudert hatte, selbst aber keinerlei Neuigkeiten erfahren hatte.

»Ist denn etwas Schlimmes passiert? Was soll ich den beiden denn ausrichten?«

Er war diese Art von Fragen gewohnt.

»Reine Routine«, antwortete er deshalb nur kurz angebunden, ehe er sich eilig verabschiedete.

»Sonst jammern wir immer darüber, dass die Leute kein Interesse an ihren Mitmenschen haben«, kommentierte Teichert das Gespräch mit der Nachbarin, während sie zum Auto zurückliefen, »aber zu viel Neugierde ist auch wieder lästig. Die scheint das ganze Haus zu überwachen. Wahrscheinlich tratscht die jetzt erst mal im ganzen Haus rum, dass die von Seitz von der Kripo gesucht wird.«

»Gut möglich«, entgegnete Brandt und ihm fiel wieder Frau Lüdenscheidt ein. Seine Nachbarin kannte auch jeden und alles im Haus. Aber vielleicht war das auch eine Angewohnheit, die sich erst mit zunehmendem Alter einstellte. Was blieb einem denn, wenn man in Rente ging, kein ausfüllendes Hobby oder reichlich Freunde hatte? War es nicht verständlich, dass das Interesse an dem Geschehen in seiner nächsten Umgebung wuchs?

»Aber merkwürdig ist das schon mit dieser von Seitz«, unterbrach sein Kollege seine Grübeleien, »erst einmal scheint sie selbst nach der Schilderung der Nachbarin nicht in der Lage zu sein, überhaupt einen Wagen zu fahren, und dann verschwindet sie plötzlich.«

Brandt war ganz seiner Meinung, wollte aber zunächst mit Schirmer die weitere Vorgehensweise absprechen.

»Wir könnten versuchen, den Sohn ausfindig zu machen. So viele von Seitz wird es ja wohl in Düsseldorf und näherer Umgebung kaum geben. Außerdem sollten wir in den Krankenhäusern und Seniorenheimen nachfragen. Vielleicht gibt es eine ganz einfache Erklärung dafür, warum die geschwätzige Nachbarin Mia von Seitz seit Wochen nicht gesehen hat. Eventuell ist die Frau krank oder im schlimmsten Fall sogar verstorben.«

»Und was ist mit der Wohnung?«

»Vermutlich schon gekündigt. Wir sollten beim Vermieter nachfragen.«

Teichert war immer noch misstrauisch. Er sah die ganze Sache nicht so gelassen wie sein Kollege. Immerhin war vor einiger Zeit auf den Namen dieser Frau ein weißer Kleintransporter gekauft worden. Und Marie Priebe war vermutlich in genau so einem Wagen entführt worden. Er beschloss, dem merkwürdigen Verschwinden der älteren Dame auf eigene Faust auf den Grund zu gehen.

Im Präsidium erwartete sie ein aufgeregter Schirmer.

»Wir haben einen konkreten Hinweis wegen des Phantombildes! Angeblich soll das nach Aussagen eines Bekannten Carsten Engels sein.«

Die beiden warteten darauf, dass der Vorgesetzte weitersprach. Und der holte auch nur einmal tief Luft, ehe er fortfuhr.

»Haltet euch fest. Dieser besagte Carsten Engels ist doch tatsächlich bei uns gespeichert. Ist schon ein paar Mal straffällig geworden. Sexuelle Handlungen an Minderjährigen und in der Kinderpornoszene einschlägig bekannt. Hat wohl mal irgendwelche Videos im Internet verbreitet.«

»Von wem kam der Hinweis?«

Brandt war skeptisch. Zwar hatte es auch im Umfeld von Michelle Roeder Verbindungen in dieses Milieu gegeben, aber eigentlich hatte er damals zumindest für sich selbst dieses Motiv oder eine Verknüpfung zwischen den Kreisen des Vaters und dem Verschwinden des Mädchens abgehakt. Das Buch des Stiefbruders war legal an einen offiziellen Verlag verkauft worden, es hatte keinerlei Drohungen oder Erpressungsversuche diesbezüglich gegeben.

»Anonym.«

»Anonym?«

Schirmer nickte und Brandts Misstrauen stieg. Er fragte, ob es ein Mann oder eine Frau gewesen war, die den telefonischen Hinweis gegeben hatte, während Teichert bereits nervös von einem auf den anderen Fuß trat.

»Mensch, Hagen, ist doch egal. Wir schauen uns den Typen einfach mal an!«

Doch so leicht ließ sich sein schlechtes Gefühl nicht vertreiben.

»Gibt es einen Mitschnitt?«

»Selbstverständlich.«

Sie folgten dem Vorgesetzten zu den Kollegen. Etwa fünf Beamte waren vollauf damit beschäftigt, die eingehenden Anrufe entgegenzunehmen.

»Kannst du uns mal eben den Mitschnitt mit dem Hinweis zu Carsten Engels vorspielen?«

Der Angesprochene nickte und legte sein Headset zur Seite. Mit flinken Fingern tippte er auf der Tastatur des Computers und öffnete die Datei mit der Aufzeichnung zu dem angeforderten Telefonat.

Sie lauschten angestrengt der gedämpften Stimme, die ohne Umschweife den Mann auf dem Phantombild als Carsten Engels identifizierte. Gleich darauf wurde aufgelegt.

»Hört sich merkwürdig an«, bemerkte Brandt. Er hatte das Gefühl, die Stimme schon einmal gehört zu haben, hatte aber absolut kein Gesicht dazu vor Augen.

»Könnten wir das noch einmal hören?«

Der Kollege nickte und spielte erneut die Aufzeichnung ab. Erst beim zweiten Mal fiel ihm dieses merkwürdige Rascheln in der Leitung auf.

»Hört sich nach einem Taschentuch an.«

Er vermutete, dass der Anrufer etwas vor die Sprechmuschel des Telefons gehalten hatte, damit man seine

Stimme nicht erkannte. Entweder hatte er also Angst oder selbst Dreck am Stecken.

»Also gut«, gab Brandt nach. »Schauen wir uns den Herrn mal näher an.«

Das Haus lag ganz in der Nähe des S-Bahnhofs Flingern. Prinzipiell hatte sich der Stadtteil in der letzten Zeit durchaus gemausert. Viele Altbauten des ehemaligen Arbeiterviertels waren saniert worden und erstrahlten im neuen Glanz. Auf den Straßen sah man immer mehr jüngere Paare, zum Teil mit Kindern, und es hatte sich eine Handvoll Künstler mit kleinen Ateliers und Galerien hier niedergelassen. Allerdings gab es so etwas wie eine unsichtbare Grenze zwischen dem nördlichen und südlichen Flingern. Während das Stadtbild vom nördlichen Teil durch hippe Einkaufsmöglichkeiten und eine umfangreiche Gastronomieszene geprägt war, sah man im südlichen Teil doch immer noch sehr deutlich die industriellen Wurzeln des Viertels. Das Kraftwerk, welches seit 1891 zur Energiegewinnung genutzt wurde, erhob sich imposant mit seinen rauchenden Schornsteinen über die angrenzenden Häuser. Viele mittelständische Unternehmen waren hier ansässig und machten deutlich, dass der Wandel, welcher sich bereits im nördlichen Flingern vollzogen hatte, hier nur in sehr begrenztem Umfang begonnen hatte.

Carsten Engels wohnte im südlichen Stadtteil. Die Fassade des fünfstöckigen Hauses war graubraun und hätte einen Anstrich dringend nötig gehabt. Direkt vor der Haustür rumpelte die Straßenbahn im zehnminütigen Takt vorbei, die Namensschilder neben den Klingelknöpfen ließen auf eine multikulturelle Wohngemeinschaft schließen.

Eine Sprechanlage gab es nicht. Nur kurz, nachdem Brandt geklingelt hatte, ertönte ein altersschwacher Türsummer und sie traten in den düsteren Hausflur, in dem es nach ranzigem Bratfett, Urin und nassem Hund roch.

Carsten Engels wohnte im zweiten Stock. Die Tür war nur angelehnt, anscheinend hatte er jemanden erwartet. Teichert stieß die Tür ein Stück weit auf.

»Herr Engels?«

Im Dunkeln eines endlos erscheinenden Flurs erschien eine hagere Gestalt. Der Mann war lediglich mit Boxershorts und einem Feinrippunterhemd bekleidet. Sein Blick wirkte glasig, wahrscheinlich hatte er getrunken.

»Ja?«

Er kam langsam auf die Tür zu.

»Wir müssen Ihnen ein paar Fragen stellen.«

Carsten Engels starrte auf den vorgehaltenen Dienstausweis Teicherts. Er wirkte überrascht, jedoch nicht nervös. Brandt fragte sich, ob der Typ nur abgebrüht oder ob er, und das hielt er für überaus wahrscheinlich, gar nicht der gesuchte Mann von dem Phantombild war.

»Haben Sie heute bereits einen Blick in die Zeitung geworfen?«

Ihr Gegenüber blickte sie fragend an und schüttelte stumm den Kopf.

»Wir haben einen Hinweis bekommen, dass«, Teichert zog das Phantombild aus seiner Jackentasche hervor, »Sie dieser Mann sein könnten.«

Engels glasiger Blick huschte über die Zeichnung.

Eine gewisse Ähnlichkeit besteht schon, dachte Brandt, aber man musste schon eine Menge Fantasie haben, um exakt den vor ihnen stehenden Mann auf dem Bild wiederzuerkennen. Entweder, der Anrufer kannte den Identifizierten sehr gut, oder jemand wollte Carsten Engels eins auswischen. Beide Möglichkeiten konnte man nicht ausschließen. Vielleicht hatte der Anrufer aber auch nur den hageren Mann in Boxershorts und Feinripphemd angegeben, um seine eigene Haut zu retten. Gut möglich, dass der Täter sich in der Zeitung wiedererkannt hatte und sie mit seinem Hinweis erst einmal von sich ablenken wollte.

»Also, Herr Engels, wo waren Sie Mittwochmittag zwischen 12 und 13 Uhr?«

Der Befragte hob seinen Blick von der Phantombildzeichnung und starrte Teichert an. Der wurde langsam ungeduldig.

»Haben Sie mich nicht verstanden? Wo Sie am Mittwoch gewesen sind, will ich wissen!«

Carsten Engels zuckte beim resoluten Ton seines Gegenübers erschrocken zusammen. Brandt räusperte sich leise. Er fand die Vorgehensweise seines jungen Kollegen etwas zu barsch und schaltete sich ein.

»Es handelt sich lediglich um eine Routineuntersuchung. Wir haben von einem Anrufer Ihren Namen in Bezug auf das Bild genannt bekommen und müssen dem Hinweis selbstverständlich nachgehen.«

Wer der Anrufer gewesen sei, fragte Engels, ohne auf die ihm gestellte Frage zu antworten.

»Das dürfen wir Ihnen natürlich nicht mitteilen.« Brandt tat, als bedauere er diesen Umstand, dabei hätte er selbst gern gewusst, wer Carsten Engels auf der Zeichnung identifiziert hatte.

»Ich war hier.«

»Gibt es dafür Zeugen?« Teichert schien schon wieder einmal fest davon überzeugt, dass Engels ihr Mann war.

Er steigerte sich in die ganze Sache zu sehr rein, verlor den Blick fürs Wesentliche und Ganze. Doch als guter Ermittler durfte man niemals die Details aus dem Auge verlieren. Manchmal war es besser, den Hinweisen und Spuren in einem Fall erst einmal grundsätzlich skeptisch gegenüberzustehen, fand Brandt. Wenn man sich zu sehr in etwas verbiss, entgingen einem oft Kleinigkeiten, die einen viel früher und müheloser den Fall hätten lösen lassen. Und so gern er selbst den Entführer lieber heute als morgen ausfindig gemacht hätte, setzte er eher auf eine behutsame und gut durchdachte Vorgehensweise. Die direkte, forsche Art seines Kollegen hatte zwar ein paar wenige Vorteile und zielte auf eine gewisse Überrumpelungstaktik ab, aber meistens führte sie dazu, dass die Befragten total unkooperativ wurden und aus Prinzip keine Antwort gaben. Doch dieses Mal hatte er die Situation falsch eingeschätzt. Vielleicht lag es daran, dass Engels einen schroffen Umgangston in Bezug auf seine Person gewohnt war, jedenfalls gab er ohne eine weitere Nachfrage den Namen einer Dame an, die ihn zu der fraglichen Zeit besucht haben sollte.

»Sie werden verstehen, dass wir das überprüfen müssen.«

Die besagte Dame wohnte nur wenige Straßen Richtung Hauptbahnhof entfernt. Das Haus wirkte ebenso schäbig wie das von Engels.

»Mittwoch gegen Mittag war ich bei Carsten«, bestätigte die vollbusige, wasserstoffblonde Frau, die, als sie den Mund aufmachte, eine Reihe fauliger gelbe Zähne offenbarte.

»Der hat sie doch bestimmt angerufen und ihr gesagt, sie soll ihm ein Alibi geben«, mutmaßte Teichert, als sie zum Wagen zurückgingen. Brandt zuckte mit den Schultern. Er wusste momentan gar nicht so recht, was er von der ganzen Sache halten sollte. Wer hatte Carsten Engels angeblich anhand des Phantombilds erkannt? Und wieso wollte dieser Jemand unbedingt anonym bleiben? Er bat seinen Kollegen, ihn am Schwanenspiegel abzusetzen. Ein wenig frische Luft und Bewegung würden ihm guttun und helfen, seine Gedanken zu sortieren.

»Ich komme dann nach. Bis später«, sagte er, als er ausstieg, um anschließend Richtung Grünanlage zu spazieren.

Ruhig und glatt lag der kleine Teich vor ihm und ließ vergessen, dass der Weiher eigentlich auch ein Bachlauf war. Die südliche Düssel suchte sich hier ihren Weg, bevor sie den Spee'schen Graben erreichte, um letztendlich am Stadtmuseum in einen Kanal zum Rhein zu verschwinden. Doch das gleichmäßige Plätschern des Wassers hatte keine beruhigende Wirkung auf ihn. Sie hatten noch immer keine Spur von dem Mörder. Stattdessen war ein weiteres Mädchen verschwunden und befand sich in der Gewalt dieses Psychopathen. Wenn Marie Priebe überhaupt noch lebte. Wer wusste schon, was er mit ihr vorhatte?

Brandt setzte sich auf eine der Bänke am Wegesrand, lehnte sich weit zurück und schloss die Augen. Also, Hagen, rief er sich selbst zum Ordnen seiner Gedanken auf, was haben wir?

Das Phantombild eines Verdächtigen, den ein Unbekannter als Carsten Engels identifiziert hat. Dieser ist einschlägig vorbestraft, vornehmlich im Bereich Kinderpornografie und sexueller Handlungen an Minderjährigen.

Auch Harald Roeder war vor seiner Inhaftierung in diesem Milieu aktiv, hier könnte es eine Verbindung zum ersten Opfer geben. Er atmete tief durch, ehe er versuchte, weitere Parallelen zwischen dem Fall Roeder und Marie Priebe aufzudecken. Die Mädchen waren ungefähr im gleichen Alter und beide waren auf dem Heimweg von der Schule entführt worden. Vermutlich, und das bestätigten die Beobachtungen von Frau Lutz und der Freundin von Michelle Roeder, lauerte der Täter den Mädchen bereits vor der Schule auf und lockte sie unter irgendwelchen fadenscheinigen Argumenten in sein Auto. Was aber geschah dann? Welches Motiv hatte der Täter? An der Leiche waren bei der Obduktion keinerlei Spuren von sexuellen Handlungen oder gar einer Vergewaltigung gefunden worden. Das Mädchen war an einer Überdosis Luminal gestorben. Wie passte das in das Bild eines triebgesteuerten Täters, der sich an kleinen Mädchen verging?

Er stand auf und lief langsam Richtung Jürgensplatz. Nachdenklich schaute er einem vorüberfahrenden weißen Kastenwagen nach. Marie Priebe war vermutlich in einem solchen Kleintransporter entführt worden. Aber wohin hatte der Täter das Mädchen gebracht? Hatte er sie vielleicht betäubt, so wie er es bei Michelle Roeder getan hatte? War der Tod des ersten Mädchens vielleicht nur ein Versehen gewesen? Die Überdosis ein Fehler?

Bevor Nils Teichert an seinen Arbeitsplatz zurückkehrte, machte er zunächst einen Abstecher zu dem Kollegen, der damit beauftragt war, etwas über den Verbleib von Mia von Seitz und ihren Sohn herauszufinden.

Einen Mann mit dem Namen von Seitz hatte er in Düsseldorf oder der näheren Umgebung nicht ausfindig machen können, und weder in einem der Krankenhäuser noch in einem der vielen Seniorenwohnheime der Stadt war in den letzten Wochen eine ältere Frau mit diesem Namen aufgenommen worden.

»Und was ist mit den Friedhofsverwaltungen?«

Der Kollege schüttelte mit dem Kopf.

»Keine Beerdigung registriert.«

Als Teichert das Büro betrat, legte Sonja Munkert gerade einige der neu eingetroffenen Aktennotizen auf seinen Schreibtisch.

»Was Neues?« Er küsste sie flüchtig.

Die Sekretärin drehte sich enttäuscht zur Seite. Seit dieses zweite Mädchen verschwunden war, beachtete er sie kaum noch. Gut, der Fall war hochbrisant und hatte im Präsidium momentan oberste Priorität. Für sie war es dennoch kein Grund dafür, dass er sie wie Luft behandelte. Deswegen hatte sie sich nicht von ihrem Ex getrennt und den ganzen Trennungsstress auf sich genommen. Sie konnte verstehen, dass Nils den Fall sehr ernst nahm, das tat sie auch, allerdings hatte sie das Gefühl, dass er diesen scheinbar grenzenlosen Ehrgeiz nur an den Tag legte, um sich und seinem Kollegen etwas zu beweisen. Natürlich wollte er sich gegenüber Brandt profilieren, nicht immer der kleine Assistent bleiben, das stand für sie außer Frage, aber der Weg, den er dafür einschlug, schien ihr nicht der richtige zu sein.

»Hast du heute Abend schon etwas vor?«

Teichert blickte noch nicht einmal von seinem Schreibtisch auf, als sie im Guten versuchte, ihn auf sein vernachlässigendes Verhalten hinzuweisen.

»Ich warte noch auf die letzten Hinweise wegen des

Phantombilds. Außerdem will ich noch einmal das Alibi von Carsten Engels genauer durchleuchten. Da ist unter Garantie was faul dran.«

»Und später? Wir könnten noch in die ›Nachtresidenz‹ oder in die Altstadt etwas trinken gehen?«

Sie ließ nicht locker.

»Heute nicht. Muss morgen früh raus.«

Für ihn schien die Sache damit erledigt zu sein. Sie stand sprachlos vor dem Schreibtisch und wartete auf eine weitere Reaktion. Doch Teichert war in Gedanken bereits wieder beim Fall. Als er zum Telefonhörer griff, um noch einmal die Zeugin aus der Hans-Sachs-Straße anzurufen, riss ihr ohne Vorwarnung der Geduldsfaden.

»Merkst du eigentlich noch was?«

Er blickte erstaunt auf. Sonja Munkert hatte die Hände in ihre Hüften gestemmt und stand angriffslustig vor ihm. Ihr Gesicht war puterrot angelaufen, ihre Augen funkelten wütend. Ihm war allerdings überhaupt nicht bewusst, worüber sie sich plötzlich aufregte.

»Was hast du denn?«

Seine Frage ließ sie geradezu explodieren. Wutentbrannt schnauzte sie ihn an.

»Für dich zählt nur der Fall, der Fall, der Fall! Nimmst du mich überhaupt noch wahr? Bist schon so verblendet, dass du gar nicht merkst, wie es mir geht! Und Zeit, dich mit mir darüber zu unterhalten, hast du auch nicht. Musst ja irgendwelche Alibis überprüfen! Dann überprüf mal schön, Herr Kommissar!«

Sie drehte sich beleidigt um und stapfte mit forschen Schritten Richtung Tür. Kurz bevor sie diese erreichte, drehte sie sich nochmals um und sagte in einem schnippischen Ton: »Übrigens, Mike hat mich angerufen. Ob ich heute mit ihm ausgehe. Werd ihn wohl anrufen. Du hast ja keine Zeit!«

In diesem Moment öffnete Brandt die Tür. Überrascht blickte er Sonja Munkert an, die, ohne ein Wort zu sagen, mit hoch erhobenem Kopf an ihm vorbeilief.

»Was hat die denn?«, fragte er Teichert, der immer noch ganz benommen mit dem Telefonhörer in der Hand an seinem Schreibtisch saß.

»Keine Ahnung. Is' mit einem Mal total durchgedreht. Nur weil ich gesagt habe, dass ich heute früh ins Bett will!«

Er zuckte mit den Schultern.

»Und bist du auf deinem konspirativen Spaziergang erfolgreich gewesen?«

Brandt seufzte.

»Nicht wirklich. Ich denke, es macht mehr Sinn, wenn wir für heute Feierabend machen. Bruns will am Montag Ergebnisse sehen. Wir sollten jeder für sich zu Hause in uns gehen. Vielleicht fällt uns noch etwas ein. Morgen Nachmittag können wir die Zeit aufarbeiten und zusammentragen, was uns beiden so in den Sinn gekommen ist, einverstanden?«

Sein Kollege nickte.

»Hast recht. Hier rumzusitzen und zu warten, bringt vermutlich gar nichts.«

Er stand auf und packte ein paar Akten in seinen Rucksack.

»Bis Morgen!«

Auf dem Heimweg besorgte er einen großen Strauß Rosen und fuhr in die Dreherstraße. Er wollte sich bei Sonja entschuldigen. In den letzten Tagen hatte er sie tatsächlich kaum beachtet. Der Fall hatte ihn derart in Beschlag genommen, dass in seinem Kopf kaum für etwas anderes Platz gewesen war. Eigentlich hatte er erwartet, sie verstehe das. Er war noch nicht lange bei der Mordkommission und musste sich schließlich noch profilieren. Außerdem wollte er demnächst Hauptkommissar werden. Da musste er sich schon ein wenig ins Zeug legen. Von nichts kam nun einmal nichts. Das musste sie doch verstehen. Wenn nicht, hatte sie sich mit ihm definitiv den Falschen ausgesucht.

Vor der Haustür packte er den Blumenstrauß aus und drückte den kleinen schwarzen Knopf, neben dem ihr Name stand. Der Türöffner wurde betätigt, eilig sprintete er die Stufen in den dritten Stock hinauf. Doch statt Sonja, wie er es erwartet hatte, empfing ihn Mike, ihr Exfreund, am Treppenansatz.

»Oh, für mich?«, fragte er mit einem hämischen Grinsen im Gesicht und deutete auf den Strauß.

Seine Enttäuschung war grenzenlos, wich aber beim Anblick seines Nebenbuhlers sofort einer unbändigen Wut. Das war typisch Frau. Kaum schenkte man ihr einmal nicht alle Aufmerksamkeit der Welt, flüchtete sie sich in die Arme eines anderen. Aber nicht mit ihm. Wütend warf er Mike die Rosen vor die Füße.

»Kannst du haben, und die Frau, für die sie bestimmt waren, auch.«

Er machte auf dem Treppenansatz kehrt und sprintete die Stufen hinab. Im Laufen hörte er, wie sie seinen Namen rief. Sie hatte sich über das Treppengeländer gebeugt und versuchte, ihn zu stoppen.

»Nils, warte doch!«

Er tat, als ob er ihre Rufe nicht hörte, und lief unbeirrt weiter. Erst als er in seinem Wagen saß und den Motor startete, holte er tief Luft. Im Rückspiegel sah er, wie sie in der Haustür erschien und sich suchend umblickte. Er gab Gas und fuhr los.

Ziellos lenkte er den Wagen durch die Stadt. Sein Blick war starr auf die Straße gerichtet, seine Gedanken schwirrten allerdings noch immer um die Szene in Sonjas Hausflur. Wieso hatte sie Mike zu sich eingeladen? Er hatte gedacht, ihr schnippisches Gehabe um den angeblichen Anruf des Exfreundes sei nur ein Vorwand gewesen, um ihn eifersüchtig zu machen. Dass sie ihn tatsächlich gleich anrufen und zu sich bestellen würde, damit hatte er nicht gerechnet. Aber es zeigte ihm, dass sie zu einer neuen ernsthaften Beziehung wahrscheinlich noch nicht bereit war. Anders konnte er sich das eben Erlebte jedenfalls nicht erklären. Und obwohl er sich eine feste Beziehung wünschte und gehofft hatte, dass sie endlich die Richtige sein würde, hakte er das Thema Sonja Munkert für sich ab.

Er stoppte den Wagen vor seiner Stammkneipe in der Rossstraße.

»Hallo Ernst, machst du mir ein Alt?«, rief er dem Wirt zu und setzte sich an den Tresen. Sein Handy vibrierte in der Hosentasche und er warf einen flüchtigen Blick auf das Display. Als er Sonjas Namen las, schaltete er es aus.

Sein Bier wurde serviert. Er nahm einen kräftigen Schluck und ließ seinen Blick durch die gemütliche, kleine Kneipe schweifen. Die Tische waren alle gut besetzt, der Laden brummte. Gleich neben der Theke an einem runden Stehtisch standen zwei jüngere Frauen und schauten abwechselnd zu ihm rüber. Er nahm sein Glas und gesellte sich zu ihnen.

»Hallo, ihr beiden, ich bin Kommissar Nils und hätte da ein paar Routinefragen.«

Er zwinkerte mit den Augen und die Frauen kicherten.

»Wir sind die Prosecco-Diven, und wenn wir nicht gleich Nachschub bekommen, verwandeln wir uns in monströse Bestien.«

Er tat, als fürchtete er sich, und schreckte gespielt zurück. Schnell hob er seine Hand und bestellte zwei Gläser der prickelnden Flüssigkeit. Als der Wirt die Getränke servierte und sie sich lachend zuprosteten, wusste er, dass er sich ein frühes Zubettgehen für heute abschminken konnte.

14

Der Bus hielt direkt am Rosenkothen in Ratingen.

Sie waren extra früh aufgestanden und hatten sich auf den Weg ins Outlet-Center gemacht, da Lore der Meinung gewesen war, je früher sie dort waren, umso leerer würde der Laden sein. Er hatte das bezweifelt. Von einem Kollegen wusste er, dass das Outlet immer sehr gut besucht war, besonders am Wochenende. Der hatte ihn sogar davor gewarnt, an einem Samstag nach Ratingen zu fahren.

»Hagen, du kannst dir nicht vorstellen, was da abgeht. Wie die Geier stürzen sich die Leute in den Laden und reißen sich gegenseitig die Klamotten aus den Händen!«

Es wunderte ihn also nicht, dass sich vor der gläsernen Eingangstür eine riesige Schlange gebildet hatte, und so stellte er sich geduldig mit seiner Tochter an.

Hinein ging es einigermaßen zügig voran, doch kaum hatten sie die ersten Regale erreicht, brach das Chaos aus. Die Menschen strömten wild suchend durch die Gänge, rissen die Kleidungsstücke von den Ständern und warfen sie wahllos in ihre Einkaufswagen. Überall standen halb nackte Frauen und probierten Hosen, Röcke und flippige Oberteile an. Manchmal wusste er gar nicht wohin mit seinem Blick, wenn sich ihm knackige Hinterteile entgegenstreckten, die nur mit einem String bekleidet waren.

Lore hingegen schien dieses Durcheinander zu gefallen. Sie passte ihr Kaufverhalten einfach an und drängelte sich durch die Gänge, zog hier und da ein Kleidungsstück vom Ständer und hielt es sich flüchtig an ihren noch sehr knabenhaften Körper.

Nach über einer Stunde schien ihre Einkaufslust befriedigt zu sein und er atmete erleichtert auf.

»Die beiden Jeans muss ich aber anprobieren.«

Sein Blick fiel auf die lange Schlange vor den Umkleidekabinen.

»Kannst du das nicht hier im Gang?«

Sie schüttelte entsetzt den Kopf und er stöhnte innerlich auf.

»Okay, ich warte hier«, gab er nach und stellte sich etwas abseits neben einen großen Drahtcontainer voller Unterwäsche.

Aus dem Lager wurde von einer Angestellten ein Rollregal mit neuer Ware in den Verkaufsraum geschoben. Sofort eilten etliche Kunden auf die Neuware zu und rissen die Kleidungsstücke geradezu vom Ständer.

»Entschuldigung«, sprach ihn eine verwirrt blickende junge Dame an, »können Sie mir sagen, was da los ist?«

Er folgte ihrem Blick zu dem tumultartigen Aufstand vor dem Kleiderständer und zuckte mit den Schultern.

»Keine Ahnung.«

Sein Handy klingelte und augenblicklich wurden ihm verständnislose Blicke zugeworfen. Wie konnte man sich nur durch einen profanen Anruf in diesem Einkaufsparadies stören lassen? Einige, die sich an ihm vorbeidrängelten, schüttelten ihre Köpfe.

Er legte die von Lore ausgewählten Kleidungsstücke auf dem Container ab und versuchte, sein Telefon aus der Hosentasche zu angeln. Sofort stürzten sich die Leute auf die Ware.

»Moment«, rief er, aber ehe er sich versah, waren die Blusen und T-Shirts in die Einkaufswagen der anderen gewandert.

»Brandt?«, nahm er entnervt den Anruf entgegen.

Es war Teichert. Die Nachbarin von Frau von Seitz hatte sich gemeldet. Seltsamer Geruch ströme aus der Erdgeschosswohnung. Sie sollten sofort kommen.

»Sofort?«

Er blickte sich suchend nach seiner Tochter um, die sich bis kurz vor die Umkleidekabinen gekämpft hatte.

»Ich hab schon den Vermieter benachrichtigt und die Kollegen sind auch schon unterwegs.«

»Bin gleich da!«

Er drängelte sich durch die wartenden Leute zu Lore vor. Die hatte gerade eine der begehrten Kabinen ergattert.

»Wir müssen los!«

»Jetzt? Bist du verrückt? Auf keinen Fall!«

Demonstrativ zog sie den Vorhang vor seiner Nase zu.

»Lore, bitte, es ist dringend!«

»Das geht jetzt nicht, Papa! Außerdem hast du versprochen, dass ich heute ausgiebig shoppen darf«, drang ihre Stimme aus der Kabine.

Die Blicke der um ihn herumstehenden Leute machten ihm deutlich, dass er den gesamten Ablauf hier störte.

»Okay«, gab er nach und holte aus seiner Geldbörse 150 Euro.

»Kauf, was dir gefällt. Wie du mit dem Bus nach Hause kommst, weißt du?«

Lores Augen strahlten, als sie das Geld sah.

»Klar, brauchst dir keine Sorgen zu machen.«

Als er endlich den Ausgang passiert hatte und sich wieder an der frischen Luft befand, blickte er ein letztes Mal zurück. Er konnte nicht verstehen, dass ein paar heruntergesetzte Kleidungsstücke die Leute in Scharen anlockten und sie zu wilden Tieren mutieren ließ. Sein Kollege hatte recht behalten: Nicht im Traum hätte er sich vorstellen können, was hier abging.

Als er vor dem Haus in Derendorf aus dem Taxi stieg, waren die Kollegen schon vor Ort. Teichert sprach im Hausflur mit der Nachbarin. Als er ihn sah, unterbrach er das Gespräch.

»Mensch, du siehst aber fertig aus. Was hast du gemacht?«

»Ich war mit Lore in Ratingen«, antwortete er nur knapp.

»Etwa im Outletstore? Am Samstag? Ach, du meine Güte, bist du lebensmüde?«

Er war es leid, an den Großkampf der Einkaufswütigen erinnert zu werden, und versuchte, das Thema zu wechseln.

»Was gibt's Neues?«

Teichert wies auf die Nachbarin und erzählte, dass diese im Präsidium angerufen hatte, um zu melden, dass es seit gestern irgendwie merkwürdig aus Frau von Seitz' Wohnung riechen würde.

»Der Vermieter hat einen Zweitschlüssel. Müsste jeden Moment hier sein. Aber die Kollegen vermuten das Schlimmste. Hab vorsichtshalber auch schon mal die Spusi herbeordert.«

Brandt nickte und folgte ihm ins Haus. In der Luft lag tatsächlich ein leicht süßlicher Verwesungsgeruch. Schon mehrmals in seiner Laufbahn war ihm dieses faulig süße Aroma in seine Nase gestiegen und er stimmte den Kollegen zu, die hinter der Wohnungstür der älteren Dame eine menschliche Leiche vermuteten. Allerdings fragte er sich, warum vorher niemandem dieser Geruch aufgefallen war, denn die Intensität verriet, dass dieses eigenartige Aroma bereits länger und vor allem sehr eindringlich durch das Treppenhaus gezogen sein musste. War es wieder die Gleichgültigkeit, die die Menschen an Mia von Seitz' Tür hatte vorbeigehen lassen? War es ihrem Besuch zuzuschreiben, dass eine Nachbarin sich fragte, wo die ältere Dame von nebenan geblieben war? Er verstand es einfach nicht.

Kurze Zeit später hielt ein weißer Kastenwagen vor dem Haus.

»Verzeihen Sie bitte«, entschuldigte der Vermieter sein spätes Eintreffen bei den Anwesenden, »aber ich befinde mich mitten im Umzug.«

In seiner Hand hielt er den Zweitschlüssel und öffnete mit flinken Händen die Tür zu Mia von Seitz' Wohnung.

Der Gestank, der ihnen entgegenschlug, war beinahe unerträglich. Durch die Wärme der letzten Tage hatte sich die Luft in der engen Wohnung gestaut und hing tief und schwer in den abgedunkelten Räumen.

Teichert musste kurz würgen, ehe er mit einem Taschentuch, das er sich auf Mund und Nase drückte, die Türschwelle überschritt. Brandt zögerte einen kurzen Augenblick, ehe er die Wohnung betrat. Er war bereits häufig zu Leichenfunden gerufen worden. Doch diesmal hatte er das Gefühl, dass es irgendwie anders war.

Marie fuhr hoch und blickte sich wie ein wildes Tier, das in die Enge getrieben wurde, nach allen Seiten um. Sie hatte geschlafen, ein Geräusch hatte sie aufschrecken lassen. Da war es wieder, es hörte sich wie ein Kratzen an. Gleich neben der Tür schien etwas hinter der Dämmplatte zu schaben. Mit zitternden Knien schlich sie vorsichtig zu der Stelle, von welcher das scharrende Geräusch kam.

Eine Ratte hatte sich Stück für Stück durch das Dämmmaterial gefressen, und als Marie die spitze Schnauze durch die Watte schnüffeln sah, schrie sie aus Leibeskräften.

Als sie schließlich keine Luft mehr bekam, war der Nager verschwunden und Marie taumelte völlig erschöpft zu der Matratze zurück. Ohne sich zu bewegen, lag sie da und wartete, dass der Mann kommen würde. Er musste ihren Schrei gehört haben. Gleich würde er kommen und fragen, was passiert sei. Er würde sie wieder Yvonne nennen und sie zwingen, irgendwelche Kleider anzuziehen. Alte Kleidungsstücke, die muffig rochen und schon längst aus der Mode waren. Dazu würde sie wieder dieses Kinderlied mit ihm singen müssen. Stundenlang.

Aber er kam nicht. Angestrengt lauschte sie und erwartete jeden Augenblick, seine Schritte zu hören. Doch alles blieb ruhig. Kein Laut war zu vernehmen. Nach einer Weile drehte sie sich um und schloss die Augen. Sie fragte sich, ob und wann sie diesen Raum jemals wieder verlassen würde. Ob ihre Mutter nach ihr suchte? Ob überhaupt jemand nach ihr suchte? Sie hatten in der Schule über dieses verschwundene Mädchen gesprochen und dass man ihre Leiche in der Düssel gefunden hatte. Ob sie nun das nächste Mädchen war, das sterben musste? Würde der Mann auch sie umbringen?

Bisher war er eigentlich sehr nett zu ihr gewesen. Hatte ihr Cola, Chips, Schokolade und ein paar Bücher zum Zeitvertreib gebracht. Aber irgendwie war er merkwürdig. Immer wieder nannte er sie Yvonne und faselte etwas davon, dass sie nun endlich wieder zusammen seien. Wenn sie ihm sagte, dass ihr Name Marie sei, reagierte er stets mit einem irren Lachen, tat, als wenn sie ihn veräppeln wolle. Auf ihre Fragen, was er von ihr wolle und wo sie sei, ging er gar nicht ein.

Einmal, sie wusste nicht, wie lange sie schon hier gefangen war und ob es Tag oder Nacht war, hatte er sich auf den Stuhl gesetzt und sie eine Weile schweigend angeblickt. Dann hatte er ihr diese Fragen gestellt. Ob sie sich an den Urlaub an der Ostsee erinnere und wie sie den Drachen zusammen steigen ließen. Sie hatte nur mit dem Kopf geschüttelt und angefangen zu weinen. Da war er aufgestanden und hatte sich neben sie auf die Matratze gesetzt. Mit sanfter Stimme hatte er ihr von dieser Reise erzählt, dass sie am Strand Muscheln gesucht und eine riesige Sandburg gebaut hatten.

»Du musst dich doch erinnern, Yvonne!«

Der fordernde Ton hatte sie durchdrehen lassen. Es war ihr egal gewesen, was er mit ihr machen würde. Sie konnte das alles nicht mehr ertragen. Mit den Fäusten war sie auf ihn losgegangen, hatte auf ihn eingeschlagen. Nur mit Mühe war es ihm gelungen, sie zu bändigen.

»Ich will nach Hause«, hatte sie geschrien, »lassen Sie mich endlich frei!«

Der Ausdruck in seinen Augen hatte pure Verständnislosigkeit ausgedrückt, als er sagte:

»Aber Yvonne, was redest du denn da? Du bist doch zu Hause!«

Langsam hatte Marie das Gefühl beschlichen, dass sie selbst nicht mehr wusste, wer sie eigentlich war.

Der Anblick des toten Körpers glich dem einer Mumie und war bei Weitem nicht so schlimm wie der einer erst wenige Tage alten, aufgedunsenen Leiche, befand Brandt. Doch Teichert, der erst wenige Tote zu Gesicht bekommen hatte, blieb wie angewurzelt in der Tür zum Schlafzimmer stehen und starrte auf den ausgetrockneten Körper.

Sie lag in einem massiven Doppelbett aus Eiche, zugedeckt und mit gefalteten Händen. Die Vorhänge waren zugezogen, der große Wandspiegel mit einem Laken verhangen. Es musste jemand hier gewesen sein nach ihrem Tod.

Brandt trat neben das Bett. Er hatte bereits eine Menge Leichen gesehen, allerdings selten in einem so fortgeschrittenen Verwesungszustand. Wie lange sie schon hier liegen mochte? Sicherlich ein paar Wochen, dachte er und drehte sich zu Teichert, um nach dessen Meinung zu fragen. Der hatte jedoch den Raum verlassen und war erst einmal an die frische Luft geflüchtet. An die Hauswand gelehnt, versuchte er, seinen rumorenden Magen in den Griff zu bekommen.

»Oh, so schlimm?«

Dr. Thalbach, der Arzt, mit dem sie häufig in solchen Fällen zusammenarbeiteten, bog mit seiner Arzttasche in der Hand um die Ecke. Teichert hatte ihn selbst informiert, als der Anruf von der Nachbarin eingegangen war.

»Brandt ist drinnen«, antwortete er und versuchte dabei, den Würgereiz in seinem Hals zu unterdrücken.

»Hallo Hagen! Na, was gibt's?«

Der wandte seinen Blick von der toten Frau von Seitz und begrüßte den Arzt.

»Nicht schön, Rüdiger. Muss schon 'ne Weile hier liegen.«

»Na, lass mich mal sehen.«

Dr. Thalbach trat neben das Bett und hob behutsam die Bettdecke an. Ein kleiner Käfer krabbelte über das Laken, der Verwesungsgeruch verstärkte sich. Instinktiv hielt Brandt sich die Nase zu, ihn ekelte es.

»Mann, das muss man doch gerochen haben, oder?«

Der Arzt blickte sich um und nickte.

»Eigentlich schon, aber wahrscheinlich hat man es ignoriert.«

Er wandte sich wieder der Leiche zu. Vorsichtig betastete er einige Stellen des ausgetrockneten Körpers, holte anschließend eine Pinzette und eine Art Reagenzglas aus seiner Tasche.

»Sieh mal zu, ob du irgendwo Schnaps oder Ähnliches findest. Notfalls frag bei den Nachbarn.«

Er schaute Thalbach fragend an.

»Ich will hier ein paar Maden entnehmen. In der Rechtsmedizin gibt es jemanden, der kann anhand des Insektenbefalls die ungefähre Liegezeit der Leiche bestimmen.«

Brandt wusste davon. Er ging ins Wohnzimmer, in dem bereits die Kollegen von der Spurensicherung mit ihrer Arbeit begonnen hatten.

»Habt ihr hier Alkohol gesehen?«

»Nee, aber wir haben auch gerade erst angefangen.«

Er ließ sich ein paar Latexhandschuhe geben und durchsuchte die Schrankwand. Die Einrichtung musste einst sehr teuer gewesen sein. In den Regalen und Vitrinen standen nur edelstes Geschirr und Kristallgläser. In den Schubladen lag glänzendes Silberbesteck. Seine Mutter besaß ein ähnliches, aber so wie dieses hatte er es bei ihr noch nie glänzen sehen. Hier hatte jemand sehr viel Wert auf Stil, Ordnung und vor allem Sauberkeit und Pflege gelegt. Vielleicht war das der Grund, warum ihm auch gleich der helle Fleck über der Anrichte zwischen mehreren Familienfotos auffiel.

Jemand musste es vor nicht allzu langer Zeit entfernt haben, sicherlich nach Mia von Seitz' Tod. Sie selbst hätte bei ihrer pedantischen Ordnung und ihrem anscheinend ästhetischen Gefühl einen solchen Fleck wohl kaum geduldet.

Er trat näher an die Bilder heran und betrachtete die Personen, die darauf abgelichtet waren. Eine junge Frau, ein Hochzeitspaar, ein Baby im Taufkleid.

Besondere Aufmerksamkeit erregte eine Aufnahme, die eine Familie an einem Strand vor einer riesigen Sandburg zeigte. Vater und Mutter standen links und rechts von dem Bauwerk, davor knieten ein etwa achtjähriges Mädchen und ein vielleicht zehn Jahre alter Junge. Wahrscheinlich waren die Kinder auf dem Foto Mia von Seitz' Sohn, der sich laut Aussage der Nachbarin um seine kranke Mutter gekümmert hatte, und die Tochter, die durch einen tragischen Unfall früh ums Leben gekommen war.

»Da fehlt ein Bild.«

Teichert war hinter ihn getreten und begutachtete ebenfalls den hellen Fleck an der Wand.

»Fragt sich nur, wer darauf zu sehen gewesen ist.«

»Vielleicht der Sohn?«

An den hatte Brandt auch schon gedacht. Die Nachbarin hatte ausgesagt, dass er sich um seine Mutter gekümmert hatte. Wieso aber hatte er sie nach ihrem Tod hier wochenlang liegen lassen? Er musste wissen, dass sie tot war, denn anscheinend war er hier gewesen. Es gab keine Einbruchspuren, also war er wahrscheinlich derjenige, der als Letzter in der Wohnung gewesen war, die Tote, so, wie sie sie vorgefunden hatten, gebettet, den Raum verdunkelt und den Spiegel verhangen hatte. Ob sie jedoch eines natürlichen Todes gestorben war oder der Sohn unter Umständen sogar nachgeholfen hatte, ließ sich zum jetzigen Zeitpunkt nicht sagen. Fest stand nur, dass er hier gewesen sein musste, und vielleicht hatte er alle Spuren, die auf ihn hinwiesen, beseitigt, wie das Bild, das einst den leeren Platz an der Wand eingenommen hatte.

»Aber wieso?« Er suchte nach einer plausiblen Erklärung.

»Na, weil er die Seitz umgebracht hat«, kombinierte Teichert bereits übereifrig.

»Und mit welcher Begründung?«

»Was weiß ich? Vermutlich brauchte er Geld oder sie ging ihm auf die Nerven. Es gibt Hunderte von Gründen, warum jemand seine Mutter ermordet.«

Brandt nickte zögerlich. Natürlich gab es jede Menge von Verbrechen, bei denen Söhne ihre Mütter umbrachten. Aus Habgier, weil sie sich von ihnen eingeengt oder bedroht fühlten. Erst vor Kurzem hatte es einen Fall in Düsseldorf gegeben, in dem der Täter als Motiv sogar Langeweile angegeben hatte. Aber irgendwie hatte er das Gefühl, dass es in diesem Fall anders war. Da steckte noch etwas anderes dahinter. Das sagte ihm sein Bauchgefühl, und auf das konnte er sich in aller Regel verlassen.

»Haben denn die Kollegen den Kleintransporter ausfindig gemacht?«

Eigentlich war der Ford Transit der Auslöser für ihr Erscheinen in diesem Haus. Schließlich hatten sie sich nur von der Fahrtüchtigkeit der älteren Dame überzeugen wollen. Stattdessen lag Mia von Seitz tot in ihrem Bett und der Transporter schien spurlos verschwunden.

»Hagen, kommst du mal?«

Ein Kollege der Spurensicherung winkte sie zu sich ins Schlafzimmer. Teichert zögerte einen Augenblick, ehe er den Raum betrat, in dem immer noch die Leiche lag. Er versuchte, möglichst lange den Atem anzuhalten.

Der Mann im weißen Overall hatte den klobigen Eichenschrank geöffnet. Ordentlich und sauber hingen da einige Blusen und Kleider der Verstorbenen neben einem Pelzmantel und einer alten Polizeiuniform.

»Die ist auf jeden Fall vor Kurzem getragen und gereinigt worden.«

Brandt nickte stumm. Langsam konnte er die Hinweise wie bei einem Puzzle zu einem vollständigen Bild zusammensetzen.

»Und schau mal hier«, der Kollege trat an den Nachttisch und deutete auf eine Medikamentenschachtel. Teichert nahm die Pappschachtel und las laut die Aufschrift vor: »Lu-mi-nal«.

Die Laute hallten mehrere Male in seinen Ohren wider, ehe sie in sein Bewusstsein drangen.

Als Lore schwer bepackt mit Einkaufstüten den Hausflur betrat, hörte sie Frau Lüdenscheidts Stimme aus dem ersten Stock.

»Und seit der Scheidung machen Sie alles allein im Haushalt? Waschen, Putzen, Kochen? Also ich wüsste nicht, ob mein Sohn ...«

»Bestimmt«, ertönte eine tiefe Männerstimme.

Sie fragte sich, wen die neugierige Nachbarin wohl heute im Treppenhaus abgefangen hatte, während sie den Postkasten leerte, die Briefe und Reklameprospekte in eine der Einkaufstüten stopfte und sich anschließend auf den Weg in den dritten Stock machte.

Bereits durch die Streben des Treppengeländers erkannte sie Frau Lüdenscheidts geblümte Kittelschürze.

»Guten Tag«, grüßte sie, als sie das erste Stockwerk erreicht hatte, und war erstaunt, Herrn Wagner als Gesprächspartner der älteren Dame vorzufinden. Sie hatte ihn bisher noch nie mit jemandem im Treppenhaus sprechen sehen.

»Ach, Lore«, die Nachbarin witterte gleich ein neues Gesprächsopfer. »Warst du einkaufen? Na, dein Vater kann auch nicht alles selbst erledigen! Hat sicher wieder viel um die Ohren?«

Sie nickte und versuchte, sich an Frau Lüdenscheidt vorbeizuzwängen. Diese hatte sich jedoch so geschickt platziert, dass weder Lore noch Herr Wagner die Möglichkeit hatten, an der korpulenten älteren Dame vorbeizukommen.

»Ist schon wieder ein Mädchen verschwunden. Haben Sie davon gehört, Herr Wagner?«, wandte sich die Nachbarin wieder dem schmächtigen Herrn aus dem zweiten Stock zu.

Der nickte.

»Und aus deiner Schule, nicht? Kanntest du sie?«

Frau Lüdenscheidt drehte sich erneut. Es war offensichtlich, dass sie die Konversation mit gleich mehreren Gesprächspartnern genoss. Ohne Lores Antwort abzuwarten, fuhr sie fort: »Schrecklich, was heutzutage alles passiert. Das hat es doch früher nicht gegeben. Aber heutzutage?«, sie schüttelte verständnislos ihren Kopf. »Was geht nur in diesen Männern vor?«

Herr Wagner räusperte sich.

»Ich muss dann mal!«

»Oh, selbstverständlich.« Die Nachbarin in der Kittelschürze trat einen Schritt zur Seite, sodass er ungehindert seinen Weg fortsetzen konnte.

»Einen schönen Tag noch!«, rief sie dem schmächtigen Mann hinterher, der, ohne sich noch einmal umzudrehen, zwei Stufen auf einmal nehmend die Treppe hinuntereilte.

»Ein sehr anständiger Mann«, sie blickte Lore an, die immer noch, mit ihren Tüten beladen, am Treppenansatz stand. »Da kann sich so manch einer ein Stück von abschneiden.«

Die Leiche war abtransportiert und die Wohnung so gut wie vollständig durchsucht, doch einen Hinweis auf den Sohn hatten sie nicht gefunden.

Brandt hatte die Kollegen im Präsidium gebeten, die Daten anzufordern und eine Fahndung rauszugeben.

»Ohne Bild wird das aber schwierig.«

Ein Foto von Mia von Seitz' Sohn war jedoch nicht aufzutreiben. In den Familienalben hatten sie nur Kinderfotos gefunden. Die aber waren für eine Fahndung so gut wie wertlos. Anscheinend hatte der Täter alle aktuellen Unterlagen mitgenommen oder vernichtet. Jedenfalls befanden sich in der Wohnung keine Hinweise auf den Sohn. Und auch der Ford Transit schien spurlos verschwunden. Die Kollegen hatten ihn jedenfalls in der näheren Umgebung des Wohnhauses nicht ausfindig machen können.

»Könnten Sie ein Phantombild zusammen mit einem unserer Experten erstellen?«

Die Wangen von Frau von Seitz' Nachbarin nahmen augenblicklich eine rötliche Färbung an, als er sie um ihre Mithilfe bat. Mit leuchtenden Augen nickte sie eifrig.

»Ich hole nur meine Handtasche!«

Im Präsidium herrschte Hochbetrieb. Trotz des Samstags wimmelte es von Leuten in den Gängen. Im Flur vor ihrem Büro liefen sie Schirmer in die Arme.

»Wir haben die Adresse!« Er fuchtelte wild mit einem Stück Papier vor ihren Nasen herum.

»War gar nicht so einfach. Der Sohn hat nämlich geheiratet und den Namen seiner Frau angenommen. Aber über das Melderegister haben wir ihn trotzdem ausfindig machen können. Wagner heißt der jetzt. Lindenstraße 77!«

Brandt traute seinen Ohren nicht. Fragend wiederholte er die Anschrift. Sein Vorgesetzter nickte.

»Aber das ist doch meine Adresse. Herr Wagner ist mein Nachbar!«

Teichert hielt in der zweiten Reihe direkt vor dem Haus ziemlich am Anfang der Lindenstraße. Die 1887 nach ihrem Baumbestand benannte Straße begann erst mit der Hausnummer 34. Bei ihrer Benennung erstreckte sich die Lindenstraße von der Grafenberger Allee in Höhe des heutigen S-Bahnhofs Wehrhahn und mündete auch wieder in diese in der Nähe des Hanielparks. Der Beginn der Straße, der einen Knick Richtung Norden zur Grafenberger machte, wurde jedoch beim Bau der Birkenstraße dieser zugeschlagen, da diese gradlinig vom Dorotheenplatz bis zur großen Allee durchgehen sollte. Damit erklärte sich das Fehlen der Hausnummern 1 bis 43 und 2 bis 32, welches dafür sorgte, dass Brandts Haus trotz der Nummer 77 eines der ersten Häuser der Straße war. Er hatte sich selbst bei seinem Einzug darüber gewundert, aber niemand hatte ihm die Frage wirklich beantworten können. Doch damit hatte er sich nicht zufriedengegeben. Er war schließlich Kommissar und löste die verzwicktesten Fälle. Ein netter Mann vom Katasteramt hatte jedoch das Rätsel lösen und seine Neugierde befriedigen können.

Mit fahrigen Händen schloss Brandt die Eingangstür auf und stürmte, gefolgt von seinem Kollegen, in den zweiten Stock. An der Tür befand sich kein Namensschild, aber er wusste auch so, in welcher der beiden Wohnungen Michael Wagner wohnte.

Sie hörten das Läuten der Wohnungsglocke im Inneren, doch nichts regte sich. Nach dem dritten Klingeln wurde im ersten Stock eine Tür geöffnet.

»Herr Wagner ist nicht zu Hause«, erklang Frau Lüdenscheidts Stimme.

Er beugte sich über das Geländer.

»Haben Sie ihn weggehen sehen?«

Die Nachbarin trat aus ihrer Wohnung. Statt des geblümten Kittels trug sie einen dunklen Faltenrock und eine grell gemusterte Bluse. Sie war gerade dabei gewesen, ein paar Sachen zusammenzupacken und sich für den Besuch bei ihrer Schwester zu richten, als sie den Lärm im Treppenhaus wahrgenommen hatte.

»Vor etwa einer Stunde hat er das Haus verlassen. Ihre Tochter hat ihn auch gesehen. Stimmt denn etwas nicht?«

Die Neugierde in ihren Augen sprang ihm förmlich entgegen, als sie zu ihm aufblickte.

»Lore?«

Bei dem Gedanken, dass seine Tochter dem vermeintlichen Entführer von Marie Priebe begegnet war, wurde ihm plötzlich ganz heiß. Eilig lief er ein Stockwerk höher und klingelte Sturm.

»Mann!«, fuhr seine Tochter ihn entnervt an, als sie die Tür öffnete. Wahrscheinlich hatte er sie bei der Anprobe ihrer neuen Sachen gestört. »Hast du deinen Schlüssel etwa vergessen?«

Ohne eine Antwort zu geben, schlang er seine Arme um sie und drückte sie fest an sich. Er war erleichtert, sie wohlauf vorzufinden.

»Ich krieg keine Luft«, Lore befreite sich aus seiner Umarmung und trat einen Schritt zurück.

»Is' was passiert?«

Er schüttelte flüchtig den Kopf. Wie sollte er ihr die Erleichterung erklären, die er darüber verspürte, dass der Mörder, mit dem sie unter einem Dach lebten, sie verschont hatte? Er wollte sie nicht unnötig ängstigen.

»Es ist alles in Ordnung«, sagte er, während er sie zurück in die Wohnung schob. »Schließ bitte ab. Ich erkläre dir alles später!«

Sie warf ihm einen fragenden Blick zu, tat aber, was er von ihr verlangte. Er wartete, bis er hörte, wie sie den Schlüssel im Schloss herumdrehte.

Teichert hatte inzwischen den Schlüsseldienst informiert und wartete ungeduldig auf dessen Eintreffen.

»Meinst du, er hat das Mädchen in seiner Wohnung?«

»Kaum vorstellbar«, Brandt wies mit seinem Kopf leicht Richtung erstes Stockwerk und senkte seine Stimme.

»An dem Spion kommt kaum einer ungesehen vorbei!«

»Meinen Sie mich, Herr Brandt?«

Die beiden fuhren erschrocken herum. Sie hatten Frau Lüdenscheidt nicht kommen hören. Teichert versuchte, die Situation zu retten.

»Mein Kollege meinte nur, dass es gut ist, wenn jemand

im Haus ein Auge auf alles hat. Wir von der Polizei sind auf solche Menschen angewiesen.«

Er lächelte der korpulenten Dame zu, die bei seiner Äußerung zufrieden nickte.

»Das will ich wohl meinen. Aber was ist denn mit Herrn Wagner?«

Brandt räusperte sich. Das Getratsche der Nachbarin war das Letzte, was sie momentan gebrauchen konnten. Wenn sich herumsprach, dass nach Michael Wagner gefahndet wurde, und er davon Wind bekam, würde er wahrscheinlich untertauchen, und die Chancen, Marie Priebe lebend zu finden, würden drastisch sinken.

»Nichts«, sagte er deshalb und versuchte, schnell das Thema zu wechseln. »Sie haben sich aber schick gemacht. Haben Sie etwas vor?«

Frau Lüdenscheidts Neugierde war jedoch nicht so schnell zu befriedigen. Sie bedankte sich zwar für sein Kompliment, fragte aber anschließend sofort wieder nach dem Grund ihres Erscheinens.

»Seine Mutter hat uns gebeten, nach ihm zu sehen. Er ist schon länger nicht bei ihr gewesen und sie macht sich Sorgen.«

Sein Kollege erstaunte ihn aufs Neue. Ohne mit der Wimper zu zucken, tischte Teichert der älteren Dame diese Lügen auf. Obwohl, so ganz gelogen war die Geschichte nicht. Schließlich war es tatsächlich Mia von Seitz gewesen, die sie veranlasst hatte, hierherzukommen.

Frau Lüdenscheidt schien erstaunt. Da könne es sich sicherlich nur um ein Missverständnis handeln. Herr Wagner sei doch so ein anständiger Mann. Das könne sie sich überhaupt nicht von ihm vorstellen.

»Bestimmt ist er schon auf dem Weg zu ihr. Hatte es nämlich furchtbar eilig vorhin.«

»Siehst du, Hagen, hab ich doch gleich gesagt, da ist nichts.«

Teichert stieß ihm mit dem Ellenbogen leicht in die Seite und forderte ihn dadurch wortlos auf, das falsche Spiel mit der lästigen Nachbarin mitzuspielen.

»Dann können wir bei mir oben einen Kaffee trinken.«

Sein Kollege bedankte sich für die Aufmerksamkeit der älteren Dame und folgte ihm in den dritten Stock. Vor der Wohnungstür klimperte Brandt mit seinen Schlüsseln. Anschließend warteten sie, bis Frau Lüdenscheidt die Treppe hinuntergestiegen war und sie ihre Wohnungstür ins Schloss fallen hörten.

Erleichtert atmeten sie auf.

»Gleichgültigkeit hin, Gleichgültigkeit her, aber zu viel Interesse an seinen Mitmenschen ist auch nicht gut. Die geht einem auf den Keks. Wie hältst du das hier aus?«

Er zuckte mit den Schultern. So aufdringlich wie heute war ihm die Nachbarin noch nie erschienen.

»Wo bleibt denn nur der Schlüsseldienst?«, versuchte er, das Thema wieder auf den eigentlichen Grund ihrer Anwesenheit zu lenken.

Teichert blickte auf seine Uhr.

»Müsste eigentlich gleich hier sein.«

Der Mann in Jeans und Karohemd las gründlich den Beschluss von Bruns, ehe er sich an Wagners Tür zu schaffen machte. Nur ein paar Sekunden später konnten sie die Wohnung betreten.

Die Aufteilung der Zimmer ähnelte der in Brandts Wohnung. Von einem langen, schmalen Flur gingen links die Küche und rechts das Wohnzimmer ab. Alles wirkte sauber und ordentlich. Unter der Garderobe standen aufgereiht mehrere Schuhe, daneben ein Schirmständer und eine Kommode, darüber ein Schlüsselbord.

Teichert warf einen Blick in die Küche, in der es vor Sauberkeit nur so blitzte.

»Der hat bestimmt 'ne Putzfrau«, bemerkte er und dachte an seine Bude, in der sich das Geschirr manchmal wochenlang in der Spüle stapelte oder die Wäschebox überquoll.

In den hinteren beiden Räumen befanden sich zwei Schlafzimmer. Das größere der beiden gehörte eindeutig Wagner. Im Schrank befanden sich Hemden und Jeans, an den Wänden hingen Bilder von Formel-1-Wagen, in der linken hinteren Ecke stand eine Hantelbank mit verschiedenen Gewichten.

»Sieht aus, als wolle er verreisen.«

Brandt wies auf den Koffer, der auf dem Bett lag und bereits bis zur Hälfte mit Wäsche gefüllt war. Daneben lagen ein nagelneuer Lenkdrachen und ein Reiseführer von der Ostsee.

Das andere Zimmer wirkte, als ob ein kleines Mädchen es bewohnte. Überall in den Regalen saßen Puppen und kleine Stofftiere. Im Schrank hingen Kleider und Röcke. Neben einem Schreibtisch stand ein roter Lederschulranzen.

»Meinst du, er hat die Mädchen hier versteckt gehalten?«

Brandt schüttelte seinen Kopf.

»Das sieht hier aus wie in einem Museum. Wenn Marie oder auch Michelle hier gewesen wären, würden wir hier auch ohne die Kollegen von der Spusi irgendwelche Hinweise finden.«

Gierig schlang Marie die Pizza hinunter. Sie hatte zum ersten Mal richtig Hunger, seit sie hier in diesem dunklen Loch saß. Bisher hatte sie immer nur ein paar Kekse oder Chips gegessen und alles andere, was der Mann an Speisen gebracht hatte, verschmäht.

Doch diesmal hatte sie dem köstlichen Duft der Salamipizza nicht widerstehen können. Wie ein ausgehungertes Tier hatte sie sich auf den Karton gestürzt, eilig nach einem der dreieckigen Stücke gegriffen und es in den Mund geschoben. Der Mann sah ihr lächelnd dabei zu, wie sie die Pizza bis auf den letzten Krümel verdrückte und sich anschließend die Finger ableckte.

»Na, du hast aber Hunger gehabt«, bemerkte er, als sie die leere Pappschachtel von sich schob.

Sofort überfiel sie wieder dieses eigenartige Gefühl. Es war eine Mischung aus Angst, Beklommenheit und Verzweiflung. Ihr Magen rumorte nicht nur ob der ungewohnten Belastung, in ihrem Kopf schwirrten die Gedanken durcheinander, die sich allerdings immer und immer aufs Neue um die gleichen Fragen drehten. Wann komme ich hier raus? Was hat der Mann mit mir vor? Muss ich sterben?

Ängstlich blickte sie ihn an. Er wirkte völlig entspannt. Sie nahm all ihren Mut zusammen und fasste die in ihrem Kopf kreisenden Gedanken in Worte.

»Wann lassen Sie mich wieder frei?«

Er stand auf und seufzte laut.

»Yvonnchen, warum bist du so undankbar? Ich gebe mir wirklich alle Mühe, es dir so angenehm wie möglich zu machen. Ich habe mir sogar eine ganz große Überraschung ausgedacht.«

»Eine Überraschung?«

Er nickte eifrig und trat auf sie zu. Seine Augen leuchteten begeistert, als er ihr von der geplanten Reise erzählte.

»An die Ostsee! Wir fahren genau dahin, wo wir schon einmal mit Mama und Papa gewesen sind.«

»Mit Mama und Papa?« Sie verstand nicht, was er damit meinte.

Er ging auf ihre Frage jedoch gar nicht ein, sondern schwärmte von einem kleinen, ruhigen Ort, direkt am Strand gelegen. Sie würden Strandburgen bauen, Drachen steigen lassen und im Meer baden. Es sei bereits alles organisiert, berichtete er freudestrahlend.

»Es wird ganz toll. Du wirst sehen, Yvonne!«

Das seltsame Gefühl in ihr verflüchtigte sich langsam und machte Platz für eine Art Hoffnung, die sie bei dem Gedanken an die bevorstehende Reise verspürte. Wenn er sie von hier wegbrachte, mit ihr an die Ostsee fuhr, bestand vielleicht die Chance, dass sie flüchten, ihm entkommen konnte. Sie brauchte das Spiel nur mitzuspielen, und alles würde gut werden, redete sie sich ein. Vorausgesetzt, er bemerkte nichts von ihren Absichten. Sie versuchte zu lächeln und stimmte ihm begeistert zu.

»Und wann fahren wir los?«

Sie konnte die geplante Abreise kaum erwarten.

»Schon bald, Yvonne. Sehr bald!«

15

Er hatte es sich, so gut es ging, in dem alten Ohrensessel im Wohnzimmer bequem gemacht. Das Polster war kratzig und roch leicht muffig.

Sicherlich ein Erbstück, dachte er. Warum sonst stellte man sich ein so altes, klobiges Möbelstück in seine Wohnung?

Als er sich jedoch näher umblickte, fiel ihm auf, dass das gesamte Mobiliar recht alt und gediegen wirkte. Die massive Standuhr, deren Pendel unbeirrt hin und her schwang, der kleine Nierentisch, der Holzschnitt nach Dürer. Es schien, als sei die Zeit in diesem Raum stehen geblieben. Genauso wie in dem Schlafzimmer mit den Puppen und Plüschtieren.

Er rutschte ein wenig tiefer in den Sessel und kreuzte die Beine. Teichert und er hatten beschlossen, dass es besser war, hier auf Wagner zu warten. Der Koffer auf dem Bett deutete darauf hin, dass er vorhatte, noch einmal zurückzukehren. Wenn sie jetzt eine groß angelegte Fahndung ausriefen, bestand die Gefahr, dass er etwas mitbekommen und untertauchen würde. Das wollten sie auf keinen Fall riskieren. Deshalb wartete er, in diesem Sessel sitzend, auf Wagners Rückkehr, während Teichert sich ein Stockwerk höher in Brandts Wohnung zurückgezogen hatte.

Die Standuhr schlug sechs Mal, instinktiv blickte er auf seine Armbanduhr und verglich die angezeigte Zeit. Wann Wagner wohl heimkehren würde? Ob er überhaupt heute nach Hause kam? Er machte sich auf eine lange Nacht gefasst, in der ihm viel Zeit blieb, sich über das Motiv des Mannes, der nur ein Stockwerk unter ihm lebte, Gedanken zu machen.

Was hatte Wagner dazu bewogen, die beiden Mädchen zu entführen? Dass er für Michelle Roeders Verschwinden und deren Tod ebenfalls verantwortlich war, stand für Brandt außer Frage. Aber das erste Mädchen war weder missbraucht noch misshandelt worden. In das Raster eines Sexualtäters passte er also gar nicht hinein. Außerdem hatte er die Entführung und das, was er anschließend mit den Mädchen vorhatte, gut geplant und durchdacht. Der Kauf des Kleintransporters auf den Namen seiner toten Mutter, die gut verwischten Spuren, sein unauffälliges Auftreten und auch die vorbereitete Reise deuteten auf eine schlaue und überlegte Vorgehensweise. Der Mord an Michelle Roeder passte allerdings überhaupt nicht ins Bild. Wenn Wagner das Mädchen nicht aus sexuellen oder sadistischen Beweggründen entführt hatte, warum brachte er es dann um?

Der Koffer mit den gepackten Sachen im Schlafzimmer wies eindeutig darauf hin, dass er vorhatte, eine Reise zu unternehmen. Dass er Marie Priebe mitnehmen würde, davon ging Brandt aus. Aber wieso hatte er diese Reise nicht schon mit Michelle angetreten? War ihr Tod vielleicht ein Versehen gewesen? Hatte Wagner sie gar nicht umbringen wollen?

Brandt kratzte sich hinter seinem linken Ohr. Es fiel ihm schwer, sich in den anderen hineinzuversetzen. Für gewöhnlich machte ihn diese Fähigkeit jedoch bei der Klärung seiner Fälle besonders erfolgreich. Irgendwie hatte er die Gabe, tief in ein anderes Ich hinabzutauchen und die Dinge mit den Augen des Täters zu sehen und zu verstehen. Aber in diesem Fall fand er keinen Zugang zu dem Mann, der kleine Mädchen aus einem ihm unerklärlichen Grund entführte. Was hatte Wagner vor?

Er blickte sich wieder in dem altmodisch eingerichteten Raum um, der ihn an die Wohnung von Mia von Seitz erinnerte. Zwar schien hier nicht alles ganz so pedantisch geordnet, dennoch ähnelten sich die Räume in einer gewissen Art und Weise. Hatte das Verschwinden der Mädchen vielleicht etwas mit Wagners Vergangenheit zu tun? War er in der Zeit gefangen, in der er selbst ein Kind gewesen war? Die Möbel im Wohnzimmer und das zweite Schlafzimmer, welches wie ein Museum wirkte, ließen darauf schließen. Die Nachbarin der Toten hatte doch etwas über einen tragischen Tod der Schwester erzählt. War darin vielleicht das Motiv Wagners verankert? Er wollte gerade zu seinem Handy greifen, um Teichert zu bitten, etwas darüber in Erfahrung zu bringen, als er hörte, wie ein Schlüssel im Schloss der Wohnungstür herumgedreht wurde.

»Möchtest du auch eine Cola?«

Lore stand vor dem Kühlschrank und blickte fragend auf den Kollegen ihres Vaters, der leicht verkrampft am Küchentisch saß. Teichert nickte wortlos.

Die Stimmung war angespannt. Er fragte sich immer noch, ob sie tatsächlich die richtige Entscheidung getroffen hatten. Wagner war nicht ungefährlich, schließlich hatte er ein Mädchen auf dem Gewissen. Man konnte nicht voraussehen, wie er auf die Anwesenheit Brandts in seiner Wohnung reagieren würde. Vielleicht war er bewaffnet. Möglicherweise würde er in Panik geraten und seinen Kollegen bedrohen oder sogar angreifen. Auf der

Polizeischule hatte er gelernt, dass man den Partner niemals allein in solchen Situationen lassen durfte. Unter gar keinen Umständen waren Alleingänge erlaubt. Aber Brandt hatte darauf bestanden und Teichert hatte sich nicht getraut, dem erfahrenen Kollegen zu widersprechen. Trotzdem oder vor allem deswegen plagten ihn nun Zweifel an der Korrektheit der gemeinsam beschlossenen Vorgehensweise.

Auf der einen Seite hatte er Brandt natürlich zugestimmt. Den Überraschungseffekt auszunutzen, wenn man Wagner in seiner Wohnung überrumpelte und mit den Anschuldigungen konfrontierte, barg die Möglichkeit eines schnellen Geständnisses. Wie viel dieses wert sein würde, konnte er nicht einschätzen und vertraute auf die Erfahrung des Kollegen. Was aber, wenn ihr Plan nicht funktionierte, wenn der Mann sich wehren würde? Jemand, der zwei Mädchen entführt und eines davon sogar getötet hatte, war nicht ungefährlich. Unter Umständen würde Brandt gar nicht die Gelegenheit haben, Teicherts Nummer zu wählen. Sie hatten abgesprochen, sobald Wagner die Wohnung betrat, würde Hagen ihn anrufen. Er wollte dann das Gespräch mit Lores altem Kassettenrekorder aufzeichnen. Sollte es brenzlig werden, würde er die Kollegen verständigen und ihm zur Hilfe eilen.

Sie stellte das Glas mit der braunen, perlenden Flüssigkeit vor ihm auf den Tisch und setzte sich zu ihm.

»Was genau macht Papa jetzt?«

Brandt hatte darauf bestanden, dass seine Tochter von der ganzen Sache nichts mitbekommen sollte. Er wollte nicht, dass sie sich aufregte, und schon gar nicht sollte sie erfahren, dass sie mit einem Mörder unter einem

Dach lebte. Teichert hatte sich an die Anweisung gehalten und zuckte auch jetzt nur mit den Schultern. Er griff zu dem Glas und trank es in einem Zug leer. Doch Lore ließ nicht locker.

»Wofür brauchst du meinen Rekorder?«

Sie hatte das alte Gerät aus ihrem Zimmer geholt. Eine Leerkassette hatte sie nicht mehr besessen, sich aber überreden lassen, eine Aufzeichnung eines Sarah-Connor-Konzerts zum Überspielen zu opfern, nachdem er ihr versprochen hatte, ihr die neueste CD von der Popsängerin zu besorgen.

»Kann sein, dass ich was aufnehmen muss.«

»Und was?«

Er versuchte, schnell das Thema zu wechseln.

»Warst du nicht heute in Ratingen?«

Sie nickte zwar, ging aber nicht weiter auf seine Frage ein. Vielmehr schien es, als habe sie von der Unruhe im Haus und dem Wirbel um den Nachbarn bereits mehr mitbekommen als vermutet.

»Hat Herr Wagner etwas mit Maries Verschwinden zu tun?«

Er sah die Furcht in ihren Augen und konnte gut nachvollziehen, dass sie die Ereignisse der letzten Zeit ängstigten, und die Geheimniskrämerei, die Brandt betrieb, trug nicht gerade dazu bei, dem Mädchen die Angst davor zu nehmen, dass ihr Ähnliches widerfahren konnte. Immerhin war eine Mitschülerin von ihr spurlos verschwunden. Er rang mit sich. Sollte er ihr sagen, dass sie den Täter ausfindig gemacht hatten und dass ihr Vater genau in diesem Augenblick darauf wartete, ihn festnehmen zu können? Würde sie das beruhigen oder eher noch unsicherer werden lassen?

Er räusperte sich.

»Also, wir haben heute …«

Weiter kam er mit seiner Erklärung nicht, denn genau in dem Moment, in dem er für sich beschlossen hatte, dass es besser sei, Brandts Tochter die Wahrheit zu sagen, klingelte sein Telefon. Auf dem Display blinkte der Name seines Kollegen. Er deutete ihr mit dem ausgestreckten Zeigefinger, den er gegen seine Lippen presste, zu schweigen. Dann drückte er die Aufnahmetaste des Rekorders und nahm das Gespräch an.

Eilig lief Michael Wagner den Flur entlang. Er hatte das Licht nicht angeschaltet, aber Brandt nahm seinen Schatten wahr, als er an der Wohnzimmertür vorüberhuschte. Er setzte sich in dem Sessel auf und lauschte angespannt.

Den Geräuschen nach befand sich Wagner im Schlafzimmer. Er hörte, wie eine Jalousie heruntergelassen wurde, dann das Aufziehen von Schubladen. Brandt stand auf und schlich in den Flur.

Sein Gehör hatte ihn nicht getäuscht. Die Tür zum Schlafzimmer war weit geöffnet. Wagner stand mit dem Rücken zu ihm und führte Selbstgespräche. Dabei blickte er auf etwas, das er in den Händen hielt.

»So, Yvonne, nun bleiben wir für immer zusammen. Nichts kann uns mehr trennen, wirst sehen!«

Er beugte sich über seinen Koffer, legte den Gegenstand aus seinen Händen hinein, klappte den Deckel hinunter und ließ die Verschlüsse zuschnappen. Noch einmal ließ er seinen Blick durch den Raum schweifen, ehe er nach dem Koffer griff und sich umdrehte.

»Guten Abend, Herr Wagner!«

Der Mann erschrak und ließ vor Entsetzen den Koffer fallen. Ein dumpfer Knall ertönte und Wagner zuckte erneut zusammen. Mit weit aufgerissenen Augen starrte er ihn an.

Brandt, der insgeheim ob des gelungenen Überraschungseffektes triumphierte, blieb gelassen. Der Nachbar wirkte völlig verstört. Ein Angriff schien unwahrscheinlich.

»Wollen Sie verreisen?«

Er deutete auf den Koffer. Der andere folgte seinem Fingerzeig.

»Wohin soll die Reise denn gehen? An die Ostsee?«

Die Verblüffung über Brandts Auftreten und seine wissenden Fragen stand Wagner ins Gesicht geschrieben, aber langsam fasste er sich.

»Wie kommen Sie in meine Wohnung?«

Der Kommissar ging darauf gar nicht ein. Er versuchte, sein Gegenüber mit den Tatsachen, die ihm bisher bekannt waren und die ihn hierher geführt hatten, weiterhin aus der Fassung zu bringen.

»Wir haben Ihre Mutter gefunden.«

Wagner schluckte und begann langsam zu verstehen, warum der Polizist hier war. Allerdings konnte er nur vage Vermutungen darüber anstellen, wie viel der andere tatsächlich wusste. Dennoch entschied er sich, die Flucht nach vorn anzutreten.

»Sie ist ganz friedlich eingeschlafen.«

»Das wird sich zeigen.«

Brandt traute ihm nicht. Und solange die Ergebnisse der Obduktion nicht vorlagen, kamen für ihn alle Varianten in Frage.

»Ist das alles? Sind Sie deswegen hier?«

Stück für Stück verflüchtigte sich die Überraschung und ermöglichte es ihm, zumindest nach außen eine gewisse Gelassenheit zu demonstrieren. Er kniff die Augen zusammen und blickte ihn durchdringend an.

Brandt ärgerte sich, dass sein Gegenüber sich anscheinend so schnell gefasst hatte. Der Kerl ist ganz schön abgebrüht, dachte er und überlegte, wie er Wagner ein weiteres Mal in die Enge treiben konnte.

»Das ist leider nicht alles. Sagen Ihnen die Namen Michelle Roeder und Marie Priebe etwas?«

Er erwartete gespannt die Reaktion seines Gegenübers, doch weder an dessen Blick noch Körperhaltung war es ihm möglich, irgendetwas abzulesen. Wagner tat, als überlege er angestrengt, ehe er antwortete:

»Sind das nicht die beiden Mädchen, die vor Kurzem verschwunden sind? Ist doch in jeder Zeitung zu lesen. Ich glaube, ich habe sogar einen Bericht darüber im Fernsehen gesehen.«

Langsam wurde es Brandt zu bunt. Für wie schlau hielt sich der Typ eigentlich? Gut, sie hatten keine konkreten Beweise gegen ihn – noch nicht –, aber das war seiner Ansicht nach nur eine Frage der Zeit.

»Herr Wagner, ich muss Sie bitten, mich aufs Präsidium zu begleiten.«

»Haben Sie einen Haftbefehl?«

»Nein.«

Aber Brandt war sich ziemlich sicher, dass Bruns ihm sofort einen ausstellen würde, sobald er von der Sachlage erfuhr.

»Aber bei Ihnen besteht Fluchtgefahr«, er blickte provozierend auf den Koffer, »da brauche ich auch keinen.«

16

Es war bereits weit nach Mitternacht. Wagner saß ihm gegenüber.

»Noch einmal, Herr Wagner. Wo waren Sie Mittwoch zwischen 12 und 13 Uhr?«

Er stellte die Frage zum wiederholten Male, doch auch diesmal schwieg sein Gegenüber beharrlich. Brandt stöhnte innerlich auf. Langsam riss ihm der Geduldsfaden.

»Herr Wagner, es ist nur eine Frage der Zeit, wann wir Ihnen die Entführungen nachweisen können. Besser, Sie kooperieren, das könnte sich anschließend mildernd auf Ihr Strafmaß auswirken.«

Schweigen. Das ist doch wie verhext, dachte er. Irgendwie musste man doch an diesen Kerl herankommen. Er stand auf und trat ans Fenster. Das gedämpfte Licht der Laternen legte eine eigenartige Stimmung über die Straße. Alles schien ruhig und friedlich, und dennoch erweckte das Bild in ihm den Eindruck, als wolle es ihn nur täuschen, als läge da draußen eine Art Ungeheuer auf der Lauer und wartete nur darauf, jeden Moment zuzuschnappen. Irgendwo in dieser unwirklichen und bedrohlichen Welt hinter dieser Glasscheibe befand sich Marie Priebe, und der Einzige, der wusste, wo sie war, saß hier und kriegte die Zähne nicht auseinander.

Er drehte sich um. Wagner saß bewegungslos an dem Tisch und starrte auf die gegenüberliegende Wand. Es machte auf Brandt den Eindruck, als wiege er sich in absoluter Sicherheit. Wie nur konnte er ihn aus der Reserve locken?

»Wollen Sie etwa, dass Marie stirbt?«

»Ohne Beweise können Sie mich nicht ewig hier festhalten.«

Es war das erste Mal seit seiner Festnahme, dass er sprach. Seine Stimme klang fest und überzeugt und unterstrich Brandts Empfindung, dass Wagner sich seiner Sache absolut sicher war. Die einzige Möglichkeit, etwas aus ihm herauszubekommen, sah er darin, sein Gegenüber an seiner perfekten Vorgehensweise zweifeln zu lassen.

»Wir haben eine Zeugin. Morgen früh wird es eine Gegenüberstellung geben.«

Er glaubte, ein Zucken in den Augen des anderen wahrzunehmen, war sich aber nicht sicher.

»Wer soll das sein?«

Seine Behauptung zeigte Wirkung. Nun war es wichtig, die Zweifel zu verstärken.

»Sie sind gesehen worden. An der Schule.«

»Meinen Sie dieses lächerliche Phantombild? Das ähnelt mir nun wirklich nicht im Geringsten!«

An das Bild hatte Brandt gar nicht gedacht. Er musste lächeln. Wenn Wagner meinte, das sei das Einzige, was sie gegen ihn in der Hand hatten, hatte er sich aber getäuscht. Er hatte bei seiner Äußerung vielmehr an die Mitschülerin von Michelle Roeder gedacht. Immerhin hatte Ann-Katrin gesehen, wie ihre Freundin zu ihm in den Wagen gestiegen war. Vielleicht würde sie ihn wiedererkennen.

»Sie werden verstehen, dass wir unsere Zeugen schützen müssen und ich Ihnen deswegen selbstverständlich nichts darüber sagen darf.«

»Ach, Sie bluffen doch nur. Sie haben nichts gegen mich in der Hand! In ein paar Stunden müssen Sie mich sowieso laufen lassen!«

»Wenn Sie meinen.«

Es kostete ihn große Anstrengung, bei der dreisten Äußerung seines Gegenübers ruhig zu bleiben.

»Dann können Sie aber in der Zwischenzeit mal den Luxus unserer Verwahrzellen genießen.«

Brandt öffnete die Tür und rief einen Kollegen, der Wagner abführte.

»Und?«, Teichert erwartete ihn ungeduldig in ihrem Büro. »Hat er was ausgespuckt?«

Er schüttelte den Kopf und setzte sich an seinen Schreibtisch, der wie immer vor Aktenbergen überquoll. Zuoberst lag jedoch der Obduktionsbericht von Mia von Seitz.

»Na, die Kollegen sind ausnahmsweise mal richtig schnell.«

Er griff nach der Akte.

»Hast du schon gelesen?«

Sein Kollege nickte und fasste für ihn die Ergebnisse kurz zusammen. Mia von Seitz war höchstwahrscheinlich tatsächlich an einer natürlichen Todesursache gestorben. Man wartete zwar noch auf einige Ergebnisse, aber prinzipiell stand das bereits so gut wie fest.

»Hat Wagner also nicht gelogen.«

»Nee, einziger Zusammenhang mit dem Mord an Michelle Roeder besteht in dem Medikament, das wir in der Wohnung gefunden haben.«

Brandt zog fragend seine Augenbrauen nach oben.

»Mia von Seitz litt an Epilepsie. Luminal wird in der Regel zur Behandlung dagegen eingesetzt.«

Er fragte, wie die Kollegen aus der Rechtsmedizin das so schnell herausgefunden hatten.

»Bruns hat seine Kontakte spielen lassen. In der Krankenakte des Hausarztes war vermerkt, dass die Tote seit etlichen Jahren mit diesem Medikament behandelt wurde.«

Es sei also ein Leichtes für Wagner gewesen, an das verschreibungspflichtige Arzneimittel zu gelangen. Außerdem sei laut Unterlagen erst vor wenigen Wochen das letzte Rezept ausgestellt worden, und zu dem Zeitpunkt sei Mia von Seitz nach Schätzungen der Rechtsmediziner bereits tot gewesen.

»Hat er sich dazu geäußert, warum er den Tod seiner Mutter nicht gemeldet hat?«

Brandt winkte ab.

»Dem kommen wir nur mit handfesten Beweisen bei.«

Und die mussten schnell her, ansonsten waren sie gezwungen, den Verdächtigen tatsächlich wieder laufen zu lassen. Aber auch, wenn sie ihn weiterhin festhalten konnten, irgendwie mussten sie aus ihm herausbekommen, wo er Marie Priebe versteckt hielt. Wenn es nicht schon zu spät war. Aber wenn das Mädchen noch lebte, war höchste Eile angesagt, denn ohne Wagners Versorgung mit Wasser und Lebensmitteln würde sie nur wenige Tage überleben.

»Ich will eine Gegenüberstellung mit der Freundin von Michelle Roeder. Außerdem sollten wir versuchen, etwas über den Unfall seiner Schwester herauszubekommen. Irgendwie werde ich das Gefühl nicht los, dass die Entführung der Mädchen etwas mit deren Tod zu tun hat. Sonja soll mal versuchen, etwas darüber herauszufinden.«

Teichert rutschte plötzlich verlegen auf seinem Stuhl hin und her. Er räusperte sich.

»Könntest du das …?«

Brandt blickte seinen Kollegen fragend an. Dieser senkte seinen Blick, ehe er erklärte, dass es zwischen ihm und der Assistentin aus sei.

»Momentan herrscht Funkstille, falls du verstehst, was ich meine?«

Er verstand. Eine Beziehung zwischen Kollegen war immer eine schwierige Angelegenheit. Man sah sich jeden Tag, hatte die gleichen Gesprächsthemen. Auf der einen Seite konnte es zwar sehr schön sein, wenn man sich mit dem Partner austauschen konnte, aber längerfristig führte es häufig zu Konflikten. Besonders in ihrem Beruf. Er hatte selbst vor Jahren die Erfahrung gemacht, aber das war lange vor Margit gewesen und er erinnerte sich nur ungern an diese Zeit.

»Gut, dann kümmerst du dich um die Gegenüberstellung. Ich will mal sehen, was wir über den Unfall der Schwester haben.«

Teichert nickte dankbar.

17

»Also, Ann-Katrin, schau dir die Männer in Ruhe an. Wir haben Zeit.«

Das Mädchen mit den dunklen Haaren umklammerte fest die Hand seiner Mutter.

»Und die können mich wirklich nicht sehen?«

Er hatte ihr vor der Gegenüberstellung die verspiegelte Scheibe und deren Effekt erklärt, aber die Kleine schien ihm nicht wirklich zu trauen. Mit ängstlichem Blick schaute sie ihn an.

»Nein«, versuchte er noch einmal, ihre Bedenken auszuräumen, »sie können nicht sehen, wer hier steht.«

Ann-Katrin trat vorsichtig einen Schritt näher an das Glas. Mit aufmerksamem Blick betrachtete sie die fünf Männer, die in einer Linie aufgereiht auf der anderen Seite der Glasscheibe standen. Michael Wagner trug die Nummer ›3‹. Mit ausdrucksloser Miene hielt er das Schild hoch und folgte den Anweisungen, die Brandt über ein Mikrofon in den Raum gab.

»Nummer drei bitte vortreten!«

Wagner trat zwei Schritte vor und grinste.

Er hoffte auf eine Reaktion des Mädchens, doch dieses verfolgte mit gleichbleibendem Gesichtsausdruck das Geschehen jenseits der Scheibe.

»Danke!«

Er ließ auch die anderen Männer vortreten, die Zeugin sollte nicht durch eine gelenkte Vorgehensweise beeinflusst werden. Auch wenn er sich noch so sehr wünschte, dass das Mädchen den Täter erkannte, eine manipulierte Aussage war so gut wie gar nichts wert, und wenn es hart auf hart kam, würde jeder Strafverteidiger die Identifizierung durch ein minderjähriges Kind sowieso zunichtemachen.

Ann-Katrin nagte nachdenklich auf ihrer Unterlippe.

»Können die vielleicht doch noch mal näher kommen?«

Anscheinend hatte das Mädchen jemanden erkannt, war sich aber unsicher. Er griff zum Mikrofon und ließ die Männer der Reihe nach nochmals vortreten.

»Ich glaube, der mit der Nummer drei war's.«

Brandt nickte und bedankte sich für ihre Hilfe.

»Ich bin mir aber nicht ganz sicher. Hab ihn nur kurz gesehen.«

Er verdrehte leicht die Augen. Es war vorauszusehen gewesen, dass diese Gegenüberstellung nicht besonders viel Erfolg haben würde.

»Trotzdem danke.«

Er ließ Wagner in ein Verhörzimmer bringen. Wie erfolglos die Gegenüberstellung auch gewesen war, Wagner wusste nichts von dem Ergebnis, das war Brandts Vorteil. Er ließ den Festgenommenen absichtlich einige Minuten warten. Je nervöser er wurde, desto größer die Chance auf ein Geständnis.

Doch Michael Wagner wirkte äußerst ruhig und gelassen, als er den Raum betrat. Er rauchte eine Zigarette, die er sich anscheinend bei jemandem geschnorrt hatte. Langsam zog er an der glimmenden Kippe und blies den Rauch stoßweise in kleinen Schwaden Richtung Zimmerdecke.

Brandt hustete leicht. Er hasste den Geruch von verbranntem Tabak, konnte ihn nicht ertragen. Selbst jahrelang starker Raucher gewesen, litt er nun an dem allbekannten Syndrom, dass gerade Nichtraucher, die einst selbst geraucht hatten wie ein Fabrikschlot, nun zu den schärfsten Bekämpfern der qualmenden Partei gehörten.

»Dürfte ich Sie vielleicht bitten, die Zigarette auszumachen? In diesem Raum ist das Rauchen nicht gestattet.«

Ohne ein Wort drückte Wagner die Kippe aus. Er

scheint zumindest nicht auf Ärger aus, dachte er. Wie aber konnte er ihn am ehesten zu einem Geständnis und, was noch viel wichtiger war, dazu bringen, ihnen zu verraten, wo er Marie Priebe versteckt hielt? Die Zeit arbeitete gegen sie, schließlich wussten sie nicht, ob und wie viel Wasser und Nahrungsmittel Michael Wagner dem Mädchen gegeben hatte. Unter Umständen blieben ihnen nur zwei, drei Tage.

»Unsere Zeugin hat Sie erkannt. Sie brauchen sich also nicht weiter zu bemühen, uns hier den Unschuldigen vorzuspielen. Sie sind definitiv an der Schule in Flingern gesehen worden.«

»Und?«, der Verdächtigte lehnte sich lässig in dem Stuhl zurück. »Ist es einem unbescholtenen Bürger nun auch schon verboten, an einer Schule vorbeizugehen?«

»Sie waren also da?«

Brandt versuchte, die provokative Art seines Gegenübers auszublenden und ihn durch gezielte Fragen in die Enge zu treiben. Doch Wagner ließ sich nicht so schnell aus der Ruhe bringen.

»Selbst wenn, was besagt das schon?«

Er fluchte innerlich. Wieso schaffte er es nicht, den anderen aus der Reserve zu locken? Die Verhörtaktik, die ihn schon unzählige Male zu einem Geständnis verholfen hatte, zog bei Wagner rein gar nicht. Also versuchte er, auf das Spielchen stärker einzugehen.

»Nehmen wir einmal an, sie hätten Marie Priebe – das ist das Mädchen, das vor ein paar Tagen verschwunden ist – entführt. Was würden Sie wohl mit ihr machen? Wohin würden Sie sie bringen?«

»Meinen Sie, das würde ich Ihnen verraten?«

Marie lauschte angespannt in die sie umgebende Stille. So sehr sie sich bisher auch immer vor dem Kommen des Mannes gefürchtet hatte, umso sehnsüchtiger erwartete sie nun jegliches Geräusch, das sein Herannahen vermuten ließ. Die Aussicht, auf der angekündigten Reise fliehen zu können, verdrängte ihre Angst und ließ sie auf ein Entkommen hoffen.

Doch so sehr sie sich auch wünschte, sich nähernde Schritte oder sonst ein Geräusch zu vernehmen, um sie herum blieb es still. Lediglich das Nagen der Ratten hinter den Dämmplatten, an das sie sich beinahe schon gewöhnt hatte, war zu vernehmen.

In Gedanken hatte sie sich ihre Flucht bereits ausgemalt. Der günstigste Zeitpunkt, hatte sie überlegt, wäre ein Toilettengang an einer Raststätte. Sicherlich würden sie auf der Fahrt an die Ostsee anhalten, und ein Rastplatz oder Parkplatz war nur selten gänzlich unbelebt. Da würde es mit Sicherheit Leute geben, die sie auf sich aufmerksam machen konnte und die ihr helfen würden. Es sei denn, sie würden nachts reisen. Aber im Schutze der Dunkelheit war die Aussicht auf eine erfolgreiche Flucht auch bestimmt höher. Wenn sie sich in ein Gebüsch oder ein angrenzendes Waldstück flüchten könnte, bestand eine hohe Wahrscheinlichkeit, dem Mann zu entkommen.

Sie atmete tief durch. Das Warten machte sie schläfrig. Sie streckte sich auf der Matratze aus und starrte an die Decke.

Wo er nur blieb? So lange hatte er sie noch nie allein gelassen. Außerdem waren ihre Vorräte aufgebraucht. Die letzte Colaflasche hatte sie vor Stunden geleert und auch die Kekse hatte sie aufgegessen. Der Eimer, in den sie ihre Notdurft verrichtete und den der Mann regelmäßig ausgetauscht hatte, war halb voll und der Gestank in dem kleinen Raum wurde langsam unerträglich. Sie drehte sich zur Wand und schloss die Augen.

Bald bist du frei, Yvonnchen, dachte sie und kicherte dabei.

»Das gibt's doch gar nicht!«, schimpfte Brandt laut, als er das Büro betrat.

Er war hundemüde und gereizt. Die letzte Nacht hatte er wenig geschlafen. Immer wieder war er aufgeschreckt, geplagt von dem schrecklichen Gedanken, dass sie Wagner nicht zu einem Geständnis brachten und wieder laufen lassen mussten. Sie hatten inzwischen zwar einen Haftbefehl, den Bruns aufgrund der Fluchtgefahr beim Richter erwirkt hatte, aber handfeste Beweise gab es bisher nicht.

»Soll ich vielleicht noch mal ...«, bot Teichert sich an, aber er winkte ab.

»Aus dem bekommst du so nichts raus, oder welche Taktik hattest du dir überlegt?«

Sein Kollege zuckte mit den Schultern. Er hatte zwar Verhörmethoden auf der Polizeischule gelernt, allerdings kaum eigene Erfahrungen sammeln können. Gegenüber Brandt fühlte er sich häufig als absoluter Anfänger. Auch wenn das in gewisser Weise den Tatsachen entsprach, aber wenn er nie die Gelegenheit bekam, das Gelernte in die Praxis umzusetzen, wie sollte er da kompetenter werden?

»Kann man ihn denn nicht irgendwie unter Druck setzen?«

Brandt schüttelte den Kopf und erzählte, dass er das schon versucht hatte.

»Der badet so in seiner Selbstsicherheit. Wenn wir nicht etwas finden, was ihn total aus der Bahn wirft, wird er weiter schweigen. Wir sollten uns intensiver mit seinem Motiv beschäftigen. Warum hat er die Mädchen entführt und Michelle umgebracht?«

Teichert rutschte tiefer in seinen Schreibtischstuhl.

»Also, eine sexuelle Motivation hatten wir ausgeschlossen. Ich hab mich aber mal schlaugemacht, welche psychologischen Hintergründe eine solche Tat noch haben könnte.«

Er reichte ihm ein dickes Buch, das die Aufschrift ›Grundlagen der Polizeipsychologie‹ trug. Brandt hielt nicht besonders viel von solchen Büchern. Zwar vermittelten sie, wie der Titel schon besagte, gewisse Grundlagen, aber die wahren Motive, die, die den Täter zu einer bestimmten Handlung bewogen hatten, lernte man am ehesten aus Gesprächen mit ihm, aus seinem Verhalten, seinen Gesten und den Ereignissen in seiner persönlichen Vergangenheit. Jeder Mensch wurde durch das, was er erlebt hatte, in seiner Persönlichkeit beeinflusst, geformt, manipuliert. Er selbst war das beste Beispiel dafür.

»Hat Sonja denn schon etwas über den Unfall der Schwester herausgefunden?«

Sein Kollege blickte überrascht auf.

»Ich dachte, du …?«

Brandt hatte den Zwist der beiden völlig vergessen. Ein wenig ärgerlich darüber, dass dieser Streit ihre Arbeit behinderte, fuhr er Teichert an.

»Kannst du das nicht im Moment mal vergessen? Ihr solltet das sowieso klären. So kann das nicht weitergehen.«

Er nahm den Telefonhörer in die Hand und wählte Sonja Munkerts Nummer.

Keine zwei Minuten später stand die Assistentin in der Tür und reichte ihm wortlos die Akte. Teichert vermied es, sie anzusehen. Er hatte sich zum Fenster gedreht und starrte hinaus. Sonja Munkert trat verlegen von einem Fuß auf den anderen.

Brandt räusperte sich laut, doch sein Kollege reagierte nicht.

»Meine Güte«, er schüttelte verständnislos den Kopf. »Ich will, dass ihr euch ausspricht. Jetzt. Sofort. Wir sind schließlich ein Team. So kann ich mit euch nicht arbeiten!«

Er stand auf und verließ das Büro.

Im Gang traf er Schirmer, der ihn fragte, ob sie inzwischen ein Geständnis hätten.

»So einfach, wie wir uns das gedacht haben, ist das nicht. Wagner macht total dicht.«

Er erzählte seinem Vorgesetzten von dem Verhör und dass er der Ansicht war, den Inhaftierten nur über die persönliche Schiene aus der Reserve locken zu können.

»Bin gerade auf der Suche nach einem stillen Platz, wo ich mich mal mit Wagners Vergangenheit beschäftigen kann.«

»Und wieso geht das nicht in deinem Büro?« Schirmer blickte ihn fragend an.

»Krisensitzung«, antwortete er nur kurz, ehe er seinen Weg in die Cafeteria fortsetzte.

Es gab reichlich freie Plätze um diese Zeit. Die Frühstückspausenzeit war schon lange vorbei und das Mittagessen stand noch nicht an.

Er holte sich einen Kaffee und setzte sich an einen der zahlreichen Tische.

Die Akte, die Sonja Munkert ihm aus dem Archiv besorgt hatte, enthielt einen Unfallbericht und einige Zeugenaussagen.

Yvonne Wagner war 1983 durch einen Autounfall ums Leben gekommen. Ein Auto hatte sie an einem Zebrastreifen erfasst und zehn Meter durch die Luft geschleudert. Das Mädchen war noch am Unfallort verstorben.

Er betrachtete die Bilder des Wagens und augenblicklich schoben sich seine eigenen Erinnerungen vor die Hochglanzfotos in seiner Hand.

Margits lebloser Körper, der blutüberströmt neben ihm auf dem Beifahrersitz saß. Ihr ausdrucksloser Blick, der auf die geborstene Windschutzscheibe gerichtet war. Mit zitternden Händen hatte er versucht, ihre Hand zu ergreifen, hatte in Panik immer wieder ihren Namen gerufen: »Margit! Margit!«

Noch heute hörte er den Klang seiner verzweifelt krächzenden Stimme. Die Worte hallten in seinem Kopf wider und wider. Ein Echo jener Zeit, das seine Persönlichkeit Tag für Tag prägte und sein Handeln beeinflusste – wahrscheinlich genauso wie Wagner der Unfall seiner kleinen Schwester. Er schloss die Augen und holte tief Luft, ehe er zu seinem Kaffeebecher griff, einen kräftigen Schluck nahm und sich wieder der Akte von Yvonne Wagner widmete.

Der Fahrer des Wagens hatte sich damals selbst für schuldig erklärt. Überhöhte Geschwindigkeit und Trunkenheit am Steuer – da hätte er sich sowieso schwerlich rausreden können. Das Mädchen am Straßenrand hatte er nach eigener Aussage nicht gesehen, erst als es einen lauten Knall gegeben hatte und er etwas durch die Luft hatte fliegen sehen, war er sich der Situation, nämlich dass er einen Menschen überfahren hatte, bewusst geworden und hatte reagiert. Aber da war es schon zu spät gewesen. Der leblose Körper hatte mitten auf der Straße vor ihm gelegen.

Ein tragischer Unfall – wie es die Nachbarin von Frau Wagner erzählt hatte –, aber einer von vielen. Solche Fälle gab es jeden Tag und überall. Leider.

Sicherlich hatte der Verlust der Schwester Michael Wagners weiteres Leben stark beeinflusst. Wenn man einen lieben Menschen verlor, brachte das immer unliebsame Veränderungen mit sich, das wusste er selbst am besten.

Aber der Junge war damals bereits 14 Jahre alt gewesen, also in seiner Persönlichkeit schon recht gefestigt, zumindest zum größten Teil. Dass der Unfall eine Art Trauma in ihm ausgelöst hatte, das unter Umständen erst jetzt seine Auswirkungen fand, war zwar möglich, aber doch eher unwahrscheinlich. War er denn überhaupt bei dem Unglück dabei gewesen? Hatte er die tote Schwester zu Gesicht bekommen?

Er blätterte in der Akte. Etwas weiter hinten fand er die Zeugenaussagen. Yvonne war in Begleitung ihres Bruders gewesen. Die Zeugen hatten übereinstimmend ausgesagt, dass zwei Kinder am Straßenrand gestanden hatten.

Er griff nach seinem Kaffeebecher und stürzte den Rest des lauwarmen Getränks hinunter, der einen bitteren Nachgeschmack in seiner Mundhöhle hinterließ.

Wieso hatten sie nicht gleichzeitig die Straße überquert? War dem Unfall vielleicht ein Streit vorausgegangen und die Schwester vor ihm weggelaufen?

Er überflog die letzten Aussagen flüchtig. Sie ähnelten einander. Die Kinder am Straßenrand, der auf sie zurasende Wagen, der Knall, ein Schrei.

Nur eine Darstellung der Situation unterschied sich von den anderen. Eine Frau wollte gesehen haben, dass Michael Wagner seine Schwester auf die Straße geschubst hatte.

Er holte tief Luft und presste sie anschließend durch seine leicht gespitzten Lippen. Die Bedienung am Tresen blickte zu ihm herüber. Schnell packte er die Akte zusammen, lächelte ihr selbstzufrieden zu und verließ eilig die Cafeteria.

Ohne anzuklopfen, stürmte er ins Büro und überraschte Teichert und die Assistentin, die, wild knutschend, halb auf dem Schreibtisch lagen.

»Ich hab's!«, rief er beim Betreten des Raumes und ignorierte die peinlich berührten Blicke der beiden.

»Wagner hat seine Schwester auf dem Gewissen. Wusste ich doch, dass das was mit ihr zu tun hat. Auf mein Bauchgefühl ist halt Verlass.«

Sonja Munkert verließ fluchtartig und mit hochrotem Kopf das Büro.

»Wir haben uns wieder vertragen«, versuchte sein Kollege, die Situation zu erklären, doch Brandt fiel ihm ins Wort.

»Für Liebeleien haben wir jetzt keine Zeit. Darum kannst du dich nach Aufklärung des Falls kümmern. Also, wie sollen wir vorgehen? Ich bin der Meinung, wir müssen Wagner damit konfrontieren. Nur so haben wir eine Chance, ihn zu überführen. In dem Unfall liegt sicherlich die Motivation seiner Tat begründet.«

»Das überlasse ich ganz dir. Du hast da mehr Erfahrung.«

Teichert fühlte sich plötzlich überfordert. Lange hatte er darauf gewartet, auch endlich mal zum Zug zu kommen, aber jetzt, wo sich ihm die Möglichkeit bot und seine Meinung gefragt war, machte er einen Rückzieher. Vielleicht lag es an der vorausgegangenen Versöhnung, die ihn innerlich aufgewühlt hatte, aber diesmal überließ er dem erfahrenen Kollegen gern das Feld.

Doch Hagen Brandt schüttelte energisch seinen Kopf.

»Nein, Nils. Ich möchte, dass du das Verhör führst!«

18

Etwas zögernd betrat Teichert den Raum. In Gedanken war er mehrere Male seine geplante Verhörtaktik durchgegangen, doch nun, als er Wagner grinsend an dem Tisch sitzen sah, waren die Fragen und Sätze, die er sich zurechtgelegt hatte, wie weggeblasen. In seinem Kopf herrschte eine Leere, die ihn schwitzen ließ und den entschlossenen Ausdruck auf seinem Gesicht zunichtemachte.

Sein Gegenüber spürte sofort seine Unsicherheit.

»Na, schickt man nun schon die Azubis? Dann kann der Fall nicht so brisant sein.«

Teichert zuckte leicht zusammen. So viel Dreistigkeit hatte er nicht erwartet. Der Mann, der aufrecht und mit herausgestreckter Brust vor ihm saß, wirkte auf ihn nicht wie ein eiskalter Killer. Als Mörder musste man schon ziemlich unverfroren sein, um die Hemmschwelle zu überwinden, einen Menschen zu töten. Doch der etwa Ende 30-Jährige machte auf ihn eher den Eindruck des netten jungen Mannes von nebenan. So jedenfalls hatte sein Kollege ihn beschrieben. Niemals wäre Brandt auf die Idee gekommen, seinen Nachbarn zu verdächtigen, hatte er gesagt. Aber wer wusste schon, was in dem anderen vorging?

»Herr Wagner, wir wissen, was Sie getan haben.«

»So?«

»Ja. Sie haben Michelle Roeder entführt und getötet. Außerdem halten Sie Marie Priebe irgendwo gefangen.«

»Können Sie das beweisen?«

Er befand, dass es besser war, bei der Wahrheit zu bleiben.

»Bedauerlicherweise nicht. Noch nicht.«

»Und warum lassen Sie mich dann nicht laufen?«

Die vorlaute Art machte ihn wütend und er musste sich zusammenreißen, Wagner nicht anzubrüllen. Wir sind eindeutig in der besseren Situation, sagte er sich und versuchte zu lächeln.

»Weil wir wissen, warum Sie es getan haben.«

Er genoss den verwunderten Blick seines Gegenübers. Das Grinsen war aus Wagners Gesicht verschwunden. Er kniff die Augen zusammen und fragte mit einem misstrauischen Unterton in der Stimme, was er denn glaube, welche Gründe ihn denn angeblich zu der Tat veranlasst hätten.

Teichert lehnte sich lässig zurück. Er war auf dem besten Weg, die Oberhand in dem Gespräch zu gewinnen. Er schwieg bewusst einige Minuten, ehe er mit Brandts Vermutung rausrückte.

»Erinnern Sie sich an den 5. Juni 1983?«

Wagner nickte wortlos. Sämtliche Farbe wich aus seinem Gesicht. Teichert konnte förmlich zusehen, wie sein Gegenüber immer blasser wurde.

»Ihr schlechtes Gewissen quält Sie. Sie möchten etwas gutmachen, etwas, wofür allein Sie die Verantwortung tragen.«

Der Inhaftierte saß wie versteinert vor ihm und starrte auf den Tisch. Seine Selbstsicherheit hatte sich plötzlich in Luft aufgelöst. Er wirkte wie ein Häufchen Elend. Doch Teichert empfand kein Mitleid. Der Mann vor ihm hatte nicht nur Michelle Roeder umgebracht, sondern trug Mitschuld am Tod seiner Schwester. Brandt hatte recht gehabt, ebenso wie die Zeugin, die ausgesagt hatte, dass Michael Wagner das Mädchen auf die Straße geschubst hatte.

»Das hast du gut gemacht«, lobte Brandt seinen Kollegen.

Sie standen im Flur am offenen Fenster. Teichert hatte sich eine Zigarette angezündet und blies den Rauch ins Freie. Eigentlich rauchte er gar nicht, aber nach dem Verhör war ihm einfach danach gewesen.

»Aber ein Geständnis haben wir immer noch nicht.«

Er war ein wenig enttäuscht. Zwar war es ihm gelungen, Wagner in die Enge zu treiben, seiner vorlauten Art Kontra zu geben, aber gestanden hatte er trotzdem nicht.

»Warte mal ab. Morgen sieht die Sache schon ganz anders aus. Der wird uns schon noch erzählen, wo er Marie versteckt hält.«

Brandt war fest davon überzeugt, dass Wagner bald gestehen würde. Die erste Hürde hatten sie genommen. Sie hatten ihm deutlich gemacht, dass sie ihn durchschauten, schlauer waren als er. Schon bald würde ihm einleuchten, dass es besser für ihn war zu kooperieren. Teichert hatte es jedenfalls mehrmals im Verhör angedeutet. Und dann würden sie das Mädchen endlich retten.

»Wird aber auch höchste Zeit. Wenn wir sie nicht bald finden, könnte es zu spät sein.«

Lore saß am Küchentisch und machte Hausaufgaben.

»Ging das nicht ein bisschen früher?«, fragte er gereizt.

Sie beachtete ihn gar nicht und schrieb weiter einige Vokabeln und deren Übersetzung in ein Heft.

Auf dem Nachhauseweg war ihm plötzlich seine neugierige Nachbarin in den Sinn gekommen. Er wusste nicht wieso, aber vielleicht waren ihr nähere Einzelheiten aus Wagners Leben bekannt, die ihnen bei der Suche nach Marie Priebe weiterhelfen konnten. Wenn einer die Bewohner des Hauses kannte, dann Frau Lüdenscheidt, schließlich quetschte sie jeden erbarmungslos aus, der ihr in die Quere kam. Doch auch nach mehrmaligem Klingeln hatte die ältere Dame nicht geöffnet. Seltsam, hatte er gedacht, die ist doch sonst immer zu Hause. Er hinterließ einen Zettel mit der Bitte, sich umgehend bei ihm zu melden, dann rief er Teichert an.

»Versuch doch mal die Nachbarin von der Seitz zu erreichen.« Wenn diese nur halb so interessiert an dem Leben ihrer Mitbewohner war wie Frau Lüdenscheidt, war es gut möglich, dass sie von ihr noch weitere Hinweise erhalten konnten.

»Hast du schon etwas gegessen?«

»Bei Oma.«

Er atmete erleichtert auf, denn er hatte selbst keine Lust auf Rührei mit Brot gehabt und etwas anderes wäre ihm auf die Schnelle nicht eingefallen.

»Ich geh nach oben. Muss noch ein paar Kabel verlöten.«

Lore nickte. Er wollte gerade die Küche verlassen, als sie ihn zurückrief: »Du, Papa?«

Er drehte sich um.

»Hat Herr Wagner tatsächlich Marie entführt?«

Unsicher blickte sie ihn an. Ihr komplettes Weltbild war aus den Fugen geraten. Jemand hatte eine Schulfreundin entführt, und dass dieser Jemand ein Mann war, mit dem sie Tag für Tag unter demselben Dach gelebt hatte, dem sie beinahe täglich begegnet war, machte ihr Angst. Wem konnte sie noch trauen? Sie wirkte total durcheinander.

Er setzte sich zu ihr an den Küchentisch und legte behutsam seine Hand auf ihre Schulter.

»Ich fürchte, ja.«

Er spürte ihre Anspannung und wünschte sich nichts sehnlicher, als etwas Beruhigendes zu ihr sagen zu können. Doch das war nicht so einfach. Er konnte selbst kaum begreifen, wie dieser nette, unauffällige Mann so etwas hatte tun können. Das Motiv war ihm zwar bekannt und er konnte den anderen sogar ein Stück weit verstehen. Auch er hatte einen lieben Menschen verloren und fühlte sich schuldig. Er kannte die Qualen, die Wagner all die Jahre durchgemacht haben musste, er selbst litt seit dem Unfall unter seinem schlechten Gewissen. Wenn er nicht zu schnell gefahren wäre, wenn er achtsamer gewesen wäre, wenn … Aber er konnte die Zeit nun mal nicht einfach zurückdrehen, musste mit seinen Schuldgefühlen leben. In diesem Punkt könnte er nachvollziehen, was in Wagner vorgegangen sein musste, aber seine Taten rechtfertigte das noch lange nicht und auf keinen Fall änderten sie etwas an dem, was geschehen war.

»Ich kann verstehen, dass du verunsichert bist, Lore. Aber dass ausgerechnet unser Nachbar der Entführer von Marie ist, das ist reiner Zufall. Du brauchst deswegen keine Angst zu haben.«

»Habe ich aber. Wer sagt mir denn, dass nicht auch Frau Lüdenscheidt oder Herr Lehmann morgen vielleicht jemanden umbringen?«

»Ich.«

Er blickte ihr direkt ins Gesicht und für einen kurzen Moment hatte er den Eindruck, als habe er sie überzeugen können. Doch dann kehrten die Zweifel in ihren Blick zurück und sie erinnerte ihn daran, dass er auch gesagt hatte, dass sie Michelle Roeder rechtzeitig finden würden.

»Das war ein Unfall. Ich glaube nicht, dass Herr Wagner Michelle mit Absicht umgebracht hat. Er wollte sie nur betäuben und hat das Beruhigungsmittel zu hoch dosiert. Glaub mir, er wollte das Mädchen nicht umbringen. Wir werden Marie finden. Es kann nicht mehr lange dauern.«

Sie blickte ihn immer noch zweifelnd an, aber er war diesmal überzeugt von dem, was er sagte. Schon bald würde Wagner gestehen und ihnen verraten, wo er das Mädchen versteckt hielt. Davon ging er fest aus.

Nachdem Lore ins Bett gegangen war, hatte er sich eine Flasche Rotwein geöffnet und es sich im Wohnzimmer bequem gemacht. Seit Langem dachte er einmal wieder an Frau Lutz. Nach dem letzten Telefonat mit der Lehrerin hatte er sich auch einen Wein gegönnt. Er fragte sich, warum ihm die attraktive Frau ausgerechnet jetzt in den Sinn kam. Seit der Erstellung des Phantombildes hatte er nicht mehr an sie gedacht. Er hatte einfach zu viele andere Dinge im Kopf gehabt. Aber nun, da der Fall sich anscheinend langsam seinem Ende neigte und er sich innerlich wieder ein wenig entspannte, geisterten die Bilder der blonden Frau durch seine Gedanken. Das machte ihn nervös. Seit Margits Tod hatte er kein Interesse mehr für das andere Geschlecht gehabt. Aber die Zeit heilte wohl tatsächlich alle Wunden, und auch wenn er es sich nicht eingestehen wollte, empfand er für diese Frau mehr, als ihm eigentlich lieb war. Natürlich waren diese Gefühle nicht mit denen zu seiner verstorbenen Frau zu vergleichen, aber der Gedanke an Tanja Lutz zauberte ein angenehmes Kribbeln in seine Bauchhöhle. Er goss sich noch ein Glas Rotwein ein und überlegte, ob er die Lehrerin demnächst einmal einladen sollte. Vielleicht zu seinem Lieblingsitaliener oder besser ins Kino? Lore würde das sicher nicht gutheißen. Das konnte er in gewisser Weise sogar verstehen. Aber sie brauchte ja nicht unbedingt davon zu erfahren, jedenfalls nicht gleich. Sollte sich da wirklich etwas Festeres entwickeln, was er zwar hoffte, aber kaum zu glauben wagte, war immer noch Zeit, sie mit der Situation zu konfrontieren.

Aber zunächst einmal muss der Fall komplett abgeschlossen sein, dachte er. Allerdings war das für ihn nur noch eine Frage von Tagen. Michael Wagner war für ihn ganz klar der Täter, und sofern diesem bewusst wurde, dass er aus der ganzen Sache nicht ungeschoren herauskam, würde er auch kooperieren, da war Brandt sich ganz sicher.

19

Er musste irgendwann eingeschlafen sein. Das Läuten des Telefons ließ ihn aufschrecken, er rappelte sich aus seiner unbequemen Stellung auf.

»Hauptkommissar Brandt? Entschuldigen Sie die späte Störung, aber es ist etwas Furchtbares passiert. Bitte kommen Sie sofort in die JVA.«

Noch reichlich benommen, taumelte er ins Bad und spritzte sich etwas kaltes Wasser ins Gesicht. Doch der müde und zerknautschte Ausdruck blieb.

Er schrieb Lore einen Zettel, den er wie immer auf dem Küchentisch deponierte, und verließ die Wohnung.

Es begann bereits zu dämmern. Die Luft roch klar und frisch, noch hatten nicht Tausende von Pkws sie durch ihre Abgase schwer und stickig gemacht. Er atmete ein paar Mal tief durch, bevor das bestellte Taxi um die Ecke bog, er einstieg und Richtung Derendorf fuhr.

Die Sicht in Wagners Zelle blieb ihm zunächst verwehrt. Eine Menge Leute standen in der Tür und versperrten Brandt den Blick auf das Geschehen im Inneren des Raumes, das durch ein immenses Stimmengewirr begleitet wurde. Etwas Unfassbares war geschehen und hatte eine allgemeine Aufregung hervorgerufen. Er musste erst laut seine Stimme erheben, ehe man ihm Platz machte und er Einlass in die Zelle erhielt.

Die Vollzugsbeamten hatten Wagner auf das Bett gelegt. Seine weit aufgerissenen Augen starrten gen Zellendecke, an seinem Hals zeichnete sich eine rote Strangfurche ab.

»Wie konnte das passieren?«

Brandt blickte fassungslos auf den leblosen Körper. Michael Wagner hatte sich in einem unbeobachteten Moment mit einem seiner Schnürsenkel an dem Heizkörper unterhalb des kleinen vergitterten Fensters im Sitzen erhängt. Einen Hinweis für den Grund dieses Suizids gab es keinen – Wagner hatte keine Notiz oder Ähnliches hinterlassen –, aber Brandt vermutete, dass Teicherts Beschuldigungen dem Mann so zugesetzt haben mussten, dass er keinen anderen Ausweg als den Freitod mehr gesehen hatte.

Er starrte auf den Leichnam und stöhnte leise auf. Wie sollten sie Marie Priebe nun finden?

Resigniert wandte er sich ab.

Wagner war nach dem Verhör emotional aufgewühlt gewesen. Die erbarmungslosen Anschuldigungen des Kommissars hatten ihm zugesetzt, die Polizei schien ihm trotz aller Vorsicht auf die Schliche gekommen zu sein. Unruhig war er in seiner Zelle auf und ab gelaufen. Was sollte er nun tun?

Seine Familie war tot. Es gab nichts und niemanden mehr für ihn. Außer dieser quälenden Schuld. Und nun, da man seinen Plan einer Wiedergutmachung, die vage Hoffnung, sich seiner Schuldgefühle entledigen zu können, zunichtegemacht hatte, ihn der Mitschuld am Tod der Schwester überführt hatte, wozu sollte er noch leben? Sein Leben war ohnehin nie einfach gewesen. Ein strenger Vater, eine pedantische Mutter. Die schweren Schuldgefühle, die ihn Tag für Tag begleitet und bis in seine Träume verfolgt hatten. Dann die kranke Mutter, die darauf bestanden hatte, dass er sie pflegte. Regelrecht gezwungen hatte sie ihn dazu. Und er hatte nicht widersprechen können. Schließlich war er für ihren Kummer, ihre Trauer über die verlorene Tochter verantwortlich gewesen. Es war seine Schuld, dass Yvonne von dem Auto erfasst worden war und starb. Daran hatte es nun einmal nichts zu rütteln gegeben. Und auch wenn niemand davon gewusst hatte, wenn seine Eltern es auch nicht erfahren hatten, er hatte damit leben müssen, tagein, tagaus. Bis ihm die Idee mit der Wiedergutmachung gekommen war. Richtig besessen war er von der Vorstellung gewesen, Yvonne quasi wieder zum Leben zu erwecken. Als seine Mutter noch lebte, hatte er sich jedoch nicht getraut, seinen Plan in die Tat umzusetzen, und selbst nachdem sie friedlich eingeschlafen war, hatte er Angst gehabt, ihr Ableben könnte ihm einen Strich durch die Rechnung machen, seine Pläne abermals verzögern. Deshalb hatte er ihren Tod auch geheim gehalten – ein Fehler, wie sich nun herausgestellt hatte, denn letztendlich war ihm die Polizei nur durch den Fund ihrer Leiche auf die Spur gekommen.

Die Mädchen, die er sehr sorgfältig ausgewählt hatte,

ähnelten seiner Schwester. Schließlich hatte alles perfekt sein sollen.

Bei Michelle war er in seiner Vorgehensweise trotz exakter Pläne noch etwas unsicher vorgegangen. Die ›Panne‹, wie er ihren Tod bezeichnet hatte, war nicht geplant gewesen. Er hatte das Mädchen nur beruhigen wollen. Die Überdosierung des Medikaments, das seine Mutter aufgrund ihrer Epilepsie eingenommen hatte, war ein Versehen gewesen. Er hatte keine Ahnung davon gehabt, wie man das einst auch als Schlaf- und Betäubungsmittel angewandte Medikament für ein Kind dosierte. Ihr Tod war keine Absicht gewesen.

Als er den leblosen Körper in den Armen gehalten hatte, waren die Erinnerungen an den Unfall plötzlich wieder real gewesen. Er hatte Panik bekommen, das tote Kind in den Kofferraum seines Wagens gelegt und war ziellos durch die Gegend gefahren, bis er schließlich vor dem Bauzaun ganz in der Nähe des Media-Marktes gestoppt hatte. Über die Baustelle war es ein Leichtes gewesen, auf das Gelände des Sportvereins zu kommen. Von hier aus hatte er unbeobachtet und im Schutze der Dunkelheit die Leiche zum Nebeneingang an der Altenbergstraße bringen und dort sanft in den kleinen Fluss, der friedlich vor sich hin gemurmelt hatte, gleiten lassen können. Einen kurzen Moment hatte er an der schmalen Brücke verharrt und ein knappes Gebet gesprochen.

Doch die Schuldgefühle hatten ihn weiter gequält, waren noch bohrender und schmerzhafter geworden, nicht zuletzt wegen des toten Kindes. Deshalb hatte er wenig später ein weiteres Mädchen entführt.

Diesmal schien alles zu funktionieren, wie er es geplant hatte. Er hatte eine Reise an die Ostsee mit dem Kind gebucht, das er nur mit dem Namen seiner Schwester ansprach, um die Barriere zwischen Yvonne und dem fremden Mädchen zu überwinden. Er wollte die verlorene Zeit nachholen. Eine Fahrt an den Ort, an dem er vor vielen Jahren die Ferien zusammen mit der Familie verbracht hatte, war ihm als beste Lösung erschienen. Doch noch ehe der Tag der Abreise gekommen war, hatte die Polizei ihn geschnappt und all seine Pläne zunichtegemacht.

Beweise hatten sie nicht wirklich gegen ihn in der Hand, aber – und das hatte ihn fürchterlich erschreckt – sie kannten sein Motiv. Der Kommissar hatte sehr genau gewusst, dass er für den Tod seiner Schwester verantwortlich war, dass er sie auf die Straße gestoßen hatte. Und er hatte auf ihn eingeredet. Pausenlos. Er solle ihnen doch sagen, wo er das andere Mädchen versteckt hielt. Es wäre doch besser für alle Beteiligten. Doch lieber wollte er sterben, als ihnen verraten, wo sich Yvonne befand. Wenn sie nicht zusammen sein konnten, dann war es besser, sie starben. Beide.

Es kam, wie Brandt erwartet hatte. Teichert sackte bei der Nachricht über Wagners Suizid förmlich in sich zusammen. Er fühlte sich schuld am Tod des Häftlings und auch Brandt verspürte ein ähnliches Gefühl in der Magengegend. Immerhin hatte er darauf bestanden, dass der junge Kollege das Verhör führte. Aber wer hatte schon ahnen können, dass sie mit ihren Vermutungen über das mögliche Motiv derart ins Schwarze treffen würden, dass Wagner sich gleich umbrachte?

»Hat er eine Notiz hinterlassen?«

Brandt schüttelte den Kopf.

»Aber wie sollen wir Marie jetzt finden?«

»Ich weiß es nicht.«

Sie mussten einfach noch mal alle Möglichkeiten durchgehen. Jeder noch so kleine Bezug zu Wagner konnte eine Spur sein. Jeder Freund, Bekannte, ehemalige Arbeitskollegen. Aber die Zeit drängte. Sie mussten das Mädchen möglichst schnell finden, sonst war es am Ende auch für Marie zu spät.

»Hast du die Nachbarin von Wagners Mutter erreicht?« Teichert nickte.

»Aber angeblich wusste sie nichts. Kam mir allerdings eher so vor, als wolle sie nichts wissen. Hat mich ziemlich schnell abgewimmelt. Wahrscheinlich ist es ihr peinlich, mit der Mutter eines Mörders unter einem Dach gelebt zu haben.«

»Kann ich mir nicht vorstellen. Die ist doch eher wie Frau Lüdenscheidt – froh, wenn sie was zu erzählen hat. Vielleicht hatte sie Besuch. Da sollte vielleicht doch noch einmal einer vorbeifahren. Ich versuche auch gleich, meine Nachbarin endlich zu erreichen. Die hat sich nämlich noch nicht gemeldet.«

Er griff zum Telefonhörer und wählte Frau Lüdenscheidts Nummer. Doch auch nach dem zehnten Klingeln nahm niemand ab. Er fragte sich, wo die ältere Dame sich wohl schon wieder herumtrieb.

Um zehn Uhr trafen sie sich zur Lagebesprechung. Bruns war fürchterlich aufgebracht.

»Wie konnten Sie Teichert das Verhör führen lassen?«, keifte er Brandt über den Tisch hinweg an. »Das war doch abzusehen, dass Wagner bei der direkten Konfrontation durchdrehen würde. So labil, wie der offensichtlich war.«

Er reagierte nicht auf die Schelte des Staatsanwalts, sondern versuchte, das Thema auf den in seinen Augen nun weitaus dringenderen Teil ihrer Ermittlungen zu lenken.

»Ich befürworte, dass wir uns über die Medien nochmals an die Bevölkerung wenden.«

»Damit auch jeder mitbekommt, wie unprofessionell wir hier arbeiten?«

Brandt schüttelte seinen Kopf.

»Darum geht es doch momentan nun wirklich nicht. Wenn wir das Mädchen nicht bald finden, ist es zu spät. Dann wird man uns erst recht wieder als unfähig bezeichnen. Wenn Marie stirbt, sind wir schuld. Momentan ist nur der Täter tot, aber mit dem hat eh keiner Mitleid. Der ist den Leuten doch scheißegal. Aber das Mädchen, die kleine unschuldige Marie, die muss leben. Das allein zählt, und dafür sollten wir alle Hebel in Bewegung setzen.«

Schirmer warf ihm einen warnenden Blick zu. Brandt hatte sich völlig in Rage geredet und einen scharfen Ton angeschlagen. Unter normalen Umständen hätte er sich sofort eine Verwarnung von Bruns dafür eingefangen. Aber der stand selbst dermaßen unter Druck, dass er ohne weitere Einwände dem Vorschlag zustimmte.

20

Am nächsten Morgen dominierte Marie Priebes Foto das Titelblatt der ›Rheinischen Post‹.

Brandt trank seinen Kaffee im Stehen und blätterte durch die Zeitung, als Lore die Küche betrat. Es war bereits halb acht und sie trug noch ihren Bademantel.

»Ich bin krank«, antwortete sie auf seinen fragenden Blick hin und er nickte wortlos. Unter normalen Umständen hätte er ihr diese Ausrede nicht durchgehen lassen. Aber diesmal machte er eine Ausnahme. Ein normaler Unterricht fand zurzeit vermutlich sowieso nicht statt. Außerdem war ihr deutlich anzusehen, wie sehr sie die Sorge um die Mitschülerin mit Angst erfüllte.

»Ich ruf Oma an. Sie soll später nach dir sehen.«

Im Präsidium herrschte bereits Hochbetrieb. Schirmer hatte veranlasst, dass sämtliche Orte, zu denen Wagner einen Bezug gehabt hatte, gründlich untersucht wurden.

»Ein Trupp ist nochmals zum Gelände des Sportvereins, Marcus' Leute sind raus zur Glashütte gefahren und ihr solltet euch ein weiteres Mal Wagners Wohnung vornehmen. Vorher ist allerdings eine weitere Pressekonferenz anberaumt, bei der ich dich gern dabei hätte.«

Das hatte Brandt sich beinahe gedacht, denn die Situation war angespannt, die Zeit drängte.

Die Luft in dem überfüllten Raum war zum Schneiden und er schwitzte schon, noch ehe sich die Meute von Journalisten überhaupt mit ihren Fragen auf sie gestürzt hatte. Wie immer gab Schirmer zunächst einen Bericht über den Ermittlungsstand. Doch kaum hatte sein Vorgesetzter das letzte Wort ausgesprochen, da schnellten schon die ersten Arme in die Luft.

Zunächst stellten die Reporter relativ harmlose Fragen. Ob denn Beweise vorlägen, die Michael Wagner eindeutig als Täter identifizierten, und ob er auch mit dem Fall Michelle Roeder in Verbindung stand. Schirmer antwortete mit gewohnt ruhiger Stimme, vermied es aber, auf Details einzugehen.

Doch dann ging's schließlich ans Eingemachte. Wie es denn zu dem Selbstmord Wagners überhaupt hatte kommen können. Ein junger Mann mit Geheimratsecken und Nickelbrille stellte mehrere äußerst provokative Fragen.

»Ist es wahr, dass Michael Wagner sich aufgrund Ihrer Verhörmethoden umgebracht hat?«

Brandt schielte zu Teichert, der am äußersten Rand des Konferenztisches saß und bei der Frage schuldbewusst seinen Kopf eingezogen hatte.

Zum Glück schritt Bruns ein und erläuterte im typischen Fachjargon, dass die angewandten Methoden dem vorgeschriebenen Standard entsprochen hätten.

Doch so schnell ließ sich der Journalist nicht abspeisen.

»Aber nun, wo der Täter tot ist, besteht kaum Aussicht, das Mädchen lebend zu finden, oder? Wie lange kann ein Mensch ohne Flüssigkeit überleben? Zwei, drei Tage?«

»Wir gehen nicht davon aus, dass Wagner das Mädchen ohne Verpflegung zurückgelassen hat«, schaltete sich Schirmer wieder ein. Brandt konnte allein anhand seiner Stimmlage feststellen, dass er selbst nicht überzeugt war von dem, was er geantwortet hatte. Und auch der junge Mann war mit der Antwort nicht zufrieden.

»Aber Sie wissen es nicht«, stellte er klar.

»Nein.«

»Und Anhaltspunkte, wo das Mädchen versteckt ist, haben Sie auch keine, oder?«

Selten hatte er seinen Vorgesetzten so angespannt erlebt. Schirmer wrang seine Hände fest ineinander, sein linkes Augenlid zuckte nervös. Er zögerte lange, ehe er kurz und knapp die zuletzt gestellte Frage beantwortete: »Nein.«

Ein Raunen ging durch den Raum. Dass die Ermittlungen schwierig sein würden, jetzt, wo der Täter tot war, hatten die Journalisten vermutet. Dass die Polizei allerdings keinen blassen Schimmer, nicht einmal den Hauch einer Ahnung vom Aufenthaltsort Marie Priebes hatte, darauf war man nicht gefasst gewesen.

Der Geräuschpegel in dem Raum stieg schlagartig. Lautstärke und wilde Spekulationen wurden angestellt. Lebte das Mädchen überhaupt noch? Wie wollte man es finden? Hatte die Polizei wieder einmal versagt?

Bruns versuchte, sich mit strenger Stimme Gehör zu verschaffen:

»Meine Damen, meine Herren!«

Doch die Anwesenden ließen sich dadurch nicht zum Schweigen bringen. Brandt spürte, wie langsam eine heiße Welle in ihm aufstieg. Es ärgerte ihn, dass sie ihre kostbare Zeit hier vergeudeten, um sich mit einer aufgeregten Journalistenmenge auseinanderzusetzen. Gut, es gehörte zu ihrem Job, die Bevölkerung zu informieren und auf dem Laufenden zu halten, aber Beleidigungen oder Schuldzuweisungen mussten sie sich nicht gefallen lassen. Er griff nach dem Mikrofon und klopfte dreimal auf die Membran. Augenblicklich verstummten die Stimmen, was nicht nur an den dumpfen, unangenehmen Geräuschen lag, die aus den Lautsprechern erklangen.

»Ich kann verstehen, dass Sie aufgeregt und vielleicht auch ein wenig empört sind. Aber glauben Sie mir, wir tun alles, was in unserer Macht steht, um Marie Priebe zu finden.«

Er räusperte sich kurz, ehe er fortfuhr.

»Ich habe selbst eine Tochter in dem Alter und Sie können sich vorstellen, dass mir der Fall deswegen besonders nahegeht. Aber bitte lassen Sie uns nun unsere Arbeit tun. Die Zeit drängt.«

Er stand auf und verließ den Raum. In seinem Rücken spürte er die Blicke der Journalisten und seiner Vorgesetzten. Bruns würde ihn sicher zur Rede stellen. Er war nicht befugt, sich unaufgefordert zu äußern, aber das war ihm relativ egal. Immerhin hatte er die Meute zum Schweigen gebracht und sie konnten nun endlich anfangen, nach dem Mädchen zu suchen.

Er hatte noch nicht einmal sein Büro erreicht, da hörte er auch schon die Stimme des Staatsanwaltes hinter sich.

»Brandt, was haben Sie sich dabei gedacht?«

Er drehte sich um und straffte die Schultern. Er war es leid, immer den Untergebenen zu spielen, und ging auf Konfrontationskurs.

»So, wie ich es gemeint habe. Wir sollten unsere Zeit nicht mit wilden Diskussionen verplempern, sondern lieber nach dem Kind suchen!«

Bruns verschlug es für einen kurzen Augenblick die Sprache. Mit solch einer Antwort hatte er nicht gerechnet. Er schnappte ein paar Mal nach Luft, wie ein Fisch auf dem Trockenen. Seine Augen funkelten wutentbrannt und sein Gesicht lief puterrot an.

»Das wird Konsequenzen haben! Wenn Ihnen die Arbeitsweise hier nicht gefällt, sind Sie wohl fehl am Platz!«

Er machte auf dem Absatz kehrt und stapfte mit großen, energischen Schritten davon. Brandt schaute ihm verärgert nach. Sie mussten Marie möglichst schnell finden, denn wie der Journalist auf der Konferenz richtig erkannt hatte, wussten sie nicht, wie viel Zeit ihnen wirklich blieb.

Sie sammelte mühsam jeden Tropfen Spucke in der ausgetrockneten Mundhöhle, ehe sie die winzige Menge Flüssigkeit gierig hinunterschluckte.

Der Durst war beinahe unerträglich. Das Schlucken wurde von Mal zu Mal schmerzhafter, da die Menge der Körperflüssigkeit in ihrem Mund immer geringer wurde. Es war bereits Stunden her, dass sie das letzte Mal aufgestanden und auf wackeligen Beinen zum Tisch hinübergewankt war. Aber der allerletzte Tropfen Cola aus der großen leeren Plastikflasche hatte ihren Durst nicht verringern können – im Gegenteil, ihre Gier nach irgendeiner Flüssigkeit war nur noch größer geworden. Ihre Gedanken kreisten nur noch um dieses eine zentrale Thema: Durst. Vergessen waren der Mann, die Flucht, Yvonne. In ihrem Kopf drehte sich alles nur um die Frage, wie sie an etwas zu trinken gelangen konnte.

Zuerst hatte sie versucht, die Menge an Speichel durch Daumenlutschen zu erhöhen. Doch das hatte nur anfänglich einen Erfolg nach sich gezogen. Je intensiver sie an ihrem Daumen gelutscht hatte, umso geringer war die Speichelproduktion geworden. Der Körper verfügte anscheinend über eine Art Schutzmechanismus und versorgte vorrangig die Zellen der lebensnotwendigen Organe, wie Herz und Lunge, mit den letzten Wasserreserven.

Dann war ihr Blick auf den Eimer mit ihren Exkrementen gefallen.

Langsam war sie auf den stinkenden Behälter zugeschritten, hatte tapfer einen Fuß vor den anderen gesetzt. Vor dem roten Kübel war sie zögernd in die Knie gegangen, hatte die Luft angehalten und ihren Kopf gesenkt. Doch der abscheuliche Anblick des bräunlichen Inhalts hatte ihren Magen zusammenkrampfen lassen und Würgereize in ihr ausgelöst. Angewidert hatte sie sich zur Seite gedreht und war auf allen vieren zurück zur Matratze gekrochen.

Dort lag sie nun auf dem Rücken, den Blick starr zur Decke gewandt. Sie spürte, wie ihr Herz immer langsamer schlug, der Atem flacher wurde. Sie konnte geradezu fühlen, wie Stück für Stück die Kräfte aus ihrem Körper entwichen. Und je schwächer sie wurde, je weniger sie diesem fortschreitenden und scheinbar unaufhaltsamen Prozess entgegenzusetzen hatte, umso deutlicher wurde das Bild vor ihren Augen. Über ihr, an der durch die Dämmplatten gut isolierten Decke, bildete sich immer deutlicher ein dunkler, feuchter Fleck, an dessen Oberfläche sich bereits die ersten kleinen Tropfen abzeichneten. Stetig schwollen die durchsichtigen, kugelförmigen Körper an, bis ihr Gewicht so schwer war, dass sie der Erdanziehungskraft nicht mehr trotzen konnten und auf Marie niederfielen.

Das Mädchen mobilisierte noch einmal sämtliche Kräfte, sprang auf, platzierte sich exakt unter dem feuchten Fleck und streckte erwartungsvoll seine Zunge aus.

Es war ein eigenartiges Gefühl, die Wohnung eines Toten zu betreten und in dessen Sachen herumzuwühlen. Brandt hatte das zwar schon häufig getan, aber diesmal war es irgendwie anders.

Vielleicht lag es daran, dass er sein Nachbar gewesen war. Oder aber die erst wenige Stunden zurückliegende Begegnung mit dem Verstorbenen beeinflusste seine Gefühle. Wahrscheinlich aber waren es noch weitere Faktoren, die ihn Ähnliches verspüren ließen wie damals, als er das erste Mal nach dem Unfall wieder die gemeinsame Wohnung betreten hatte. Der Schritt über die Schwelle war ihm schwergefallen. Das Vertraute war ihm plötzlich fremd erschienen, und doch war da etwas gewesen, das ihn mit der Wohnung und den Möbeln und Sachen darin so stark verbunden hatte, dass ihm diese neue Fremdheit bedrohlich erschienen war. Ähnlich ging es ihm beim Betreten von Wagners vier Wänden.

Während sich Teichert das Schlafzimmer vornahm, begann er, im Wohnzimmer nach irgendwelchen Hinweisen zu suchen. Doch die Kollegen der Spurensicherung hatten ganze Arbeit geleistet. Auch nach stundenlangem, gründlichem Suchen hatten sie absolut nichts gefunden, was ihnen auch nur ansatzweise eine Idee verlieh, wo Marie versteckt sein konnte.

»Das gibt's doch gar nicht«, sein Kollege ließ sich erschöpft auf das Sofa fallen. »Wo hat denn der seine privaten Sachen aufgehoben? Kontoauszüge, Verträge, Rechnungen? Jeder bekommt doch heutzutage eine Menge persönliche Schreiben.«

Brandt zuckte mit den Schultern. Auch er war nicht fündig geworden. In dem altmodischen Schrank waren neben Gläsern und Geschirr nur noch Tischdecken und Kerzenleuchter zu finden gewesen. Und auch zwischen den zahlreichen Büchern – immerhin hatte Wagner, wie es aussah, viel gelesen – hatte er keine versteckten Zettel oder sonstigen Hinweise gefunden.

»Wahrscheinlich hat er alles in das Versteck gebracht. Vielleicht hat er irgendwo eine zweite Wohnung angemietet. Immerhin wollte er sich doch mit dem Mädchen eine Art neue Scheinwelt aufbauen.«

»Glaub ich nicht«, beurteilte Brandt die Vermutung seines jungen Kollegen, »dann hätte er ganz sicher Yvonnes Sachen aus dem zweiten Schlafzimmer dorthin gebracht.«

»Weiß nicht. Er wollte doch etwas gutmachen. Nicht unwahrscheinlich, dass er ihr lauter neue Sachen gekauft hat.«

Abermals widersprach er Teichert.

»Schau dir mal die Sachen ganz genau an!«

Er lief vor in Yvonnes vermeintliches Zimmer und griff nach einer Puppe, die hübsch drapiert auf dem Bettüberwurf saß.

»Solche Sachen kannst du nicht ersetzen. Siehst du hier?«, er deutete auf die Plastikhände des Spielzeugs. »Vermutlich war das eine ihrer Lieblingspuppen. Die Finger sind ganz zerkaut und auch sonst sieht sie abgenutzter aus als die anderen da oben im Regal.« Er deutete auf die aufgereihten Kuscheltiere und Puppen über dem Bett, die stumm auf sie niederblickten.

»Worauf du achtest«, erwiderte Teichert.

Brandt musste grinsen. Wer selbst Kinder hatte, kannte so manche Eigenart dieser kleinen Wesen. Kugelschreiberspuren an den Tapeten, zerrissene Hosen, verlorene Mützen und Handschuhe. Es gab jede Menge Kleinigkeiten, die Kinder, egal wie unterschiedlich sie ansonsten auch sein mochten, sehr oft gemein hatten. So eben auch einen Spielkumpanen in Form eines Kuscheltieres oder einer Puppe, dem man die gemeinsam bestandenen Abenteuer meist deutlich ansah.

»Wenn du selbst mal Kinder hast, fällt dir so etwas auch gleich ins Auge.«

»Na, lass mal gut sein«, Teichert winkte ab, »vielleicht fällt mir das nächste Mal so etwas auch ohne Kinder auf.«

Obwohl sein Kollege sich bemühte, mit ruhiger und gleichgültiger Stimme zu sprechen, bemerkte Brandt, dass etwas nicht stimmte. Er traute sich aber nicht, direkt nachzufragen. Sie sprachen zwar häufig auch über private Dinge, aber es gab trotzdem viele Bereiche, die zwischen ihnen quasi tabu waren. Margits Unfall gehörte zum Beispiel dazu. Und auch über Teicherts Sexleben wurde geschwiegen. Kinder waren in ihren Gesprächen bisher eigentlich nie ein Thema gewesen, jedenfalls nicht, was seinen Kollegen betraf. Selbstverständlich erzählte Brandt von den Problemen, die man als Vater mit einer pubertierenden Tochter hatte. Hin und wieder diskutierten sie sogar über Erziehungsfragen oder Schulprobleme.

Doch Teicherts Reaktion auf seine flapsige und eigentlich nur so dahergesagte Äußerung machte ihm deutlich, dass dieses Thema, wenn es den Kollegen persönlich traf, tabu war, was Brandt zwar akzeptierte, aber erstaunte. Wünschte sich nicht jeder Mann, dass es irgendwann – es musste nicht gleich heute sein – einmal Nachkommen von ihm gab? War das nicht sein ureigenster Instinkt? Dass er für den Erhalt seiner Spezies sorgte und Kinder zeugte? Jedenfalls war das bei ihm der Fall gewesen. Irgendwann hatte er den Wunsch verspürt, eine Familie zu gründen und Kinder zu zeugen. Na gut, vielleicht hatte seine Mutter ihn ein wenig zur Hochzeit gedrängt, immerhin war Margit damals bereits schwanger gewesen. Zunächst hatte er sich, wie so oft, gegen das Drängen seiner Mutter gewehrt, behauptet, man könne auch ohne Trauschein glücklich mit einem Kind zusammenleben. Als er allerdings Margit von dem Streit erzählt hatte und ihren enttäuschten Blick bei der Passage mit dem ›ohne Trauschein‹ aufgefangen hatte, war ihm klar geworden, dass ihr eine Hochzeit doch wichtig war, und im Nachhinein sah er das Ganze ähnlich. Nicht, dass er Paare verurteilte, die unverheiratet zusammenlebten – das musste jeder für sich selbst entscheiden –, aber für ihn war die Hochzeit nochmals eine Bestätigung, ein Bekenntnis zueinander gewesen, und die Ehe vermittelte nicht nur nach außen hin eine engere Bindung, sondern schweißte nach seinen eigenen Erfahrungen noch enger zusammen.

»Ich denke, wir können hier Schluss machen. Oder?«

Teicherts Frage riss ihn völlig aus seinen Gedanken und er brauchte einen kurzen Augenblick, um zu reagieren.

»Ja, lass uns ins Präsidium fahren. Vielleicht haben die anderen was gefunden.«

Sie versiegelten die Wohnungstür und Brandt klingelte anschließend erneut bei Frau Lüdenscheidt.

»Scheint nicht zu Hause zu sein«, bemerkte Teichert, als auch nach mehrmaligem Klingeln nicht geöffnet wurde.

»Wo kann die denn sein?« Brandt kratzte sich ratlos an seinem linken Ohr.

Im Präsidium schauten sie zunächst bei Schirmer vorbei, doch auch die anderen waren bei ihren Durchsuchungen auf keine heiße Spur oder andere Hinweise gestoßen.

»War auch noch mal jemand in der Wohnung der Mutter?«

Der Vorgesetzte nickte. Aber auch da hatten die Kollegen nichts Auffälliges entdeckt. Lediglich ein paar Ordner mit privaten Unterlagen.

»Und?«

»Die Kiste steht auf deinem Schreibtisch. Sind hauptsächlich alte Bankunterlagen und Ähnliches. Nichts, was auf einen möglichen Aufenthaltsort des Mädchens hinweist. Aber schau es dir noch mal an. Vielleicht findest du ja was. Ach, und die Nachbarin ist übrigens nach eurer Anweisung noch einmal befragt worden«, fügte er hinzu. »Die wusste aber auch nicht mehr als das, was sie schon ausgesagt hatte.«

Seltsam, dachte Brandt. Sollte Teichert mit seiner Vermutung doch recht behalten haben?

Er nickte und fragte, welche Aktionen Schirmer als Nächstes geplant hatte. Der seufzte laut.

»Ein paar Leute sind noch auf dem alten Glashüttengelände unterwegs. Dann ist aufgrund der Zeitungsartikel wieder eine Hotline eingerichtet, und nachher werde ich noch mal mit dem Polizeipräsidenten darüber diskutieren, ob wir erneut Hundertschaften rausschicken wollen.«

»Aber wo willst du die einsetzen?«

Ihr Chef zuckte mit den Schultern.

»Keine Ahnung.«

Praktisch gesehen, konnte Marie Priebe überall sein. Das jetzige Versteck war aller Wahrscheinlichkeit nach sowieso nur eine Übergangslösung, schließlich hatte Wagner vorgehabt, mit dem Mädchen an die Ostsee zu reisen. Somit war es gut möglich, dass zwischen dem Ort, an dem Marie gefangen war, und dem Täter gar keine Verbindung oder nur eine sehr schwache bestand. Wäre doch Wagner nur noch am Leben, das hätte die ganze Angelegenheit viel leichter gemacht. Er war sich sicher, dass er den Aufenthaltsort von Marie irgendwann aus ihm hätte herausquetschen können. Aber der Feigling hatte sich schlau aus der Affäre gezogen. Zu feige, um den Mund aufzumachen. Wenigstens einen Zettel hätte er hinterlassen können.

Auf dem Weg zu ihrem Büro diskutierten sie darüber, warum Michael Wagner Selbstmord begangen und somit das Wissen um das Versteck seines Opfers mit ins Grab genommen hatte. Es war das erste Mal, dass sie darüber sprachen, seit der Häftling tot in seiner Zelle aufgefunden worden war.

»Meinst du, es lag vielleicht wirklich an meiner Verhörmethode?«, griff Teichert die Anschuldigung des Journalisten auf und blickte ihn zweifelnd an. »Vielleicht hab ich ihn wirklich …«

Brandt blieb abrupt stehen.

»Nils, der Typ war psychisch krank! Egal, wie du ihn nach seiner Schwester oder deren Unfall gefragt hättest, er hätte sich wahrscheinlich sowieso umgebracht. Damit das klar ist. Nicht das ›Wie‹ war der Grund seines Selbstmordes, sondern das ›Was‹.«

Er versuchte, seinem Kollegen zu erklären, dass Wagner sein Leben lang mit dem Bewusstsein gelebt hatte, seine Schwester umgebracht zu haben. Er war schuld an Yvonnes Tod, er hatte sie vor das Auto geschubst. Damit hatte er leben müssen. Tag für Tag, Jahr für Jahr.

»Aber wieso hat er dann nicht Maries Versteck preisgegeben?«

»Weil er wollte, dass sie stirbt.«

Am späten Nachmittag war nochmals eine Lagebesprechung anberaumt, aber auch die Kollegen konnten keinen Erfolg vermelden. Es waren zwar einige Hinweise aus der Bevölkerung eingegangen, die sich jedoch allesamt als wertlos entpuppt hatten. Wie immer, hatten sich die Leute zum Teil nur wichtigmachen wollen. Man war verärgert und ratlos zugleich.

Bruns aber forderte Ermittlungserfolge.

»Wir müssen das Mädchen finden. Wir können uns keine weitere Pleite erlauben. Die Presse zerreißt uns momentan in der Luft.«

Brandt spürte, wie eine unbändige Wut in ihm aufstieg. Er musste sich zusammenreißen, um nicht erneut zu explodieren. Dem Staatsanwalt ging es in seinen Augen gar nicht darum, das Leben des Mädchens zu retten. Ihm war doch nur wichtig, den Journalisten einen Ermittlungserfolg präsentieren zu können und in den Medien gut dazustehen. Doch diesmal gelang es ihm, seinen

Ärger hinunterzuschlucken, und er verließ wortlos den Konferenzraum.

An seinem Schreibtisch stürzte er sich auf den Karton mit den Akten aus Mia von Seitz' Wohnung. Auch wenn die Kollegen keine Hinweise in den Unterlagen gefunden hatten, er konnte nicht tatenlos dasitzen und abwarten.

Die meisten Ordner enthielten, wie Schirmer bereits angedeutet hatte, Bankunterlagen. Kontoauszüge, Sparverträge, Kopien von Wertpapierordern. Arm war die alte Frau demzufolge jedenfalls nicht gewesen. Dem letzten Auszug entnahm er, dass sie etwa 250.000 Euro auf der hohen Kante gehabt hatte. Keine kleine Summe. Er blätterte zwischen den einzelnen Belegen herum, aber der Eingang des Geldes war nirgendwo verzeichnet. Es schien, als sei das Geld plötzlich vor gut einem Jahr einfach da gewesen. Von da an waren verschiedene Transaktionen getätigt worden. Geldanlagen, Wertpapierkäufe. Ausgänge oder Abhebungen waren kaum verzeichnet. Außer der Miete und Rechnungen für Strom und Telefon hatte Mia von Seitz so gut wie keine Ausgaben gehabt, was aufgrund ihres Alters jedoch nicht verwunderlich war. Häufig lebten ältere Menschen extrem sparsam. Brandt kannte das von seiner eigenen Mutter, die den größten Teil ihrer Rente auf ein Sparbuch transferierte.

»Was soll ich denn kaufen?«, antwortete sie immer, wenn er sie nach dem Grund ihrer Sparsamkeit fragte. »Lore und du, ihr könnt das sicherlich mal gut gebrauchen, wenn ich nicht mehr da bin.«

Er hatte aufgegeben, ihr zu erklären, dass er mit seinem Gehalt gut für sich und seine Tochter sorgen konnte, und verdrehte deshalb bei ihren Erklärungen lediglich wortlos die Augen. Er würde eh nichts an ihrem Verhalten ändern können. Außerdem, wer konnte garantieren, dass er nicht eines Tages ähnlich denken würde? Auch wenn er sich heute schwor, sein Leben selbst im Alter in vollen Zügen zu genießen und nicht jeden Cent für seine Erben zurückzulegen. Vielleicht würde er das in ein paar Jahren anders sehen. Wahrscheinlich hatte es sich bei Wagners Mutter ähnlich verhalten. Jedenfalls befand sich zwischen den Unterlagen eine Verfügung zugunsten des Sohnes, der zufolge ihr gesamtes Vermögen nach ihrem Tod auf diesen übertragen werden sollte. Es wunderte ihn, dass Michael Wagner den Tod der Mutter verheimlicht hatte. Er hätte sich doch ein schönes Leben mit dem Geld machen können. Dass er Angst gehabt hatte, des Mordes an ihr verdächtigt zu werden, schloss er aus. Die Obduktion hatte ergeben, dass Mia von Seitz tatsächlich eines natürlichen Todes gestorben war.

Was also hatte ihn dazu bewogen, die Leiche seiner Mutter wochenlang in deren Wohnung versteckt zu halten und ihren Tod zu verschweigen? Gut, Michael Wagner war psychisch krank, das durfte er bei seinen Überlegungen nicht vergessen, und deshalb gab es auch keine rationale Erklärung für sein Verhalten, aber dennoch musste es einen Grund gegeben haben, der vielleicht in Zusammenhang mit dem Vermögen seiner Mutter stand. Warum sonst war in den feinsäuberlich abgehefteten Unterlagen kein Hinweis auf die Herkunft des Geldes verzeichnet?

Er griff zum Telefonhörer und wählte die Nummer der Bank, bei der Mia von Seitz ihre Konten geführt hatte.

»Das wird aber ein oder zwei Tage dauern, bis wir die Umsätze bekommen«, erwiderte eine junge Dame am anderen Ende der Leitung auf seine Frage nach den Kontobewegungen der letzten drei Jahre.

»Geht es nicht schneller?«

»Haben Sie denn überhaupt einen Gerichtsbeschluss?«

»Ja«, log er.

Der Gedanke, Bruns um eine Genehmigung zur Einsicht von Mia von Seitz' Konten zu bitten, bereitete ihm zwar Unbehagen, aber dennoch wusste er, dass der Staatsanwalt den Vorgang befürworten und für einen entsprechenden Beschluss sorgen würde. Die Frage war nur, ob die Kontoauszüge ihnen weiterhelfen würden. Außerdem würde ein weiterer Tag vergehen.

»Du solltest nach Hause gehen, Hagen.«

Schirmer stand in der Tür und blickte ihn auffordernd an. Er sah selbst müde aus. Sein blasses Gesicht und die dunklen Augenringe sprachen für reichlich Schlafentzug.

»Wollte nur noch eben den Bericht hier fertig machen.«

Sein Vorgesetzter nickte. Er wusste, dass es zwecklos war, Brandt bezüglich seiner Arbeit etwas vorzuschreiben. Und eigentlich war das auch nicht notwendig, denn er war einer seiner besten Leute. Ohne ihn hätten sie manchen Fall sicherlich nicht gelöst. Sein Talent, Zusammenhänge schnell und übergreifend zu erfassen, war beachtlich, und durch seinen unermüdlichen Einsatz war der Kommissar für Schirmers Abteilung beinahe durch nichts und niemanden zu ersetzen. Doch diesmal schien es, als ob auch Brandt an seine Grenzen gestoßen war. Der Selbstmord hatte ihn wie alle hier völlig unvorbereitet getroffen. Die Ausweglosigkeit der Situation stand ihm ins Gesicht geschrieben.

Nachdem Schirmer das Büro verlassen hatte, lehnte Brandt sich zurück, legte seine Füße auf den vor Akten überquellenden Schreibtisch und blickte zum Fenster hinaus. Es wurde bereits dunkel. Irgendwo da draußen befand sich Marie Priebe. Eingesperrt, vielleicht gefesselt. Seit Tagen vermutlich ohne Nahrung und Wasser. Wie lange würde das Mädchen noch durchhalten können? Wie viel Zeit blieb ihnen noch? Er seufzte leise und senkte seine Lider. Sofort erschien ihm das Bild des blonden Mädchens. Es blickte ihn flehend an. Er blinzelte heftig, doch das blasse Gesicht mit den graublauen Augen ließ sich nicht vertreiben. Wie eingemeißelt schwebte es vor seinem inneren Auge, erinnerte ihn an die Angst und Qualen, die das kleine Wesen ertragen musste. Ich muss sie finden – in seinem Kopf gab es nur diesen einzigen Gedanken, der für nichts anderes mehr Raum bot. Wie besessen stürzte er sich auf die vor ihm liegenden Akten.

Als er aufwachte, dämmerte es bereits. Es war kurz vor sechs Uhr. Seine Glieder schmerzten, mühsam erhob er sich von seinem Schreibtischstuhl. Ich werde einfach alt, dachte er und streckte sich ausgiebig, bevor er seine Jacke nahm und das Büro verließ.

Die Luft war frisch und klar. Brandt schwang sich auf sein Fahrrad. Die Straßen waren noch kaum belebt, die Stadt erwachte erst langsam. Nur wenige Menschen waren unterwegs, und so brauchte er sich nicht wie gewohnt durch den dichten Verkehr zu schlängeln, sondern konnte in aller Ruhe nach Hause fahren. Vorher wollte er jedoch einen kleinen Abstecher zum Rhein machen. Die frische Luft und Bewegung würden ihm nach der unbequemen Nacht im Büro sicher guttun. Und da er momentan sowieso keine Idee hatte, wo sie in dem Fall weiter ansetzen sollten, sah er die Zeit auch nicht als verloren an. Vielleicht würde ihm hier draußen eher eine Idee kommen, wo sie nach Marie Priebe suchen konnten, als in seinem stickigen Büro, dessen weiße Wände die Gedanken oftmals blockierten. Motiviert radelte er los.

Über dem Fluss hing noch ein leichter Morgennebel. Ein Frachter tuckerte langsam durch den dünnen gräulichen Schleier flussaufwärts. Er blickte hinüber zum anderen Ufer, wo man bereits mit den Vorbereitungen für die Kirmes begonnen hatte. Das ursprüngliche Schützenfest, das jährlich Millionen von Besuchern in die Stadt lockte, galt als eine der größten Attraktionen der Rheinmetropole. Die neuntägige Kirmes fand jährlich im Juli auf der linksrheinischen Festwiese statt. In wenigen Tagen war es wieder so weit. Er würde mit Lore und seiner Mutter wie jedes Jahr zum großen Feuerwerk gehen. Bei den Gedanken an seine Tochter meldete sich plötzlich sein schlechtes Gewissen. In den letzten Tagen hatte er sich so gut wie gar nicht um sie gekümmert. Er beschloss, auf dem Heimweg frische Brötchen zu besorgen und in Ruhe mit ihr zu frühstücken.

Im Hausflur vor den Briefkästen traf er Frau Lüdenscheidt.

»Sie waren verreist?« Brandt blickte fragend auf den kleinen braunen Lederkoffer, den die ältere Dame in der Hand hielt.

»Ja, für ein paar Tage. Zu meiner Schwester. Wissen Sie ...« Sie stellte den Koffer ab und holte tief Luft, um ihm ausführlich von dem Verwandtenbesuch zu erzählen.

Doch noch ehe sie richtig loslegen konnte, fuhr er dazwischen.

»Und ich hatte mich schon gewundert, wo Sie die ganze Zeit gesteckt haben. Wollte Sie nämlich etwas Wichtiges fragen.«

Er kam jedoch gar nicht dazu, seine Frage überhaupt zu formulieren, denn Frau Lüdenscheidt witterte sofort, dass er sich nähere Informationen zu dem straffälligen Nachbarn von ihr erhoffte. Sie trat einen Schritt näher auf ihn zu und flüsterte in verschwörerischem Ton: »Wegen dem Herrn Wagner, nicht? So ein netter junger Mann und dann so etwas!«

Sie seufzte.

»Dabei hat er so einen guten Eindruck auf mich gemacht. Richtig vorbildlich, hab ich gedacht, als er mir mal erzählt hat, dass er seine kranke Mutter hier nach Düsseldorf geholt hat, um sich um sie zu kümmern.«

Er stutzte bei ihrer Äußerung.

»Wieso, wo hat sie denn vorher gewohnt?«

So genau wusste Frau Lüdenscheidt das auch nicht. Man wolle doch nicht zu aufdringlich sein. Das wirke immer so, als würde man seine Nachbarn ausquetschen, bemerkte sie, und er musste innerlich bei dieser Äußerung schmunzeln.

»Ich glaube aber, er hat mal was davon erzählt, dass das Dorf seiner Mutter sowieso umgesiedelt werden sollte.«

»Umgesiedelt?«

»Ja, lag wohl im Abbaugebiet von Garzweiler.«

21

Als Nils vor dem Altbau in der Lindenstraße hielt, stand Brandt bereits am Straßenrand. Er hatte nur kurz die Kleidung gewechselt und die Tüte mit den Brötchen auf den Küchentisch gelegt. Lore hatte ihn fragend angeschaut.

»Sorry, Kleine, aber ich muss gleich wieder los«, hatte er seine Eile erklärt und war im Bad verschwunden, wo er sich flüchtig die Zähne geputzt und etwas Deo in die Region seiner Achselhöhlen gesprüht hatte. Nur wenig später hatte er eilig die Wohnung wieder verlassen und auf dem Gehsteig vor dem Haus ungeduldig nach seinem Kollegen Ausschau gehalten.

»Hat Sonja sich schon gemeldet?« Brandt sprang geradezu in den Wagen.

Teichert nickte und berichtete, was die Assistentin beim Einwohnermeldeamt über den früheren Wohnsitz von Mia von Seitz herausgefunden hatte.

»Deine Nachbarin hatte recht. Wagners Mutter hat bis vor Kurzem in Holz gelebt. Doch vor einigen Jahren hat man mit der Umsiedlung des Dorfes begonnen, da es im Abbaugebiet von Garzweiler liegt.«

»Dann hat sie das Geld wahrscheinlich von der Braunkohlegesellschaft«, vermutete Brandt.

»Wahrscheinlich. Auf jeden Fall muss das Dorf inzwischen so gut wie unbewohnt sein.«

Teichert kannte das Gebiet sehr gut. Erst kürzlich hatte er mit Sonja einen Ausflug gemacht, bei dem sie einen der in der Nähe der Abbruchkante errichteten Aussichtspunkte besucht hatten. Von dort aus hatte man einen faszinierenden Blick über das gigantische Abbaugebiet und auf den riesigen Schaufelradbagger, der sich Stück für Stück durch die Landschaft fraß. Etliche Dörfer waren aufgrund des Braunkohlevorkommens bereits umgesiedelt und von der Landkarte verschwunden. Auch Holz stand auf dieser Liste. Ob dieses Vorgehen gerechtfertigt war, darüber schieden sich die Geister. Besonders ältere Menschen hatten es schwer, ihre Häuser und die gewohnte Umgebung zu verlassen. Viele Lebenserinnerungen wurden durch den Abbau zerstört, ganz zu schweigen von dem enormen Eingriff in die Umwelt. Aber das wurde häufig vergessen, wenn man an der Abbruchkante stand und das riesige Loch und den größten Bagger der Welt bestaunte.

Als sie das Ortsschild passierten und die verlassene Hauptstraße des kleinen Dorfes entlangfuhren, ergriff ihn ein seltsames Gefühl.

Verrammelte Fenster, zugemauerte Türen – kein Mensch weit und breit. Selbst die Vögel schienen den Ort verlassen zu haben.

»Geisterdorf«, bemerkte Brandt, während sie die Straße entlangfuhren und er die leer stehenden Häuser betrachtete, die zum Teil schon ziemlich verfallen wirkten.

»Hier muss es gleich kommen!«

Er rutschte nervös in dem Beifahrersitz hin und her und Teichert stoppte am Straßenrand direkt hinter der kleinen Kapelle.

Das rote Backsteinhaus verfügte im Gegensatz zu den meisten anderen Häusern in der Straße über einen kleinen Vorgarten. Zwei riesige Lindenbäume säumten den schmalen Weg zur Haustür, die wie die Fenster ebenfalls durch eine dicke Spanholzplatte gesichert war. Neben dem weißen Klingelknopf hing noch das Namensschild von Mia von Seitz.

Brandt klopfte kräftig gegen die hölzerne Platte.

»Sieht nicht so aus, als sei in letzter Zeit jemand hier gewesen«, murmelte er und blickte sich suchend nach seinem Kollegen um.

Teichert war bereits um das Haus herumgegangen und hatte sich durch mannshohe Brennnesseln zum Hintereingang durchgeschlagen. Auch auf der Rückseite des Hauses waren alle Fenster verrammelt. Als er jedoch gegen das Holz klopfte, welches vor die schmale Hintertür genagelt war, gab die Platte plötzlich nach und fiel mit lautem Getöse zu Boden. Nach kurzem Zögern trat er ein und blickte sich in dem Raum um, der ehemals als Küche gedient haben musste. Viel war allerdings nicht davon übrig geblieben. Zum Teil hatte Wagners Mutter sicherlich das Mobiliar in ihre neue Wohnung mitgenommen. Den Rest hatten wahrscheinlich irgendwelche Diebe geholt. Jedenfalls hatte er davon gehört, dass die leer stehenden Häuser oftmals geplündert wurden.

»Scheiß Brennnesseln«, hörte er Brandts Stimme und kurz darauf erschien der fluchende Kollege am Hintereingang. Er rieb seinen brennenden Arm, während er misstrauisch in den heruntergekommenen Raum blickte.

»Und?«

Teichert zuckte mit den Schultern.

»Also hier ist nichts. Aber wir sollten uns den Rest des Hauses ansehen. Die Platte war jedenfalls nur leicht angelehnt.«

Langsam schritten sie durch das leere, schummrige Haus, doch das Bild, das sich ihnen in den einzelnen Räumen bot, war fast überall dasselbe. Müll und Dreck, Tapeten, die zum Teil in Fetzen von den Wänden hingen, nackte Stromkabel, die an der Decke baumelten, Schimmel, wohin man auch sah. Hinzu kam der modrige Gestank, der schwer in der Luft hing und das Atmen beinahe unerträglich machte.

»Hier ist auch nichts«, seufzte Teichert, nachdem sie das letzte Zimmer inspiziert hatten.

Brandt nickte resigniert. Er hatte sich auch mehr erhofft. Langsam stieg er hinter seinem jungen Kollegen, der lautstark seine Enttäuschung zum Ausdruck brachte, die baufällige Holztreppe hinunter.

Tack. Tack. Ihre Schritte hallten auf den hölzernen Stufen wider.

»Psst, sei doch mal still«, fuhr er Teichert plötzlich an, der aufgrund des harschen Tons abrupt stehen blieb und angestrengt lauschte.

»Da ist nichts, Hagen«, dementierte er nach einer Weile die Geräusche, von denen er annahm, dass Brandt sie sich eingebildet hatte. Doch der ließ sich nicht so schnell überzeugen.

»Geh mal ein paar Schritte.«

Teichert folgte der Anweisung.

Tack. Tack.

»Hörst du das denn nicht?« Brandt blickte ihn fragend an. »Das klingt doch hohl.«

In die Verkleidung des Treppenansatzes war eine kleine Tür eingelassen. Auf den ersten Blick fiel sie kaum auf, da sie wie der restliche Raum mit demselben Holz vertäfelt war. Erst beim genaueren Hinschauen konnte man die winzige Vertiefung erkennen, die als Türöffner diente.

Brandt ließ seinen Zeigefinger in das kleine Loch in der Vertäfelung gleiten und zog mit einem Ruck die Tür auf. Dahinter befand sich eine schmale Treppe, die in einen Keller führte.

»Mann, ist das duster«, schimpfte er, doch Teichert hatte bereits aus seiner Hosentasche ein Feuerzeug hervorgekramt und hielt es ihm triumphierend entgegen.

»Nicht dass ich noch mal was Abfälliges von dir über meine Gelegenheitsraucherei höre«, grinste er und stieg vor ihm im Schein der kleinen Flamme die engen Stufen hinab.

Am Fuße der Treppe befand sich eine Tür. Sie war verschlossen. Brandt hämmerte wütend mit den Fäusten dagegen.

»Lass mich mal!«

Sein Kollege drängte ihn zur Seite und ließ sich mit voller Wucht gegen die Tür fallen. Holz splitterte. Nach vier weiteren Versuchen gab das Schloss endlich nach und sie stolperten ins Innere des Raumes.

Teichert zündete wieder sein Feuerzeug an. Im Schein der winzigen Flamme sahen sie den leblosen Körper auf der Matratze liegen.

»Schnell, Nils, ruf den Notarzt!«

Brandt schnappte nach Luft, der Gestank, der ihm entgegenschlug, war kaum zu ertragen. Er stürzte auf das Mädchen zu und packte es an den Schultern.

»Marie«, schrie er, »Marie, wach auf, du bist in Sicherheit!«

22

Das Gesicht des Mädchens hob sich farblich kaum von der weißen Bettwäsche ab. Ein leichtes Lächeln umspielte ihre Lippen, sie hob die Hand zum Abschied.

Sie standen an der Tür, erwiderten ihren Gruß und verließen das Krankenzimmer.

»Sie schlägt sich wirklich tapfer«, bemerkte Teichert, »und Wagner hat letztendlich auch gekriegt, was er verdient hat.«

Brandt ging schweigend neben seinem Kollegen den langen Flur entlang.

Der Fall war abgeschlossen. Sie hatten ein dickes Lob eingestrichen und selbst Bruns hatte sich wohlwollend geäußert, doch er sah die ganze Sache ein wenig anders.

Zwar hatten sie das Mädchen retten können, aber Wagner war ihnen dennoch entkommen. Er hatte sich aus dem Staub gemacht, wieder einmal den leichteren Weg gewählt, statt sich für seine Taten zu verantworten. Wie damals bei dem Unfall seiner Schwester hatte er geschwiegen, war zu feige gewesen, sich der Realität zu stellen und seine Schuld einzugestehen. Und sie waren nicht in der Lage gewesen, ihn daran zu hindern.

»Trinken wir noch ein Bier zusammen? Sozusagen auf den Ermittlungserfolg?«

Teichert riss ihn aus seinen Grübeleien. Eigentlich war ihm nicht zum Feiern zumute. Den Mord an Michelle Roeder hatten sie schließlich nicht verhindern können, und er war sich auch nicht sicher, ob sie in Zukunft solchen

Verbrechen in irgendeiner Weise Einhalt gebieten konnten, ob der Ermittlungserfolg, wie sein Kollege den Abschluss des Falls großzügig nannte, wirklich etwas dazu beitrug, das sie zukünftig schneller in die Lage versetzte, derartige Straftaten aufzudecken. Dennoch stimmte er zu und ließ sich von Teichert überreden, in der Altstadt auf die Lösung des Falls anzustoßen.

Im Brauhaus war es verhältnismäßig leer. Die meisten der Gäste genossen das gute Wetter und tranken ihr Altbier vor dem Gasthaus im Stehen. Die kleine Gasse platzte vor Menschen beinahe aus den Nähten und Brandt, dem dieses Gedränge heute irgendwie zuwider war, hatte zielstrebig einen Platz im Inneren der Brauerei angesteuert. Der Köbes brachte ihnen das Bier. Teichert prostete ihm zu und er ließ sich ein klein wenig von der guten Stimmung anstecken. Was hatte es jetzt auch noch für einen Sinn, sich den Kopf darüber zu zerbrechen, ob Wagner seine gerechte Strafe erhalten hatte? Was geschehen war, konnte er nicht mehr ändern und die Menschen an sich sowieso nicht.

Wenigstens ein Leben hatten sie retten können – das war viel wert.

»Auf uns!«

Er hob sein Glas, um es anschließend in einem Zug zu leeren. Dann betrachtete er eingehend sein Gegenüber. In Situationen wie dieser erinnerte Teichert ihn an seine eigene Anfangszeit bei der Mordkommission, die ersten Fälle und Leichen, den empfundenen Stolz über die Aufklärung des ersten Morddeliktes. Er erinnerte sich noch ganz genau. Damals war ein Mann in seiner Wohnung brutal erstochen worden. Alles hatte auf einen

Raubmord hingedeutet, aber Brandt hatte dem ersten Eindruck nicht getraut und auf eigene Faust nach dem Täter und dessen wahrem Motiv gesucht. Das war bei seinem Vorgesetzten nicht gerade auf Zustimmung gestoßen und er hatte eine stundenlange Standpauke über seine unvernünftigen Alleingänge und seine Unfähigkeit zur Teamarbeit über sich ergehen lassen müssen. Doch das hatte ihn nicht davon abgehalten, heimlich weiter zu ermitteln, und letztendlich hatte seine Hartnäckigkeit sich ausgezahlt. Er hatte den Bruder des Opfers überführt, der aus reiner Eifersucht und Habgier gemordet hatte.

Und ebendieses Talent, sich nicht vom ersten Eindruck täuschen zu lassen, geradezu leidenschaftlich nach den wahren Motiven zu suchen und sich nicht von den Abgründen so manchen menschlichen Handelns abschrecken zu lassen, hatte er besonders in diesem Fall zumindest in Ansätzen auch bei Teichert entdeckt.

Der junge Kollege hatte sich wacker geschlagen und seine Fähigkeiten, die in Brandts Augen einen guten Polizisten ausmachten, unter Beweis gestellt. Vielleicht war es an der Zeit, dass er ihm das einmal sagte. Aber es lag ihm nun einmal nicht, über so etwas viele Worte zu verlieren, und so behielt er sein Lob über die gute Zusammenarbeit und die Anerkennung von Teicherts hervorragender Arbeit lieber für sich. Das war möglicherweise ein Fehler. Seinen letzten Partner hatte er dadurch jedenfalls derart verärgert, dass er Brandt in einer äußerst brenzligen Situation einfach im Stich gelassen hatte, und das war beinahe tödlich für ihn ausgegangen. Es war inzwischen gut ein halbes Jahr her. Sie hatten einen Serienmörder nach wochenlanger Arbeit in einen Hinterhalt locken können. Letztendlich war es das Verdienst seines Partners gewesen, aber Brandt hatte kein lobendes Wort darüber verloren. Als er den Mörder überführt hatte, war dieser durchgedreht, hatte eine Waffe gezogen und auf ihn abgefeuert. Sein Kollege war nicht zur Stelle gewesen, da er, statt wie verabredet, das Geschehen aus einigen Metern Entfernung vom Auto aus zu beobachten, beleidigt über Brandts Reaktion einfach seinen Standort geändert hatte, von welchem er den Angriff nicht hatte sehen können.

Aber so empfindlich schätzte er Teichert nicht ein, und er war sich sicher, dass sein Kollege längst bemerkt hatte, wie sehr Brandt ihn und seine zuverlässige Arbeitsweise schätzte.

Es folgten noch etliche Gläser an diesem Abend. Sie diskutierten über Gott und die Welt und die Uhr zeigte schon weit nach Mitternacht, als sie schließlich mit wankenden Schritten Richtung Taxistand aufbrachen.

»Weißt du, Hagen, ich spiele mit dem Gedanken, mich wieder versetzen zu lassen«, äußerte Teichert plötzlich unvermittelt.

Brandt fuhr erschrocken herum. Hatte er sich etwa geirrt? War dem Kollegen entgangen, wie sehr er seine Arbeit und vor allem seine Person schätzte?

»Das geht nicht«, entfuhr es ihm.

Teichert blieb abrupt stehen.

»Wieso nicht?«

»Na, weil«, er suchte nach den passenden Worten. Es fiel ihm unsagbar schwer, dem anderen gegenüber seine wahren Gedanken und Gefühle zu äußern. Bilder des Angriffs flammten vor seinem inneren Auge auf. Er sah den Lauf der Pistole vor sich, verspürte Angst.

»Na, weil ich einen zuverlässigen Partner wie dich brauche«, stammelte er.

Brandt wirkte plötzlich sehr aufgewühlt und Teichert blickte ihn erstaunt an. Wenn er ehrlich war, hatte er sich nichts sehnlicher gewünscht, als dass sein erfahrener Kollege, dem er in Bezug auf seine Arbeit und Ermittlungserfolge allergrößte Hochachtung zollte, so etwas äußern würde. Doch gerechnet hatte er damit nicht. Er hatte das Gefühl, dass Brandt in ihm seit dem Verhör und dem Selbstmord Wagners einen Versager sah.

»Aber du kommst doch auch hervorragend ohne mich zurecht«, erwiderte Teichert und war überzeugt, dass sein Gegenüber das ähnlich sah.

Doch Brandt schüttelte energisch den Kopf. Er rang nach Worten. Ihm war bewusst, dass er über seinen eigenen Schatten springen musste, wenn er seinen Kollegen vom Gegenteil überzeugen wollte. Wie aber sollte er all das, was in seinem Kopf vor sich ging, in Worte fassen?

»Es war nicht deine Schuld. Wagner hätte sich wahrscheinlich so oder so umgebracht, egal, wer das Verhör geführt hätte.«

Teichert blickte ihn zweifelnd an. Auf seiner Stirn hatten sich Falten gebildet.

»Aber du wärst sicherlich professioneller ...«

»Nein, Nils«, unterbrach er ihn und dachte, jetzt oder nie. Er holte tief Luft und blickte seinem Gegenüber fest in die Augen.

»Du hast Talent. Was du kannst, wie und wer du bist, lernst du auf keiner Polizeischule der Welt. Zusammenhänge kombinieren, Auffälligkeiten entdecken, deine Hartnäckigkeit, das Ziel nicht aus den Augen zu verlieren, das kann nicht jeder. Das ist eine Gabe. Und du hast sie. Glaub mir.«

Er sah, wie sich Teicherts Stirn langsam glättete, aber noch waren die Zweifel in seinem Blick nicht völlig verschwunden. Er atmete noch einmal tief durch, ehe er fortfuhr.

»Wir alle machen Fehler. Auch ich. Und das ist gut so. Daraus können wir lernen. Aber es gibt etwas, das ist mindestens genauso wichtig wie ein entsprechendes Talent oder eine Gabe. Und das ist Verantwortungsgefühl. Zu wissen, dass man nicht allein ist, einen Partner hat, der einen braucht, der auf einen zählt, auch wenn es mal brenzlig wird. Nils«, er trat einen Schritt auf den anderen zu und legte seine Hand auf dessen Arm, »es ist nicht selbstverständlich, dass man sich aufeinander verlassen kann, aber in keinem anderen Job ist das vermutlich so wichtig wie in unserem. Bei dir bin ich mir hundertprozentig sicher und deshalb bitte ich dich, bleib!«

Teichert schlug die Augen nieder und lächelte verlegen. Er wusste nicht, was er erwidern sollte, trat von einem Fuß auf den anderen. Nun war er es, der nach Worten rang.

»Danke, Hagen«, sagte er schließlich nach einer Weile.

Brandt war sich nicht sicher, ob er den anderen hatte überzeugen können.

»Und, Partner?«, fragte er unsicher und streckte ihm die Hand entgegen.

Teichert blickte auf. Der Mann, den er bisher eher als resoluten und selbstbewussten Kollegen erlebt hatte, wirkte im schummrigen Licht der Straßenlaterne klein und zerbrechlich. Es war das erste Mal, dass er Brandt derart sah, und er war sich sicher, dass es nicht viele Menschen gab, die ihn so kannten: leidenschaftlich, gefühlvoll und verletzlich. Er spürte plötzlich, dass es zwischen ihnen mehr als nur ihren Beruf gab, der sie verband, und ergriff die ihm gereichte Hand.

»Partner!«, bestätigte er mit einem festen Händedruck und er wusste, dass sie auch zukünftig ein unschlagbares Team abgeben würden.

ENDE

*Weitere Krimis finden Sie auf den
folgenden Seiten und im Internet:
www.gmeiner-verlag.de*

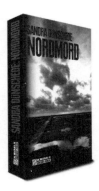

Sandra Dünschede
Nordmord

323 Seiten, 11 x 18 cm, Paperback.
ISBN 978-3-89977-725-3. € 9,90.

Tom Meissner und seine Freundin Marlene haben in Nordfriesland ein gemeinsames Leben begonnen, als ihr kleines Dorf erneut von einem Mord erschüttert wird – und diesmal sind sie persönlich betroffen: Die Ärztin Heike Andresen, Marlenes beste Freundin, wird tot aus der Lecker geborgen. Die Polizei tappt im Dunkeln. Ein Motiv für die grausame Tat ist nicht erkennbar, eine wirklich heiße Spur gibt es nicht – bis Kommissar Thamsen das Tagebuch der Toten entdeckt …

Sandra Dünschede
Deichgrab

373 Seiten, 11 x 18 cm, Paperback.
ISBN 978-3-89977-688-1. € 9,90.

Nach dem Tod seines Onkels kehrt Tom Meissner in das kleine Dorf in Nordfriesland zurück, in dem er selbst einige Jahre seiner Kindheit verbracht hatte. Als er erfährt, dass sein Onkel ein Mörder gewesen sein soll, will er herausfinden, was wirklich geschehen ist. Dabei stößt er nicht nur auf den Widerstand sondern auch auf die dunkle Vergangenheit einiger Dorfbewohner …

Wir machen's spannend

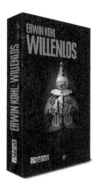

Erwin Kohl
Willenlos

319 Seiten, 11 x 18 cm, Paperback.
ISBN 978-3-89977-760-4. € 9,90.

Ein Düsseldorfer Polizist wurde brutal ermordet. Bereits wenige Stunden später gelingt es der Mordkommission, den Hauptverdächtigen festzunehmen. Obwohl die Beweislast erdrückend ist, bestreitet Udo Hornbach die Tat. Am Tatort hinterlassene Fingerabdrücke, DNA-Spuren und ein Zeuge sprechen für sich, allerdings gibt es zwischen Täter und Opfer keinerlei Verbindung, geschweige denn ein Tatmotiv.
Der LKA-Ermittler Joshua Trempe wird eingeschaltet. Doch auch für ihn bleibt der Fall ebenso eindeutig wie rätselhaft – bis Trempe von einem Verbrechen in Bochum mit erschreckenden Parallelen erfährt.

Sinje Beck
Totenklang

275 Seiten, 11 x 18 cm, Paperback.
ISBN 978-3-89977-759-8. € 9,90.

Wenn man tot ist, hat man seine Ruhe. Denkt man, wenn man ohne Ansprüche auf ein Leben nach dem Tod stirbt. Doch weit gefehlt: Die Lebenden lassen einen noch lange nicht in Frieden. Besonders dann, wenn der Tod unter ungewöhnlichen Umständen eintrat.
Dass ein alter Artist sich selbst erhängt, ist noch vorstellbar. Aber nicht, dass er sich zuvor drei Knochen entfernte: Elle, Speiche und Schlüsselbein. Das findet auch Heiner Himmel, der unfreiwillig in das Ableben des alten Mannes verwickelt wird, da er sich zur gleichen Zeit am gleichen Ort befindet – unter einer Autobahnbrücke im Siegerland. In seinem neuen Job, in einem Bestattungsinstitut muss Heiner sich damit auseinander setzen, dass allerorten Knochen und andere Leichenteile verschwinden.

Wir machen's spannend

Ihre Meinung ist gefragt!

Mitmachen und gewinnen

Als der Spezialist für Themen-Krimis mit Lokalkolorit möchten wir Ihnen immer beste Unterhaltung bieten. Sie können uns dabei unterstützen, indem Sie uns Ihre Meinung zu den Gmeiner-Krimis sagen!

....

Senden Sie eine E-Mail an gewinnspiel@gmeiner-verlag.de und teilen Sie uns mit, welchen Krimi Sie gelesen haben und wie er Ihnen gefallen hat. Alle Einsendungen nehmen automatisch am großen Jahresgewinnspiel teil. Es warten ›spannende‹ Buchpreise aus der Gmeiner-Krimi-Bibliothek auf Sie!

Die Gmeiner-Krimi-Bibliothek

Wir machen's spannend

Das neue Krimijournal ist da!

2 x jährlich das Neueste aus der Gmeiner-Krimi-Bibliothek

ISBN 978-3-89977-950-9
kostenlos erhältlich in jeder Buchhandlung

In jeder Ausgabe:

- Vorstellung der Neuerscheinungen
- Hintergrundinformationen zu den Themen der Krimis
- Interviews mit den Autoren und Porträts
- Allgemeine Krimi-Infos (aktuelle Krimi-Trends, Krimi-Portale im Internet, Veranstaltungen etc.)
- Die Gmeiner-Krimi-Bibliothek (Gesamtverzeichnis der Gmeiner-Krimis)
- Großes Gewinnspiel mit ›spannenden‹ Buchpreisen

KRIMI IM GMEINER-VERLAG

Wir machen's spannend

Alle Gmeiner-Autoren und ihre Krimis auf einen Blic

Anthologien: Mords-Sachsen 2 (2008) • Tod am Bodensee • Bodensee-Blues • Mord Sachsen • (2007) • Grenzfälle (2005) • Spekulatius (2003) **Artmeier, H.:** Feuerross (200 • Katzenhöhle (2005) • Schlangentanz • Drachenfrau (2004) **Baecker, H-P.:** Racheg lüste (2005) **Bauer, H.:** Fernwehträume (2008) **Beck, S.:** Totenklang (2008) • Duftsp (2006) • Einzelkämpfer (2005) **Blatter, U.:** Vogelfrau (2008) **Bode-Hoffmann G./Ho mann M.:** Infantizid (2007) **Bomm, M.:** Notbremse (2008) • Schattennetz • Beweisla (2007) • Schusslinie (2006) • Mordloch • Trugschluss (2005) • Irrflug • Himmelsfels (2004) **Bosch van den, J.:** Wassertod • Wintertod (2005) **Buttler, M.:** Dunkelzeit (200 • Abendfrieden (2005) • Herzraub (2004) **Clausen, A.:** Ostseegrab (2007) **Danz, I** Nebelschleier (2008) • Steilufer (2007) • Osterfeuer (2006) **Detering, M.:** Puppenma • Herzfrauen (2007) **Dünschede, S.:** Solomord (2008) Nordmord (2007) • Deichgr (2006) **Emme, P.:** Ballsaison (2008) • Tortenkomplott • Killerspiele (2007) • Würst massaker • Heurigenpassion (2006) • Schnitzelfarce • Pastetenlust (2005) **Enderle, I** Nachtwanderer (2006) **Erfmeyer, K.:** Todeserklärung (2007) • Karrieresprung (200 **Franzinger, B.:** Jammerhalde (2007) • Bombenstimmung (2006) • Wolfsfalle • Dinot (2005) • Ohnmacht • Goldrausch (2004) • Pilzsaison (2003) **Gardein, U.:** Die let: Hexe – Maria Anna Schwegelin (2008) **Gardener, E.:** Lebenshunger (2005) **Gibert, I** Nervenflattern (2007) **Graf, E.:** Elefantengold (2006) • Löwenriss • Nashornfieber (200 **Gude, C.:** Binärcode (2008) • Mosquito (2007) **Haug, G.:** Gössenjagd (2004) • Hütte zauber (2003) • Tauberschwarz • Riffhaie • Tiefenrausch (2002) • Höllenfahrt (2001 Sturmwarnung (2000) **Heim, U.-M.:** Das Rattenprinzip (2008) • Totschweigen (2007 Dreckskind (2006) **Heinzlmeier, A.:** Bankrott (2006) • Todessturz (2005) **Imbsweiler, I** Bergfriedhof (2007) **Karnani, F.:** Turnaround (2007) • Takeover (2006) **Keiser, G.:** Ap lofalter (2006) **Keiser, G./Polifka, W.:** Puppenjäger (2006) **Klausner, U.:** Die Pforten Hölle (2007) **Klewe, S.:** Wintermärchen (2007) • Kinderspiel (2005) • Schattenriss (200 **Klingler, E.:** Königsdrama (2006) **Klugmann, N.:** Die Tochter des Salzhändlers (200 • Kabinettstück (2006) • Schlüsselgewalt (2004) • Rebenblut (2003) **Kohl, E.:** Will los (2008) • Flatline (2007) • Grabtanz • Zugzwang (2006) **Köhler, M.:** Tiefpunk Schreckensgletscher (2007) **Koppitz, R. C.:** Machtrausch (2005) **Kramer, V.:** Todes heimnis (2006) • Rachesommer (2005) **Kronenberg, S.:** Weinrache (2007) • Kultop (2006) • Flammenpferd • Pferdemörder (2005) **Kurella, F.:** Das Pergament des To (2007) **Lascaux, P.:** Salztränen (2008) **Lebek, H.:** Schattensieger • Karteileichen (20 • Todesschläger (2005) **Leix, B.:** Waldstadt (2007) • Hackschnitzel (2006) • Zuck blut • Bucheckern (2005) **Mainka, M.:** Satanszeichen (2005) **Matt, G./Nimmerri ter, K.:** Schmerzgrenze (2004) • Maiblut (2003) **Misko, M.:** Winzertochter • Kindsb (2005) **Puhlfürst, C.:** Rachegöttin (2007) • Dunkelhaft (2006) • Eiseskälte • Leich starre (2005) **Senf, J.:** Knochenspiel (2008) • Nichtwisser (2007) **Seyerle, G.:** Schw nekrieg (2007) **Schmitz, I.:** Mordsdeal (2007) • Sündenfälle (2006) **Schmöe, F.:** Pi gift (2008) • Januskopf • Schockstarre (2007) • Käfersterben • Fratzenmond (20 • Kirchweihmord • Maskenspiel (2005) **Schröder, A.:** Mordsgier (2006) • Mor wut (2005) • Mordsliebe (2004) **Schuker, K.:** Brudernacht (2007) • Wasserpilz (20 **Schneider,H.:** Ernteopfer (2008) **Schulze,G.:** Sintflut (2007) **Schwab, E.:** Angstf (2006) • Großeinsatz (2005) **Schwarz, M.:** Zwiespalt (2007) • Maienfrost • Dämon spiel (2005) • Grabeskälte (2004) **Steinhauer, F.:** Menschenfänger (2008) • Narrens (2007) • Seelenqual • Racheakt (2006) **Thömmes, G.:** Der Bierzauberer (2008) **Tha waldt, A./Bauer, C.:** Blutblume (2007) • Kreuzkönig (2006) **Valdorf, L.:** Großsta sumpf (2006) **Vertacnik, H.-P.:** Abfangjäger (2007) **Wark, P.:** Epizentrum (2006) • **I** longlühen (2003) • Albtraum (2001) **Wilkenloh, W.:** Feuermal (2006) • Hätschelk (2005) **Wyss, V.:** Todesformel (2008) **Zander, W.:** Hundeleben (2008)

KRIMI IM GMEINER-VERLAG

Wir machen's spannend